KB200383

큐티 라이프

QT Life

하나님의 터치로 변화되는 삶

하나님의 터치로 변화되는 삶
큐티 라이프

지은이 · 김은애
초판 발행 · 2008. 2. 1
2판 1쇄 · 2023. 2. 6
등록번호 · 제1988-000080호
등록된 곳 · 서울특별시 용산구 서빙고로65길 38
발행처 · 사단법인 두란노서원
영업부 · 2078-3352 FAX 080-749-3705
출판부 · 2078-3331

책 값은 뒤표지에 있습니다.
ISBN 978-89-531-4427-9 03230

독자의 의견을 기다립니다.
tpress@duranno.com   http://www.Duranno.com

두란노서원은 바울 사도가 3차 전도여행 때 에베소에서 성령 받은 제자들을 따로 세워 하나님의 말씀
으로 양육하던 장소입니다. 사도행전 19장 8-20절의 정신에 따라 첫째 목회자를 돕는 사역과 평신도
를 훈련시키는 사역, 둘째 세계선교(TIM)와 문서선교(단행본·잡지) 사역, 셋째 예수문화 및 경배와
찬양 사역, 그리고 가정·상담 사역 등을 감당하고 있습니다. 1980년 12월 22일에 창립된 두란노서
원은 주님 오실 때까지 이 사역들을 계속할 것입니다.

큐티 라이프

QT Life

하나님의 터치로 변화되는 삶

김은애 지음

두란노

차 례

PART 3. 큐티 가이드

말씀이 내 인생에 밑줄을 그었다

우리는 '접속'하는 시대에 살고 있다. 인터넷이라는 새로운 세상이 열리면서 사람들은 한 번의 접속으로 끝없이 펼쳐지는 신비한 세상을 경험하게 되었다. 지구 반대쪽의 사람들을 만나고, 한 번도 가 본 적 없는 미지의 땅을 들여다보게 되었다. 가상 세계와의 접속이 모든 것을 다 채워 줄 것처럼 흥분하고 기대했다.

그러나 시간이 지날수록 사람들은 예전보다 더 공허해 하고 더 방황하고 영적으로 더 죽어가고 있다. 세상과의 접속이 인생을 풍요롭게 하는 것 같지만 근본적인 문제를 해결하지 못하기 때문이다. 인생에게 생명을 주지 못하기 때문이다.

근본적 문제를 해결하고 사람을 살리는 것은 '접속'이 아니라 '접촉(touch)'이다. 생명의 근원이신 하나님과의 접촉이다. 살아 있는 하나님 말씀과의 터치다. 하나님 말씀이 사람을 터치할 때, 생명의 씨앗이 황폐해진 우리 인생의 텃밭을 뚫고 나온다. 그 생명은 그분의 끊임없는 터치로 인해 점점 풍성하게 자라 갈 수 있다.

말씀을 묵상한다는 것은 말씀을 통해 하나님과 인격적으로 만나는 것이다. 하나님의 터치를 받는 것이다. 하나님의 터치는 우리에게 생명력을 공급한다. 우리의 인격과 삶을 변화시키고 늘 푸르고 풍성하게 열매 맺는 인생으로 이끌어 준다.

그런데 크리스천이라는 이름으로 살아가는 수많은 사람들이 하나님과의 접촉점을 찾지 못하고 있다. 하나님의 터치를 경험하지 못하는 것이다. 그러기에 예배를 드리며 봉사를 하고 교회의 많은 프로그램이나 홍수처럼 범람하는 말씀과 접속은 하지만 영적 공허함 속에서 방황하고 있다. 오래도록 예수님을 믿으면서도 여전히 세상의 가치관을 버리지 못하고, 여전히 공허하고, 여전히 하나님의 사랑에 굶주려 하는 이유가 여기에 있다. 믿지 않는 사람과 구별되지 못하고 삶에 열매가 나타나지 않는 이유가 바로 여기에 있다.

나도 그랬다. 이것저것 열심을 내서 해 보았지만 하나님과 만남이 없는 종교행위는 나를 지치게만 했다. 내면은 점점 황폐해지고 더 갈급해졌다. 그렇게 절망 속에 주저앉아 있을 때, 주님이 말씀으로 나를 찾아오셨다. 그리고 지친 내 영혼과 마음을 터치하면서 '말씀묵상'이라고도 하는 큐티의 세계로 나를 이끄셨다.

큐티를 하면서, 하나님과 다른 사람의 피상적인 이야기로만 여겨지던 성경이 바로 하나님과 나의 이야기로 다가왔다. 내가 성경을 읽기 시작했는데, 성경이 나를 읽고 있었다. 내가 말씀을 붙잡았다고 생각했는데 어느새 말씀이 나를 단단히 붙잡고 계셨다. 내가 마음에 와 닿는 말씀에 밑줄을 그었는데, 그 말씀이 내 인생에 밑줄을 긋고 내 인생을 새롭게 바꾸기 시작했다.

생수의 근원인 하나님의 말씀이 날마다 내 영혼의 뿌리를 터치하시니, 고갈되었던 내 영혼의 샘이 채워져 갔다. 내 영혼 깊은 곳에서 날마다 샘물이 솟아나고 내 배에서 생수의 강이 흐르기 시작했다. 병들고 시들었던 영혼이 살아나면서 점점 시냇가에 심은 나무처럼 푸르러졌다. 풍성히 열매 맺는 나무로, 새들이 깃드는 나무로 자랐다.

주님은 말씀으로 날마다 나의 마음과 몸을 터치하시며 깊은 상처를 치유해 주셨다. 구습을 하나 둘 벗겨 주시고 인격과 삶을 새롭게 변화시켜 주셨다. 하나님을 몰라서 망할 뻔했던 나에게 친밀한 대화를 나누어 주시고 하나님의 속마음을 알려 주셨다. 나의 남편과 자녀도 큐티를 통해 변화되고, 말씀으로 지배받는 가정이 되었다.

과거의 나처럼 교회를 다니면서도 갈급해 하는 이들에게 내가 경험하는 큐티의 축복을 나누고 싶은 열망이 솟았다. 영적인 고질병에서 나를 건져낸 큐티를 전해서 사람들을 살리고 싶었다. 큐티한 지 1년도 안 되어 큐티 모임을 시작하고, 2년째에는 큐티 세미나와 방송으로 큐티를 전하기 시작했다. 큐티를 전하는 곳에는 어디나 기쁜 마음으로 달려갔다. 나를 변화시킨 성경이 어떤 사람이든지 변화시킬 수 있다고 믿었기에 그랬다. 그 믿음대로 하나님은 큐티를 통해 내 주변의 많은 분들도 말씀으로 터치해 주고 재창조해 주셨다.

그동안 큐티로 변화되는 삶을 목격한 많은 분들이 큐티에 대한 책을 쓰라고 내게 권면했다. 나는 나의 부족함을 알기에 오랫동안 망설이고 미루어 왔다. 그런데 하나님께서 내가 15년 전에 묵상했던 출애굽기 4장 말씀과 그때 드린 기도를 기억나게 하며 용기를 주셨다. 나는 그때 '네 손에 있는 것이 무엇이냐?'고 물으시는 하나님 앞에 내가 쓰고 있던 펜을 내놓았다. 모세의 지팡이가 '하나님의 지팡이'가 된 것처럼 나의 펜이 '하나님의 펜'이 되어 귀하게 사용되기를 간구했다. 때문에 내가 펜을 들지만 하나님께서 그 펜을 통해 친히 일하실 것을 믿고 이 책을 쓰기 시작했다.

그동안 큐티 세미나와 말씀 집회에서 나누었던 내용들을 중심으로 이 책을 엮었다. 큐티의 능력과 축복이 얼마나 놀라운가를 증거 하기 위해 17년 동안의 내 큐티노트를 열고 체험적인 내용들을 실었다. 독자들에게 실제적인 도움을 드리기 위해 실제로 묵상하는 과정과 하나님이 만나 주시는 과정, 또 적용과 그 결과가 어떻게 이루어지는가를 풍부하게 소개했다.

용기가 필요했다. 사실 주님과 나만의 대화들이 비밀처럼 간직되어 있고 그분과 만난 흔적들이 담긴 큐티노트를 공개하는 것은 쉽지 않았다. 어리석었던 내 모습이 그대로 드러나기에 그랬다. 변화되었다고 하지만 아직도 부족한 것이 많기에 그랬다. 하지만 큐티를 통해 어제보다 오늘 조금씩 더 나아지고 있기 때문에 용기를 냈다. 앞으로도 나를 변화시키고 성숙하게 빚어 주실 말씀의 능력을 믿기에 힘을 낼 수 있었다.

이 책이, 교회를 오래 다니면서도 내면과 삶이 변화되지 않아 갈등하는 분들에게 도움이 되길 소망해 본다. 진정한 신앙생활을 갈망하는 분들에게 길잡이가 되기를 원한다. 큐티를 처음 하는 분들에게는 큐티를 해야겠다는 강력한 동기를 주고 큐티의 지침서가 되기를 바란다. 또한 큐티를 해 오던 분들에게는 좀 더 생명력 있는 큐티로 이끄는 안내서가 되기를 바란다. 나에게 임하고 일하셨던 성령님께서 이 책을 읽는 모든 분들에게 더 넘치게 역사해 주시기를 간구한다.

책을 쓰도록 오랫동안 사랑으로 격려해 주고 추천의 글을 써 주신 강준민 목사님과 박수웅 장로님께 마음 가득한 감사를 드린다. 이 책이 출간되도록 여러 가지로 정성을 기울여 수고해 준 두란노 출판부 가족들과, 원고를 읽고 도움을 준 혜선 자매에게도 진심으로 감사를 드린다. 또한 곁에서 항상 큰 힘이 되어 준 사랑하는 남편과 늘 사역으로 바쁜 엄마를 이해해 주고 기도로 밀어준 아들에게도 감사한다. 마지막으로 행복한 동행자인 큐티라이프미션의 자매들과, 간증을 책에 싣도록 허락해 준 분들에게 깊은 감사를 드리고 싶다.

날마다 내게 말씀해 주시는 주님, 내 몸과 마음을 터치해 주시는 주님, 부족한 나를 긍휼히 여기며 그래서 사랑을 더욱 부어 주시는 주님, 거룩한 소원을 내 안에 두고 친히 이루어 가시는 그 주님께 마음 다해서 감사와 사랑을 드린다.

2008년 1월,
오렌지카운티 플러톤에서 김은애

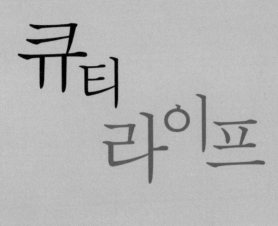

큐티 라이프

PART 1. 큐티를 만나기까지

1. 말씀이 귀에 들리니

내 서른일곱 번째 생일이 막 지났을 때였다. 한 장 남은 달력이 한 해를 보내는 아쉬움을 더해 주는 12월 중순의 어느 날 오후였다. 앙상한 가지만 남은 채 창밖에 쓸쓸히 서 있는 은행나무를 바라보는데, 문득 그 나무가 내 모습같이 느껴졌다. 그리고 이런 생각이 들었다.

'내 나이도 어느새 서른 후반이 되었고 미국에 온 지도 벌써 6년이 넘었구나. 그동안 열심히 산다고 살아왔는데 과연 남은 것이 무엇인가? 나는 왜 아직도 이리 목이 마르고 기쁨이 없는 걸까? 무엇이 문제인가?'

갑급한 심정으로 여느 때처럼 말씀 테이프를 틀었다. 목사님은 "세월을 아끼라 때가 악하니라" 하는 에베소서 5장 16절 말씀으로 한창 설교 중이셨다.

"세월을 아끼라" 이 구절은 늘 듣던 말씀인데, 그날따라 유독 내 귀에 더 와 닿았다. 목사님은 그 말씀이, "모든 기회를 최대한으로 사용하라는 의미"라고 설명해 주셨다. 킹제임스 성경 번역본에 따르면 '시간을 사다, 시간을 구원하다, 세월을 건져 내다.'라는 뜻도 있다고 하셨다. 그러기에, 구원받지 못한 영혼을 '잃어버린' 영혼이라고 하는 것처럼, 건져 내지 못한 세월을 '잃어버린' 세월이라고 할 수 있다고 하셨다.

갑자기 '잃어버린 세월'이란 구절이 나에게 우레처럼 크게 들려왔다. 나는 초조해졌다.

'세월을 잃어버리다니. 그럼 어떻게 하는 것이 세월을 구원하고 건져 내는 것이란 말인가?'

이제 다른 말씀은 들리지 않고 '잃어버린 세월'이라는 말만 자꾸 맴돌아서 즉시 성경을 찾았다. 앞뒤를 살펴보며 그 의미를 되새겨 보았다. "그런즉 너희가 어떻게 행할 것을 자세히 주의하여 지혜 없는 자같이 말고 오직 지혜 있는 자같이 하여 세월을 아끼라 때가 악하니라 그러므로 어리석은 자가 되지 말고 오직 주의 뜻이 무엇인가 이해하라"(에베소서 5:15-17).

"세월을 아끼라" 다음에 나오는 "때가 악하니라"는 말씀이 눈에 띄었다. 영어로 보니까 "because the days are evil"이었다. '때가 악하기 때문에 세월을 아끼라'는 것이다. 무슨 뜻인가? 시대가 악하기 때문에 조심하지 않으면 악한 시대를 따라 그저 흘러 다니기 쉽다는 것이다. 그러니까 지혜로운 사람처럼 어떻게 행해야 할지를 잘 살피라는 것이다. 악한 시대를 따라가지 말고 오직 주님의 뜻이 무엇인지 이해해서 그 뜻을 따라 살라는 말씀이었다. 세월을 아끼는 것, 세월을 건져 내는 것은 주님의 뜻이 무엇인지를 이해해서 그 뜻을 따라 사는 것을 의미했다.

특히 "주의 뜻이 무엇인가 이해하라"는 말씀이 나의 시선을 사로잡았다. 가만히 생각해 보니, 나는 교회를 안 다닐 때는 물론이거니와 교회를 다니면서도 하나님의 뜻이 무엇인지 이해하려고 해 본 적이 거의 없는 것 같았다. 교회 생활을 열심히는 했어도, 하나님의 뜻이기 때문에 내 뜻을 거부하고 그 뜻을 따르는 차원은 아니었다. 스스로 지혜롭게 여기며 나름대로 열심히 달려왔지만 하나님의 뜻과 상관없이 그저 내 중심으로 살아온 것이었다.

아무리 분초를 다투며 시간을 쪼개 열심히 살았어도 하나님의 뜻을 헤아리지 않고 살아왔으니, 나는 어리석은 자가 분명했다. 37년의 내 인생이 하나님 앞에서는 '잃어버린 세월'이었다! 지나간 세월 동안 헛살았다고 깨닫는 순간, 나는 망치로 뒤통수를 세게 얻어맞은 것 같았다.

충격 속에서 그다음 말씀을 읽었다. "술 취하지 말라 이는 방탕한 것이니 오직 성령의 충만을 받으라"(에베소서 5:18). 이 말씀을 읽으면서 속으로 생각했다.

'그래도 나야 뭐, 술 취한 적은 없으니까.'

그런데 그때 하나님께서 이렇게 말씀하시는 것 같았다.

"너는 술 취한 것만 방탕한 거라고 생각하는 모양이구나. 너는 술 취한 적은 없어도 세상에 취하고 너 자신에 취하지 않았니? 그래서 내 뜻을 모르고 네 자신과 세상을 따라 산 것이 아니겠니? 나를 믿는다고 하면서도 네 뜻대로 살고 네 자신으로 충만해 있고 네게 도취되어 있다면 그것이 더 방탕한 것이 아니겠니? 성령으로 충만해야 하는데, 너는 네 열심에만 충만한 것 아니었니?"

나는 그제야 깨달았다. 열심히 살았는데도 왜 내 삶에 "시와 찬미와 신령한 노래들"(에베소서 5:19)이 없고 '감사'가 없었는지를, 나는 성령이 아닌 내 열심만 충만했기에 주님의 뜻이 무엇인지 깨닫지 못했고 그 뜻대로 살지 못했다는 것을, 그런 삶이었기에 기쁨과 평강이 없고 늘 마음이 허전하고 갈급할 수밖에 없었다는 사실을….

2. 열심 충만에서 성령 충만으로

나는 대학 시절에 친구의 권유를 받고 교회를 다니게 되었다. 교회를 따라나선 동기는 하나님께 잘 보이기 위해서였다. 나는 내가 태어난 환경이 불만스러웠다. 내가 원한 것도 또 선택한 것도 아닌, 일방적으로 주어진 그 환경이 싫었다. 그런 환경의 굴레 속에서 일찌감치 인생의 고민을 시작했고, 내 인생을 좌지우지하는 어떤 절대적 존재가 있다는 사실을 이미 받아들이고 있었다. 그 절대자가 하나님이시라면 적어도 그 하나님을 믿는 교회를 다니는 것이 좋을 것 같았다. 그래야 하나님의 눈 밖에 나지 않고 더 이상 하나님께서 나에게 해롭게 하시지 않을 것 같았다.

그런 이유로 교회를 다녔기 때문에, 수년을 다녔는데도 하나님이 어떤 분인지 몰랐다. 내 인생을 향한 하나님의 선한 계획도 몰랐다. 여전히 나에게 주어진 환경을 '불행'이라고 해석하면서 인생에 대해 부정적이며 회의적이었다.

목마름을 해결해 보려고 애썼다. 눈에 보이고 손에 잡히는 것을 더 잡아

보려고 발뒤꿈치를 들고 늘 피곤하게 살았다. 대학 때도 중고등학생들을 몇 팀씩 가르치며 바쁘게 뛰었고, 졸업 후에는 그 당시 아주 인기 있던 미국계 직장에 들어가 경력을 쌓았다. 하지만 그런다고 수치심과 열등감에서 벗어날 수 없었다.

그러는 중에, 사랑하는 사람과 보금자리를 꾸미면 행복하리라 기대하며 대학에서 만난 지금의 남편과 결혼했다. 물론 결혼으로도 갈증은 채워지지 않았다. 사랑하는 사람과 결혼을 해도, 아이를 낳아도, 좋은 집에 살아 봐도 만족할 수 없었다.

겉으로는 좋은 조건들을 많이 갖추고 있었지만, 갈수록 불평불만이 늘어 갔다. 아홉 가지 있는 것을 보지 못하고 한 가지 없는 것 때문에 안달하고 불평했다. 나보다 잘나가는 친구들을 보면 나 자신이 무능하게 보여 짜증이 났고, 나보다 못한 친구들을 보면 우월감에 조금 살맛나는 생활이 반복되었다.

그러다가 1983년 여름에, LA지사로 발령을 받은 남편을 따라 오랫동안 다니던 직장을 사직하고 미국으로 오게 되었다.

그즈음 내 인생 처음으로, 쉼 없이 달려오기만 하던 삶을 돌아보게 되었다. 내가 무엇 때문에 그렇게 달려왔는가? 그저 허무하다는 생각이 들었다. 손에 잡은 물이 다 빠져나간 것 같은 허탈감 때문에 힘들었다. 그러면서도 미국에 왔으니 뭔가 또 해야 한다는 강박관념으로 공부를 시작했다. 하지만 인생의 근본이 해결되지 않으면, 아무리 공부를 하고 대단한 것을 이룬다고 해도 나중에는 또 그렇게 허무한 기분이 들 것 같았다. 맥이 탁 풀렸다.

'어떻게 하지? 무슨 대책이 없을까?'

고민하다가 결국 이런 결론에 다다랐다.

'그래. 내가 하나님을 믿는다고 했는데, 그 하나님을 한번 열심히 믿어 보자. 하나님을 잘 믿으면 내 삶에도 기쁨이 생기지 않을까? 행복해지지 않을까? 이 갈증이 좀 해소되지 않을까?'

그다음부터 학교도 그만두고 교회에 열심히 다니기 시작했다. 주일 성수는 물론이고, 새벽기도·산기도를 비롯해서 교회 행사에 빠짐없이 참석했다. 내가 사는 지역에서 열리는 부흥회란 부흥회는 다 쫓아다녔다. 그렇게 몇 년 지나다 보니 종교의식과 기독교 문화에 아주 익숙해졌다. 교회에서는 나에게 이런저런 일을 많이 맡겼다.

나는 그 일들을 열심히 하다 보면 참된 기쁨과 평강이 저절로 따라오는 줄 알았다. 그리고 어느 날 아주 거룩한 사람으로 변화될 줄 알았다. 그런데 아니었다. 마음에 기쁨과 평강이 없었고, 마음 한구석이 텅 빈 듯 여전히 허전했다. 삶에도 변화가 나타나지 않았다. 세상적 가치관이나 사고방식이 좀처럼 바뀌지 않았다. 비교 의식과 열등감으로 시달리는 것도 달라지지 않았다. 돈 좋아하는 것도 똑같고, 친구가 박사학위를 받고 서울로 돌아간다는 소식을 들으면 그날 밤에 잠 못 자는 것도 똑같았다.

게다가 내가 열심을 내니까, 나처럼 열심히 하지 않는 사람을 보면 정죄하기까지 했다. 바리새인처럼 나의 의만 높아갔다. 갈수록 가면이 늘어나고 이중적이 되어 갔다. 예배당에 가면 하나님이 계신 것 같아 목소리까지 거룩해지곤 했지만, 교회 밖에 나오면 차를 타면서부터 사소한 일에도 짜증을 내기 일쑤였다.

고상한 여자로 보여야 하기 때문에 다른 사람들 앞에서는 남편에게 바가지를 긁는다든지 큰소리로 부부 싸움을 하지 않았다. 그렇지만 사실은 못마땅한 표정이나 눈빛으로 남편을 조용히 힘들게 한 적이 많았다. 겉으로 보면 현숙한 아내요 착실히 교회생활 잘하는 괜찮은 여자였지만, 내면은 형편없이 황폐한 채 메말라갔다.

차츰 신앙생활이 오히려 무거운 짐으로 나를 짓누르기 시작했다. 성경에 대한 지식은 조금씩 늘어갔지만 그렇게 살지 못하는 내 삶을 보면서 갈등했다. 부흥회에서 눈물 콧물 흘리며 은혜를 받아도 뜨거운 느낌으로만 끝날 뿐이었다. 그 감동이 삶에서 나를 붙잡아 주지 못할 때 더 허탈해졌다. 마치 빙벽을 타고 오르다가 미끄러지는 듯한 좌절감을 주체하기가 어려웠다.

무엇보다도 힘들었던 건, 예수님을 분명히 나의 구주와 주인으로 영접하고 은혜를 경험해도 하나님의 사랑받는 자녀라는 확신이 없는 것이었다. 내가 말씀대로 순종할 때는 받아 주실 것 같았지만 잘못하고 죄 지으면 내치실 것 같아 두려웠다.

물론 머릿속으로는 내가 하나님 자녀라는 것을 믿었다. 그런데 하나님께서 내 친아버지라는 확신이 없어서, 우주의 고아같이 느껴질 때가 많았다. 하나님께서 날 사랑하신다는 찬양을 부르면서도 건성으로 부를 때가 많았다.

결국 전보다 더 영적 목마름을 느꼈고, 원래 건강하지 못한 몸이 더 악화되었다. 자식은 아들만 하나여서 식구래야 겨우 세 식구인데, 그 세 식구 식사를 준비하면서도 힘들어 주저앉을 수밖에 없는 상태가 되었다.

에베소서 5장 15-18절에 대한 설교 말씀을 듣게 된 순간이 바로 그렇게 탈진하고 갈급한 상태에서 서른일곱 살 생일을 지날 때였다. 그랬으니 "세월을 아끼라", "주의 뜻이 무엇인가 이해하라"는 말씀들이 의미심장하게 들려왔던 것이다. 그날 그 말씀은 내 마음을 진동시키고 내 존재를 흔들어 놓은 것이다.

나는 그 말씀 앞에 고꾸라져서 통곡했다. 처음에는 37년 동안 헛살았다는 것이 너무너무 억울해서 울었다. 그다음엔 내 잘못에 대한 깊은 깨달음 때문에 통회하며 울었다. 펑펑 울었다.

예배도 드리고 기도도 하고 하나님의 일을 한다고 했지만, 내 중심으로 내 뜻대로 해 왔다는 것…, 입술로는 주님이라고 고백하면서도 삶은 하나님과 상관없이 내가 주인이 되어서 꾸려왔다는 것…, 내면은 변화되지 않고 하나님께 뭔가 좀 잘 보이기 위한 종교 행위만 해 왔다는 것…, 스스로 속은 어리석은 자였다는 것을 진심으로 고백하며 회개했다. 그때 비로소 종교인의 옷을 벗게 되었다. 그리고 처음부터 다시 시작하는 심정으로 주님께 나아갔다.

"주님, 남은 인생을 더 이상 어리석은 자로 헛되게 살고 싶지 않습니다. 하나님 보시기에 '지혜로운 자, 세월을 아낀 자'로 살기 원합니다. 주님을 알기 원합니다. 주님의 뜻을 깨닫고 그 뜻을 따라 살기 원합니다. 성령으로만 충만하기를 원합니다. 그런 삶으로 인도해 주세요. 다시 태어난 것처럼, 제 인생 다시 시작하겠습니다."

에베소서 5장 16절 말씀은 이렇게 내 인생에 큰 혁명을 일으켰다. 그 후에 나는 에베소서 5장 18절의 "성령의 충만"이, 골로새서 3장 16절의 "그리스도의 말씀이 너희 속에 풍성히 거하여'라는 말씀과 같은 맥락으로 쓰이고 있는 것을 깨닫게 되었다. 말씀으로 충만해지는 것이 곧 성령 충만임을, 하나님의 뜻을 알고 그 뜻을 좇아 살 수 있는 길임을 알게 되었다.

3. 큐티와의 만남

나는 힘이 다 빠진 무릎을 다시 일으켜 세우고 1990년 새해를 새 마음으로 맞이했다. 그리고 하나님을 알기 원하는 간절한 마음과, 하나님의 뜻을 따라 살고자 하는 결단으로 말씀을 폈다.

그때는 직장을 다니고 있을 때였는데 말씀 읽는 시간을 충분히 갖기 위해 오전 시간만 일하기로 했다. 학교에 아들을 데리러 가기 전 두세 시간 동안 기도하는 마음으로 성경을 읽기 시작했다.

그렇게 성경을 읽어 가던 어느 날, 책꽂이에 꽂혀 있는 책 두 권이 눈을 사로잡았다. '생명'이라는 단어에 이끌려 책을 뽑아 보았다. 《생명의 삶》 1988년 7월호와 8월호였다. "주님과 동행하는 월간 QT"라는 부제가 작은 글씨로 붙어 있었다.

알고 보니, 남편이 사표를 내러 한국에 갔다가 미국으로 들어오는 날, 공항에 나온 회사 직원이 선물로 준 것이었다. 그런데 남편이나 나나 큐티가 뭔지도 몰랐던 사람들이라 들춰 보지도 않은 채 1년이 넘도록 묻어 두었던 것이다.

내가 어리석게 살아온 날들을 회개하고 간절한 마음으로 주님 알기를 원하니까 하나님은 내 어두운 눈을 밝혀 주셨다. 그동안 내 곁에 있어도 모르고 지나쳤던 샘물을 발견하게 하신 것이다.

큐티가 무엇인지 알지는 못했어도 그저 그 책을 따라 성경을 읽어 가면 도움이 될 것 같았다. 날짜는 맞지 않았지만 책을 따라 누가복음을 하루 분량씩 읽어 갔다. 소개된 방법대로 하루 분량의 본문을 여러 번 읽으며 나에게 주시는 말씀이 무엇인가 생각해 보니, 나에게 의미 있게 다가오는 말씀들이 있었다. 그렇게 시작한 것이 내 인생을 새롭게 바꾸어 준 큐티와의 첫 만남이었다.

몇 달 후에는 큐티 세미나 테이프를 처음으로 듣게 되었다. 큐티 간증을 통해 말씀의 위력을 느꼈고, 나도 큐티를 하며 변화된 삶을 살고 싶다는 강력한 소망을 갖게 되었다. 큐티에 대한 강의를 들으면서는 내 신앙생활에서 부족한 점을 다시 발견할 수 있었다.

그것은 교회를 오래 다니면서도 하나님과 친밀한 교제를 하지 않았다는 것이다. 그렇기 때문에, 믿음의 대상인 하나님을 너무 모르고 내 인격과 삶에 변화도 일어나지 않았다는 것이다.

그런 것을 깨닫고 나니, 하나님을 날마다 만나며 친해지고 싶다는 소원이 생겼다. 하나님을 깊이 알고자 하는 갈망이 더 뜨거워졌다. 그 소원과 갈망으로 세미나 테이프가 끊어지도록 반복해서 들으며 큐티의 이론과 실제를 익혔다.

내가 큐티를 알게 된 것은 이렇듯 주님의 특별하신 섭리 안에서 이루어졌다. 그리고 지금까지도 교제를 계속하며 주님과 더욱 친밀한 사이로 발전하고 있다. 나는 시들었던 영혼이 살아나고 풍성하게 열매 맺는 삶으로 변화되는 경험을 했다. 나뿐만 아니라 내 남편과 아이, 그리고 내 주변의 수많은 사람들이 큐티로 살아나고 주님과 친밀한 교제를 통해 변화되는 경험을 하고 있다.

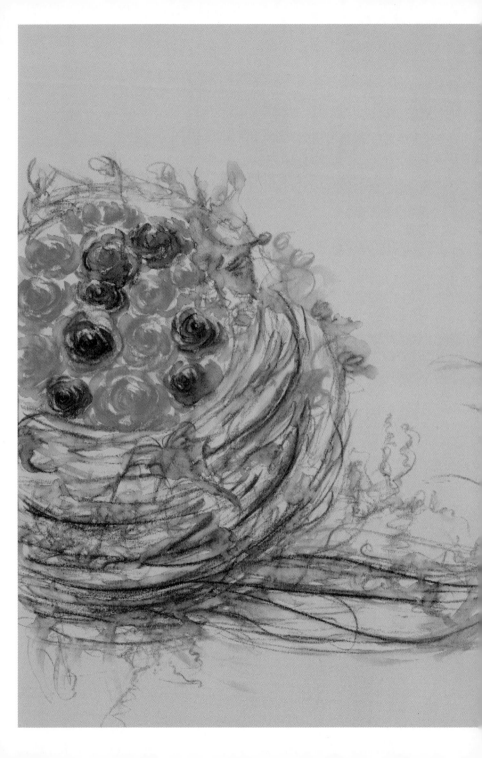

큐티 라이프

PART 2. 큐티의 축복

1. 큐티는 하나님을 아는 통로다

성경은 우리가 믿는 대상인 하나님의 마음과 뜻을 가르쳐 주는 가장 확실한 기준이다. 따라서 말씀묵상은 하나님을 구체적으로 알게 하는 통로다. 존 밀턴은 말했다 "모든 지식의 목적은 하나님을 아는 것이며 그 지식으로 그분을 사랑하고 닮는 것이다."

하나님을 아는 것이 무엇일까? 그것은 하나님의 마음, 뜻, 의도, 성품, 계획, 역사, 사정 등을 아는 것이다. 머리뿐만 아니라 가슴으로 알고 경험으로 아는 것을 의미한다. 전 인격적으로 하나님을 경험하는 것이다. 하나님께서 어떤 분인가를 깨닫고 그분과 동화되고 닮아가는 것이다.

나도 '하나님은 어떤 분인가'에 초점을 두고 날마다 묵상을 하다 보니, 두루뭉술하게 개념으로만 알고 있던 하나님을 구체적으로 알게 되었다. 성령님의 조명하심으로 하나님의 성품과 역사하심의 섭리, 그 뜻과 마음을 조금씩 깊이 알아 가게 되었다. 특히 하나님의 속마음, 속사정을 알게 되었다.

하나님을 만나고 알아 가는 것과 함께 나를 만나고 알게 되었다. 하나님을 알고 나를 알아 가니까, 그때부터 변화가 시작되는 것을 느낄 수 있었다. 하나님을 알수록 하나님에 대한 오해의 끈이 풀어지고 사랑과 신뢰가 자라 갔다. 나의 내면이 치유되고 회복되며 속사람이 강해졌다. 내 인격과 삶이 하나님께서 원하시는 모습으로 성숙해 갔다.

하나님과 친해지고 사랑이 깊어지면서 하나님의 관심이 내 관심이 되었다. 하나님의 비전이 내 비전이 되어 하나님께서 기뻐하시는 일을 감당하게 되었다. 그러면서 늘 푸른 초록 인생이 되고 열매 맺는 삶으로 풍성해졌다.

그 과정 속에서 하나님은 말씀으로 내 인격과 삶을 재창조하는 작업을 하셨다. 내면의 병든 부분을 들춰내고 도려내셨다. 어그러진 발걸음을 멈추게 하고 바르게 하셨다. 잘못된 시각을 고쳐 제대로 보는 안목을 갖게 하셨다. 하나님께서 바라시는 내 위치와 역할로 고쳐 주셨다. 회복시켜 주셨다. 하나님의 뜻을 따라 순종하게 하셨다.

그럴 때, 수술을 통해 도려내는 듯한 아픔과 교정받는 고통이 있었다. 나를 부인하는 죽음의 경험도 있었다. 그러나 하나님의 손에서 다시 빚어지는 기쁨이 그 어려움들을 넉넉히 이기게 했다. 무엇보다 하나님의 은혜와 사랑이 아픔과 고통을 덮어 주었다.

질서의 예수님을 경험하다

앞에서 언급한 대로, 내가 1990년 1월에 처음 큐티를 시작한 성경은 누가복음이었다. 누가복음을 주어진 분량대로 매일 읽으며 '예수님은 어떤 분이신가?'를 살펴보고, '나는 어떻게 해야 하는가?'를 생각해 보았다.

누가복음 9장 10-17절을 묵상하면서, 오병이어로 남자만도 오천 명이 넘는 사람들을 배불리 먹이시는 장면을 대하게 되었다. 그전에도 많이 읽었던 말씀이지만, 늘 작은 떡 다섯 개와 물고기 두 마리를 통한 기적에만 초점을 맞추다 보니 나와 별로 상관없던 말씀이었다.

그런데 그날은 예수님이 어떤 분이신지를 구체적으로 살펴보다가 제자들에게 무리를 50명씩 앉히라고 말씀하시는 모습이 눈에 들어왔다.

'왜 그렇게 하셨을까?'

나는 그 이유가 궁금해져서, 들판에서 사람들이 제자들의 인도를 따라 50명씩 무리를 지어 앉는 모습을 머릿속으로 그려 보았다. 아무렇게나 여기저기 앉아 있는 것보다 훨씬 질서가 있었다.

'아하! 질서의 예수님이시구나. 들에서 떡을 먹이시는 데도 질서가 있었구나. 나도 질서 있게 살아야겠다.'

묵상이 뭔지 적용이 뭔지 잘 몰랐기 때문에, 단지 그렇게 간단하게 생각하며 결단을 했다.

그날 저녁 슈퍼마켓에 갔는데, 늦은 시간이어서인지 넓은 주차장이 거의 비어 있었다. 나는 별 생각 없이 주차장을 가로질러 마켓 입구 가까이에 차를 대려고 했다. 그때의 나는 큰길을 다닐 때는 교통질서를 잘 지키는 편이었지만, 주차장 같은 데서는 차가 세워져 있지 않으면 길이 아니라도 질러서 가곤 했다.

그날도 그렇게 가려고 하는데, 갑자기 예수님께서 사람들을 50명씩 그룹을 지어서 앉히시던 성경 말씀이 떠올랐다. '질서의 예수님'을 보면서 나도 질서 있게 살아야겠다고 다짐했던 것이 생각났다. 그 말씀 때문에 나는 비어 있는 주차장이지만 질러가지 않고 차선을 따라 돌아가서 차를 세웠다.

물건을 다 사고 마켓에서 나왔다. 물건을 트렁크에 넣고 물건을 실었던 카트를 그냥 차 옆으로 치우고 차를 타려는데, 또다시 말씀이 나를 사로잡았다. 카트를 제자리에 갖다 놓아야 할 것 같았다. 나는 카트를 마켓 문 앞까지 끌고 가서 가지런히 세워 놓았다. 보는 사람이 있어서가 아니라 예수님의 말씀 때문에 질서를 지킨 나 자신이 기특했다.

집으로 돌아오면서 그전에 알지 못했던 기쁨이 마음속 깊은 데서 올라오는 것을 느낄 수 있었다. 아주 사소한 일이지만 말씀이 내 삶 속에 구체적으로 들어와 나의 생각과 행동을 움직여 주신 첫 번째 경험이었다. 2천 년 전, 오병이어의 기적을 일으키시는 현장에서 사람들을 질서 있게 앉히셨던 예수님이 내 삶에 들어오셔서 질서를 세워 주신 사건이었다. 17년이 지난 지금도 그 말씀과 그날 저녁 나만이 느꼈던 기쁨이 가슴속에 생생하게 살아 있다.

하나님께서 바라시는 아내의 모습으로: "이와 같이"

큐티를 하면서, 나는 비로소 하나님은 여성들이 어떤 아내가 되기를 바라시는지 알아 가게 되었다. 아내로서 내가 무엇이 부족한지를 발견하고 회개하게 되었다. 습관과 감정에 붙잡혀서 반응하던 내가, 말씀에 붙잡혀서 순종하게 되었다. 그리고 하나님께서 바라시는 아내 상으로 조금씩 회복되어 갔다.

큐티하는 사람이라면, 하나님의 말씀을 절대적으로 받아들여야 한다는 것을 다 안다. 나도 그래야 하는 것을 알고 있었다. 그러나 남편에게 순종하라는 말씀만 나오면 못 본 척하고 슬쩍 지나치곤 했다.

남편은 한국에서는 교회를 잘 안 다녔는데, 미국에 오면서 교회에 같이 다니게 되었다. 처음에는 장거리 운전을 못하는 나를 위해, 또 한편으로는 예배 후 교인들과 골프 치는 재미로 다녔다. 그러다가 주님의 은혜로 세례도 받고 예수님도 영접했으며 신앙생활도 착실하게 잘했다. 교회에서 직분도 받고 속회(구역예배)에서 인도자를 맡아 속회 식구들도 잘 돌보았다.

그렇지만 나는 나보다 신앙생활을 늦게 시작한 남편을 영적인 면에서 은근히 무시하는 경향이 있었다. 게다가 학창 시절에 만나서 그런지 늘 좋은 친구 같기는 해도 솔직히 어려워하는 마음은 잘 생기지 않았다. 그래서 "남편에게 복종하라", "남편에게 복종하기를 주께 하듯 하라"는 말씀을 대하면 따르기가 싫었다.

그런데 특히 영적인 일에는 그렇게 하면 안 될 것 같아서 하나님께 양해를 구하곤 했다.

'주님, 저보다 영적으로 미숙한 남편에게 어떻게 복종을 하겠어요? 조금만 기다리세요. 남편이 영적인 면에서 저보다 더 성숙해지면 제가 주님께 하듯 복종하겠습니다.'

그런데 1991년 6월 어느 날, 베드로전서 3장 1-7절을 본문으로 큐티를 하게 되었다.

'조금만 더 기다리시라는 데 주님은 왜 또 이 말씀을 주시는 걸까?'

나는 대충 지나치려고 했지만, 토씨까지도 자세히 읽는 습관이 생겨서 한 절씩 찬찬히 읽어 갔다.

"아내 된 자들아 이와 같이 자기 남편에게 순복하라 이는 혹 도를 순종치 않는 자라도 말로 말미암지 않고 그 아내의 행위로 말미암아 구원을 얻게 하려 함이니"(베드로전서 3:1).

"이와 같이"라는 단어에 시선이 멈췄다. 주님은 무엇을 말씀하시려는 것일까? 어떻게 순복하라는 말씀일까? 새삼 궁금해졌다. "이와 같이"의 뜻을 알기 위해서 2장의 마지막 부분으로 거슬러 올라갔다. 베드로전서 2장 22-25절의 내용은 대강 이러했다. 죄도 없는데 고난과 욕을 받으신 예수님은 대신 욕하거나 위협하지 않으셨다. 그리고 오직 공의로 심판하시는 하나님께 부탁하셨다. 예수님께서 우리 죄를 담당하신 것은, 우리가 죄에 대해 죽고 의에 대해 살게 하시려는 것이다.

그렇다면 "이와 같이"라는 말은, 바로 '죄 없는 예수님께서 죄 있는 우리를 의롭게 하려고 잠잠히 돌아가 주신 것같이'라는 뜻일 것이다.

게다가 도를 순종치 않는, 다시 말하면 예수님을 믿지 않는 남편에게조차 그런 자세로 순복하라고 하셨다. 그럴 때 남편이 아내의 말로 말미암지 않고, 아내의 행위를 보고 구원을 얻게 된다는 것이다.

모든 면에서 존경할 만한 남편에게 순종하는 것은 누구든지 할 수 있다. 그러나 자신보다 믿음이 부족한, 심지어 믿지 않는 남편에게 순복하는 것은 아무나 할 수 없을 것이다. 죄 없으신 예수님께서 죄인인 자신을 위해 어떻게 하셨는가를 경험한 여자만이 할 수 있을 것 같다. 주님께서 자신에게 세워 주신 영적 질서, 그러니까 남편을 자신의 머리로 받아들이는 여자만 할 수 있는 일이다. 그래서 그저 순복하라고만 하지 않으시고 "이와 같이" 순복하라고 하신 것이 아닐까?

묵상을 하다 보니, 성숙할수록 미숙한 사람을 위해 '순복(be submissive)' 해야 한다는 사실을 알게 되었다. 그동안 남편이 나보다 더 성숙해지면 순복하겠다고 그럴 듯하게 핑계를 대며 미루어 온 내가 너무 부끄럽게 느껴졌다. 내가 남편보다 영적으로 더 성숙하다고 생각했다면 나보다 영적으로 미숙한 남편에게 더 순복했어야 함을 깨달았다.

또한 "말로 말미암지 않고 그 아내의 행위로 말미암아"라는 말씀이 나를 돌아보게 했다. 나 역시 많은 때에 내 말로 남편을 빚으려 했다는 것을 발견하게 되었다.

당시 속회 인도를 맡은 남편을 위해 '이 일을 누가 하랴! 내가 해야지!' 하는 사명감으로 하는 일이 있었다. 그것은 남편이 속회 인도를 어떻게 하는지 평가 리스트를 적는 것이었다. 남편을 사랑한다는 명목으로, 또 남편을 돕는다는 명목으로 잘한 것보다는 아쉽고 고쳐야 할 점들을 적었다. 그러고는 집으로 돌아오는 차 안에서 신랄하게 평가회를 하곤 했다.

그런데 평소에는 온순한 남편이, 속회 인도한 것에 대해 한두 가지만 지적해도 화를 버럭 내면서 싸우려고 했다. 아무리 좋은 명분으로 바르고 똑똑한 말을 한다고 해도 그 가운데 십자가가 없으면, 상대의 기분을 상하게 하고 상처만 줄 뿐이다.

돌이켜 보니, 남편의 영적 성숙을 위한다는 명목으로 남편을 내 말로 빚으려 했다. 내가 하나님의 자리에 앉아 있는 교만이었다. 왕의 마음이 여호와의 손에 있는 것처럼, 남편의 마음도 하나님의 손에 있는데 내 손에 있는 것으로 여기고 이래라 저래라 했으니 대단히 무서운 교만이었다. "왕의 마음이 여호와의 손에 있음이 마치 보의 물과 같아서 그가 임의로 인도하시느니라"(잠언 21:1).

베드로전서 3장 1절 말씀은 남편에 대한 나의 교만한 태도를 그렇게 들춰내고 회개하게 하셨다. 나는 주님께서 원하시는 아내의 위치로 돌아와서 남편에게 순복하겠노라 고백을 드렸다. 또한 남편에게 고쳐야 할 점을 지적하고 싶을 때는 예수님처럼 침묵하고 오직 하나님께만 부탁하겠노라고 주님께 약속을 드렸다. 그러면서 그 시간에 간절히 기도했다. 하나님께서 기뻐하시는 모습으로 남편을 직접 빚어 주실 것을 부탁드렸다. 그날 적용은 당연히, 앞으로 남편의 속회 인도에 대해 돌아오는 차 안에서 평가회를 하지 않는 것이었다.

며칠 후에 속회를 하게 되었다. 하나님께서 나의 회개와 간절한 기도를 들어주시고 며칠 만에 남편을 흠잡을 데 없는 훌륭한 인도자로 바꾸어 주셨으면 얼마나 좋았을까. 그러나 말씀과 현실은 늘 갈등이 있는 것이어서 그렇게 쉽게, 속히, 내가 바라는 대로 되지 않았다. 그날도 나는 남편이 예배를 인도할 때, 은혜받을 준비를 하지 않고 늘 하던 대로 내 마음에 안 드는 점을 몇 가지 적었다.

집으로 돌아오는 길에, 차를 타자마자 나는 언제나처럼 속회 때 느낀 것에 대해 말을 막 시작하려고 했다. 그때 갑자기 '이와 같이'라는 단어가 떠오르면서 내 귓전에 맴돌았다. 나는 순간 입을 다물었다. 그동안 습관과 감정을 좇아서 반응하던 내가, '이와 같이'라는 말씀에 붙잡혀서 아무 말도 안 하고 잠잠히 집으로 돌아왔다.

그렇지만 집에 돌아와서도, 남편에게 하려던 말이 자꾸 생각났다. 그 말을 하고 싶어 견딜 수가 없었다. 하지 말아야겠다고 생각하면 더 하고 싶은 게 사람 심리인가보다. 잠자리에 누워도 생각을 떨칠 수 없어서 잠이 안 올 정도였다. 그래서 주님께 이렇게 말씀을 드렸다.

'주님, 저 오늘 한 번만 말하고 앞으로는 절대로 남편이 한 일에 대해 평가하지 않을게요. 오늘 한 번만 할게요.'

그런데 그때 '이와 같이'라는 단어가 다시 떠오르며 또다시 나를 꽉 붙잡았다. 나는 나도 모르게 말이 나올까 봐 입에 베개를 물고 잠을 청했다. 결국 '이와 같이'라는 말씀이 나를 붙잡아서 남편 앞에 잠잠할 수 있었다.

남편은 그날 속회에서 돌아오는 길이나 또 집에 와서도 내가 아무 말이 없자 처음에는 어디가 아픈 것으로 생각했단다. 그전에도 내가 부흥회에서 은혜받으면 잠시 변한 듯했지만 며칠 후면 다시 예전의 모습이 나오는 것을 남편은 알고 있었다. 그래서 '저러다가 조금 있으면 또 재발하겠지!' 생각했다고 한다.

그런데 남편의 생각과 달리, 남편에 대한 나의 옛 습관이 점차 벗겨지게 되었다. 남편을 평가하는 일을 그치고 잠잠해지는 일이 계속되었다. 남편을 먼저 세워 주게 되었다.

베드로전서 3장 1절뿐만 아니라 3-4절도 나에게 주시는 말씀으로 받고 적용을 계속했기 때문이다. 특히 하나님께서 값지게 보는 여성은 속사람을 '온유하고 안정된 심령(gentle and quiet spirit)'으로 단장하는 여성이라는 사실을 마음에 새겼다.

날마다의 큐티(quiet time)를 통해 내 안의 불안, 두려움, 화, 불만, 죄의식 같은 마음의 소음들을 주님 앞에 조용히 내려놓으니 내 속사람이 '안정된 심령(quiet spirit)'으로 단장되어 갔다. 온유하고 차분한 마음이 되니 자연히 예전보다 잠잠해지고 유순한 말로 반응하게 되었다.

남편은 무엇이 자기 아내를 달라지게 하는지 궁금해졌다고 한다. 그전에는 내가 큐티한다는 말을 들으면서도 할 생각을 안 했는데, 내가 달라진 것이 큐티 때문임을 거듭 목격하면서 남편도 큐티를 시작했다.

그렇다고 내가 하루아침에 완벽한 아내가 되어서 남편이 큐티를 하게 되었다는 말은 절대 아니다. 내가 여전히 부족하고 흠이 많다는 것을 남편이 누구보다 더 잘 안다. 그렇지만 내가 온유하고 안정된 심령으로 계속 자라 가기에, 나의 모습 속에서 큐티의 능력을 볼 수 있기에, 남편도 큐티의 세계로 성큼 들어오게 된 것이다.

그 후 하나님은 큐티를 통해서 남편을 날마다 말씀으로 친히 빚어 주셨다. 만약 내가 내 말로 계속 남편을 고치려고 했다면 되지도 않았을뿐더러, 되었다고 하더라도 내 수준에서 그쳤을 것이다. 그러나 주님께서 말씀으로 친히 일하시니까 내가 바라던 남편보다 더 훌륭한 남편으로, 하나님의 사람으로 성장시켜 주셨다. 비교적 늦게 신앙생활을 시작했지만 큐티를 통해 성경적 인생관, 가치관, 직업관으로 확실하게 바꾸어 주셨다. 이미 오래전에 교회를 뜨겁게 사랑하는 장로로 세워 주셨고, 지금은 사역을 더 전문적으로 하기 위해 신학을 공부하고 있다.

남편은 디모데전서 2장을 큐티하면서 "임금들과 높은 지위에 있는 모든 사람을 위하여 (기도)하라"(디모데전서 2:2)는 말씀을 받았다. 그다음부터 조국과 미국의 위정자들을 위해 그리고 교회 목사님과 영적 지도자들을 위해 요일을 정해 기도하기 시작했다.

에스겔 22장 30-31절을 묵상할 때는 하나님께서 이스라엘을 향한 그분의 진노를 막아 줄 중보자를 찾으신다는 말씀에 큰 부담을 갖게 되었다. 그 후 교회 안팎에서 중보기도 팀을 구성해 기도의 바람을 일으키고 중보기도 교실을 운영하기도 했다.

창세기 2장 23절에서 아담이 하와를 향해 "내 뼈 중의 뼈요 살 중의 살이라"는 말씀을 묵상하다가 무릎을 치며 깨닫게 되었다. '아하! 아내의 뼈가 바로 내 뼈고, 아내의 살이 바로 내 살이구나! 다른 몸이 아니고 같은 몸이구나!' 하는 것이 머리에서 가슴으로 내려온 것이다. 그리고 아내가 하는 일을 아내만의 일이 아니라 바로 자신의 일이라고 여기게 되었다.

큐티 사역의 동역자가 되어 남성 큐티방을 10여 년 동안 인도해 오고 있다. 될 수 있는 한 미국 안에서 뿐만 아니라 아주 먼 나라까지도 나와 동행하며 큐티 사역을 함께하고 있다. 내가 앞에서 강의를 할 때 수백 빈 들은 것인데도 흐뭇한 표정으로 경청해 주며 중보기도로 돕고 있다. 얼마 전부터는 큐티와 중보기도의 강사로서 동역하고 있어 더 큰 힘이 되어 준다.

그렇게 내 옆에서 섬기는 모습이 아름답다고 목사님들이 남편에게 붙여 준 별명이 있다. '배경이 되어 주는 남편', '안개꽃 같은 남편'이다. 아내의 사역이 아름답게 꽃피고 돋보이라고 안개꽃처럼 배경이 되어 주는 남편이라는 뜻이다. 사실 내가 지금 많은 분들에게 큐티의 축복을 나누며 활발하게 사역할 수 있는 것은 바로 기쁨으로 동역하는 남편이 있기 때문이다.

큐티 세미나나 집회를 인도하는 날이면 나는 남편 앞에 무릎을 꿇고 앉아 남편의 축복기도를 받는다. 사역은 내가 앞에 나서서 많이 하지만 나의 머리는 어디까지나 남편이기 때문이다. 내 머리에 손을 얹고 축복하는 남편의 기도를 통해 주님의 축복이 흘러들어 오는 것을 느끼곤 한다.

지금 남편과 함께 누리는 이 축복은, 바로 베드로전서 3장 1절의 "이와 같이"라는 말씀이 나를 붙잡아 주셨기에 이루어진 것이다. 하나님께서 바라시는 온유하고 안정된 심령의 아내가 되도록 끊임없이 말씀으로 빚어 주셨기에 이루어진 것이다.

하나님께서 바라시는 엄마의 모습으로: 말씀 먹이는 엄마

"오직 주의 교양과 훈계로 양육하라"

"아비들아 너희 자녀를 노엽게 하지 말고 오직 주의 교양과 훈계로 양육하라"(에베소서 6:4). 이 말씀을 통해 엄마로서 부족함을 보게 하고 하나님께서 원하시는 엄마의 자세가 무엇인지 배우게 하셨다.

나는 아들을 어떻게 키우고 있는가? 노엽게 한 적은 없는가? 나 자신을 살펴보았다. 나는 하나밖에 없는 아들을 엄격하게 키운 편이었다. 사 달라는 것을 선뜻 사 준 적이 거의 없다. 자녀가 귀하다고 원하는 대로 다 해 주고 다 받아 주다가는 너무 유약해지고 왕자병에 걸리기 십상인 것 같아서 그랬다. 일부러 고생을 시키기도 했다. 그러다 보니 아무래도 따스하고 부드러운 사랑 표현이 부족했다는 생각이 들었다. 엄마의 의도를 모르는 어린아이로서는 엄마에게 섭섭한 것도, 노여움으로 마음에 남은 것도 많았을 것이다.

내 딴에는 아이를 위해서 한다고 했지만, '주'의 교양과 훈계가 아니라, '나'의 교양과 '나'의 훈계로 양육한 것임을 깨달았다. 물론 나의 방법이 그 애를 독립적이고 강하게 키우는 데에는 도움이 되었겠지만 인간적 방법이어서 치우침이 있었을 것이다.

더구나 내 자신이 성숙하지 못하고 상처가 치유되지 않은 상태여서, 걸러지지 않은 감정과 정서를 아이에게 그대로 쏟은 때도 있었을 것이다. 하나님의 기업이요 선물인 아들을 내 방식, 내 감정으로 대한 것을 생각하니 하나님께 죄송했다. 그리고 아이에게 너무너무 미안했다.

아들을 붙들고 눈물로 사과했다. 엄마가 무섭게 하고 화낸 것 미안하다고, 마음을 아프게 한 것 있으면 용서해 달라고, 엄마가 하나님을 늦게 만나서 잘 몰라서 그랬다고….

그러면 어떻게 하는 것이 주의 교양과 훈계로 양육하는 것일까? 주님께 기도하면서 지혜를 구했다. 물론 다른 방법도 있겠지만, 아이가 주님을 인격적으로 만나 날마다 스스로 말씀을 먹고 그 말씀을 따라 살도록 가르쳐 주는 것이 최고라고 여겨졌다. 같은 교훈이라도 부모가 말하면 노엽기도

하고 반항적이 되기도 하지만 하나님의 말씀으로 받으면 그런 부작용이 없을 거라는 생각이 들었다.

나는 먼저 기도로 준비를 많이 한 다음 아이에게 큐티해야 하는 이유를 잘 설명해 주었다. 그런데 막상 아이들 교재를 찾으니 영어를 사용하는 아이들에게 마땅한 큐티 교재를 쉽게 구할 수가 없었다. 그래서 일단 교재 없이 우리 부부의 큐티 스케줄을 따라 같은 본문으로 하되 쉽게 하는 방법을 택했다.

말씀을 자세히 세 번 읽고 내용을 간단히 쓰게 했다. 또한 마음에 다가오는 단어나 구절 하나를 찾은 후 그 말씀으로 적용하게 했다. 그리고 저녁 식사를 하자마자 세 식구가 나눔의 시간을 가졌다. 아침에 각자 큐티할 때 받은 말씀과, 그 말씀으로 어떻게 살았는지를 간단하게 나누었다.

초등학교 6학년생이 받은 주님의 지상명령

1992년 아들애가 초등학교 6학년 때였다. 마태복음 큐티가 끝나는 날이었다. 저녁 때 언제나처럼 큐티 나눔의 시간을 가졌다. 아들이 상기된 얼굴로 할 말이 많다는 듯 먼저 입을 열었다. 자기가 받은 구절은 28장 19-20절이라고 했다. "그러므로 너희는 가서 모든 족속으로 제자를 삼아 아버지와 아들과 성령의 이름으로 세례를 주고 내가 너희에게 분부한 모든 것을 가르쳐 지키게 하라."

"지금 당장 어디를 가서 제자를 삼거나 세례를 주고 가르치는 것을 할 수 없지만, 그래도 할 수 있는 일이 있을 것 같아요. 엄마 아빠가 밤에 말씀을 인도하거나 훈련을 받으러 다니실 때 같이 다니면서 불평했던 것이 떠올랐어요. 이제부터는 그럴 때 불평하지 않겠어요. 또 교회 식구들이 우리 집에서 모일 때 제가 어린아이들을 돌볼게요. 그전에는 제 방을 어지럽힐까 봐 아이들이 오는 것을 싫어했지만 이제는 그 애들에게 그림 그리기나 만들기를 시키면서 돌봐야겠어요. 그렇게 하는 것이 오늘 주신 말씀을 적용하는 것이라는 생각이 들어요."

그 당시 우리 부부는 지도자 훈련을 받거나 말씀을 인도하러 자주 밤에 나가곤 했다. 아이를 혼자 두고 갈 수 없어서, 숙제물이 든 가방을 챙기게 해서 아들애를 데리고 다녔다. 아들이 한 귀퉁이에서 숙제를 하다가 잠이 들면 집에 가자고 깨워야 했다. 차에 타서 다시 잠이 들 만하면 집에 다 왔다고 또 깨웠다. 그럴 때마다 아이가 칭얼대고 불평을 하곤 했다. 그래서 우리는 아이를 위해 어떻게 하면 좋은지, 하나님께서 어떻게 하기를 원하시는지 기도하던 중이었다.

그런데 그날 아들은 하나님의 말씀을 통해 자기가 해야 할 일이 무엇인가 스스로 깨달은 것이다! 그리고 자기 수준에 맞는 적용을 찾은 것이다! 부모의 잔소리나 훈계로 태도를 바꾼 것이 아니라 말씀 때문에 변화된 것이다.

"힘이 없는 자들을 붙들어 주며"

1993년 1월이니까 아들애가 7학년(중학교 1학년) 때였다. 어느 날 학교 선생님의 전화를 받았다.

"아드님이 학교에서 매우 용기 있는 일을 했어요. 어떤 약한 아이 하나를 몇몇 아이들이 몰아세우며 놀리고 있었는데, 주변에 있던 아이들이 아무도 말리지 못하고 보고만 있었거든요. 그런데 아드님이 궁지에 몰린 아이를 막아 주며 보호해 주었어요. 거기다가 그 애를 놀리던 아이들과도 마찰을 일으키지 않고 일을 부드럽게 잘 마무리지었어요."

그 백인 여선생님은 약한 친구를 돕기 위해 나선 아들애의 용기와 아이들과의 좋은 관계성에 대해 칭찬이 끝이 없었다. 공부를 잘해도 개인적으로 전화해서 칭찬해 준 적이 없었는데, 작은 선행을 했다고 전화까지 해 주고 칭찬을 넘치게 하는 것이었다. 나는 그 일을 통해, 미국에서는 공부를 잘하는 것도 귀하게 여기지만 약한 사람을 돕는 정신과 태도를 아주 높이 평가한다는 것을 다시 느꼈다. 곤란한 상황에서도 약한 친구 편이 되어 준 아들이 참 대견스러웠던 것은 물론이다.

그날 저녁, 큐티를 나누면서 아들의 말을 들었다.

"오늘 인도 아이 한 명이 친구들한테 놀림을 받고 있었어요. 처음 혼자 그 애 편이 되어서 막아 주는 것이 겁이 났는데, 하나님께서 그렇게 하는 것을 기뻐하신다고 생각하니 두려움이 없어지고 용기가 났어요.

특히 며칠 전에 큐티했던 'encourage the timid, help the weak(마음이 약한 자들을 안위하고 힘이 없는 자들을 붙들어 주며)'(데살로니가전서 5:14)라는 말씀이 생각나서 가만히 보고만 있을 수가 없었어요."

평소에 잘 나서지 않는 아들이 그런 일을 할 수 있었던 것은 역시 말씀의 힘 때문이었다.

그때 말씀으로 약한 친구를 도와준 것이 계기가 되었는지, 아들애는 늘 힘이 없는 사람들에게 관심을 많이 가져왔다. 지금 어른이 되어서도 아들의 꿈은 약하고 힘이 없는 사람들을 붙들어 주고 복음으로 세워 주는 것이다.

아들이 8학년(중학교 2학년)이던 어느 날이었다. 학교 가기 전 아침 식사를
하는 중에 말했다.

"엄마, 나 오늘 학교 끝나고 친구 생일 파티에 갈 거예요."

"그래?"

대답하면서 생각해 보니, 그날은 금요일이라서 저녁에는 교회에 가야
했다. 어떻게 해야 하나? 교회에 가는 날이니까 안 된다고 해야 할지, 교회
를 하루 빠지고 생일 파티에 가라고 허락을 해야 할지 망설여졌다. 그런데
감사하게도 큐티를 하면서 나에게 생긴 좋은 습관이 있었다. 무엇을 결정
하기 전에 오늘 아침의 말씀이 무엇이었는지 한 번 생각해 보는 것이었다.

그날 말씀은 사무엘하 5장 11-25절 말씀이었다. 블레셋이 르바임 골짜
기로 쳐들어왔을 때, 다윗 왕은 하나님께 기도했고 하나님의 지시를 따라
나가서 싸워 이겼다. 그 후 블레셋은 다시 르바임 골짜기 평원을 가득 메웠
는데, 이때 다윗은 한 번 이겼던 경험으로 그대로 나가서 싸우지 않고 하나
님께 또 물었다. 그리고 하나님의 말씀을 따라 싸워서 다시 승리를 거뒀다.

다윗이 하나님께 물어서 블레셋과 싸우고 이기는 이 말씀과, 아들애가
생일 파티를 가야 할지 말아야 할지와는 상관이 없어 보였다. 그래도 말씀
이 아들애의 발걸음을 인도해 주실 것을 믿고 대화를 이어 갔다.

"오늘 아침 큐티했니?"

"으~응."

"오늘 다윗 왕을 보니까 나라를 통일하고 아주 강대해질 때 블레셋이 쳐들어오더라. 엄마가 보니 너도 요즘 영적으로 아주 강해지는 것 같은데. 그렇다면 너에게도 너를 넘어뜨리려고 하는 영적 블레셋이 있지 않겠니?"

내가 이렇게 질문하자 우리 애는 벌써 알아차린 것 같았다. '엄마는 교회를 안 가고 생일 파티 가는 것을, 나를 넘어뜨리려고 하는 블레셋으로 보시는구나!' 하고.

"그런데 다윗은 그럴 때 어떻게 하든? 기도하지? 그러니까 엄마도 생일 파티를 가라 가지 말아라 하지 않을 테니 너도 학교에 가서 다윗처럼 기도해 보렴. 네가 기도하고 네가 결정하자. 결정한 후에 엄마한테 전화해 줘."

아들은 그렇게 하기로 하고 학교에 갔고, 수업이 다 끝날 무렵 나에게 전화를 했다. 옆에서 아이들이 웅성거리고 떠드는 소리가 수화기를 타고 들려오는데 아들애가 심각한 목소리로 말했다. 기도해 보니 오늘은 교회 가는 날이어서 생일 파티보다는 교회에 가야 할 것 같다고, 그런데 친구들이 오늘 파티에 꼭 같이 가자고 한다고….

그 말을 듣는데 나도 혼란스러웠다. '생일 파티가 나쁜 것도 아니고 또 저렇게 가고 싶어 하는데, 오늘 한 번만 교회를 빠지고 다음부터는 빠지면 안 된다고 할까? 파티에 가지 말라고 하면 얼마나 실망하고 노여울까? 나를 얼마나 원망할까?' 이런 생각들이 오가는 가운데 나는 잠깐 하나님께 기도했다.

'주님, 어떻게 할까요?'

그때 큐티 말씀이 떠올랐다. '그래, 다윗이 한 번 기도한 게 아니야. 두 번 기도했어.' 나는 아들애에게 다시 기회를 주었다.

"얘, 근데 오늘 말씀에서 다윗이 몇 번 기도했니? 두 번 기도했잖아, 그렇지? 너도 한 번만 더 기도하고 결정하면 안 될까?"

아들은 기도해 보면 답은 뻔하다는 듯 금방 가라앉은 목소리로 반응했다.

"알겠어요. 파티에 안 갈 테니까 학교로 데리러 오세요…."

아들은 말끝을 흐린 채 전화를 끊었다.

나는 마음이 편치 않았다. 아들이 화가 났으면 어떻게 하나, 엄마가 생일 파티를 못 가게 했다고 생각하면 어쩌나, 엄마와 관계가 나빠지면 어쩌나 하는 염려가 있었다. 그래서 기분을 좀 풀어 주려고 교회 가는 길에 아들이 좋아하는 레스토랑에 데리고 가서 가장 좋아하는 음식을 시키도록 했다. 음식이 나왔을 때 남편이 아들에게 기도를 하지 않겠냐고 제안했다. 아들은 이렇게 기도했다.

"하나님, 오늘 제가 세상을 좇아서 생일 파티에 가지 않고 하나님 말씀을 좇아서 교회에 가게 해 주셔서 감사합니다…."

그 기도를 듣는데 갑자기 가슴이 뭉클해지면서 눈물이 핑 돌았다.

'그랬군요, 주님. 나는 이 아이가 화가 나서 엄마를 원망하고 마음에 상처가 됐을까 봐 걱정했는데…. 이 아이는 엄마 때문에 생일 파티를 못 갔다고 생각하지 않았군요. 아침에 주신 하나님 말씀을 따라서 교회에 가는 것이라고 받아들였군요. 주님, 감사합니다. 감사합니다.'

그날 밤 교회에 다녀온 후 나는 내 큐티노트에 아들을 말씀으로 인도해 주신 주님을 찬양하며 감사의 말들을 적었다. 그리고 아들의 기도를 듣고 우리 부부가 감사의 눈물을 흘렸다고 기록해 놓았다.

그 일 이후 나는 확신을 얻게 되었다. 부모와 자녀가 큐티를 하면서 그 말씀으로 인도함 받으면 하나님 안에서 하나로 만날 수 있다는 것을, 그래서 부모와 자녀 사이의 생각이나 문화나 가치관의 벽을 뛰어넘어 갈등을 줄일 수 있다는 것을 말이다.

만약 내가 그날 "교회 가는 날인데 파티는 무슨 파티냐?"고 하면서 엄마의 권위로 아이를 밀어붙였다면 어땠을까? 아들은 교회는 갔을지 모르지만 엄마에게 반감이 생겼을 것이다. 하나님에 대해서도 바르지 못한 시각을 가지게 되었을지도 모른다.

또 만약 "오늘 한 번만이다, 딱 한 번. 다음번에는 그런 일이 있을 때도 교회를 가야 한다. 알았지?" 하고 허락했다면 어땠을까? 그 아이는 앞으로 하나님의 일과 세상 일이 있을 때 우선순위를 정하는데 혼동을 느낄 수도 있었을 것이다. 때에 따라 세상과 타협을 해도 좋다는 생각을 가지게 됐을 수도 있었다.

내가 이래라 저래라 하지 않고 큐티 말씀을 삶에 연결하도록 도와주었더니, 썩 내켜 하지는 않았어도 결국 하나님의 인도하심으로 받을 수 있었다. 이것은 놀라운 은혜였다.

"아름다운 소식이 있는 날이어늘 우리가 잠잠하고 있도다"

1995년 2월 아들이 9학년(고등학교 1학년) 때였다. 아들은 우리 교회를 네 살 때부터 다녔는데, 그 무렵 자기 또래 남자 아이가 두세 명만 남게 되자 교회를 옮기고 싶어 했다. 학교 친구들이 많이 다니는 큰 교회로 가고 싶다고 졸랐다. 함께 신앙생활을 할 친구가 있는 교회로 가겠다는데 무작정 안 된

다고만 하기가 어려웠다. 그래서 말씀으로 인도해 주실 것을 기다리자고
아들을 달래며 주님께 기도로 매달렸다.

그런 중에, 큐티 모임의 한 자매가 자기 교회의 청소년들이 멕시코 선교
를 가는데 다른 교인도 등록을 하면 갈 수 있다고 알려 주었다. 우리 교회
가 지금은 그런 프로그램이 잘되어 있지만 그때는 없었기 때문에, 나는 아
들을 이 프로그램에 참여하게 하고 싶었다. 아들에게 갈 의사가 있는지 물
어 보았다. 아들은 좋아하면서 가겠다고 흔쾌히 대답했다.

며칠 후, 아이가 집에 없을 때 등록 마감일이 되었다고 연락이 와서 내
가 대신 등록을 했다. 그리고 학교에서 돌아온 아이에게 "멕시코 선교 가
는 것 오늘이 등록 마감이라고 해서 엄마가 등록을 했는데…." 하고 알려
주었다. 그랬더니 대뜸 안 가겠다는 게 아닌가. 엄마가 대신 등록을 해서
가기 싫어졌다는 것이다.

부모가 했기 때문에 싫다는 것은 사춘기 아이들의 특성이다. 자기가 한
다고 했다가도 부모가 하라는 말 한마디 더했다고 엇나가는 경우도 허다
하다. 내가 자꾸 강요한다고 될 일이 아니었다. 내 속은 부글부글 끓었지만
태연한 척했다. 그리고 원하지 않으면 안 가도 된다고 부드럽게 반응하며
일단 접어 두었다.

그런데 그 다음날 아침 2층에서 내려오는 아들애가 나를 보자마자 말
했다.

"엄마. 저 멕시코 갈래요."

나는 또 웬일인가 싶어 반문했다.

"왜?"

"큐티하는데, 하나님께서 가래요."

그날 말씀이 열왕기하 7장 1-10절이었다. 이스라엘의 엘리사 시대에 아람 군대가 사마리아 성을 에워 쌓아서 사람들이 기근으로 허덕이고 있을 때였다. 성문 어귀에 있던 문둥이 네 사람은, 어차피 죽을 거니까 아람 군대에 항복이라도 해서 살길을 찾아보자고 아람 진으로 떠났다. 주님은 그들의 발걸음 소리를 병거 소리와 말소리와 큰 군대의 소리로 듣게 하셔서 아람 군들은 혼비백산하고 도망치게 되었다. 그때 네 문둥이들은 그곳에서 주렸던 배를 가득 채우고 은금까지 챙겼다. 그러다가 굶고 있는 사마리아 성을 생각하고는 이렇게 말했다.

"우리의 소위가 선치 못하도다 오늘날은 아름다운 소식이 있는 날이어늘 우리가 잠잠하고 있도다 만일 밝은 아침까지 기다리면 벌이 우리에게 미칠지니 이제 떠나 왕궁에 가서 고하자"(열왕기하 7:9).

"'아름다운 소식이 있는 날이어늘 우리가 잠잠하고 있도다.'는 말씀에 마음이 찔렸어요. 선교하러 간다고 했다가 안 가는 것은 마치 아름다운 복음을 알고도 잠잠한 것과 같이 느껴졌어요. 벌이 미칠 거라고 하니 겁도 났고요. 또 멕시코 선교를 안 간다고 말한 바로 다음날 이 말씀을 대하게 되니 하나님께서 제 처지를 다 아신다는 게 실감났어요."

아들은 그해 여름에 멕시코 선교를 다녀왔다. 돌아오던 날 집에 들어서면서부터 눈물을 글썽이며 말했다.

"엄마 아빠, 나 교회 안 옮길래요. 멕시코에서 그곳 사람들을 보니까 미국에 사는 내가 얼마나 축복을 받았는지 알았어요. 또래 친구가 좀 없어도 그냥 이 교회를 다닐게요. 감사하면서 다닐래요."

그리고 그때부터 기타를 치면서 찬양 팀을 인도하고 청소년부 부흥을 위해 힘썼다.

큐티를 하면서부터, 하나님께서 이렇게 세밀하게 말씀으로 아들애의 삶을 인도해 주신 그 많은 일들을 이루 다 말할 수 없다. 특별히 십대를 지나며 부모와 갈등이 생길 때도 말씀으로 직접 아이의 마음을 움직여 주셔서 가장 선한 길로 인도해 주시곤 했다.

대학 이후 지금까지

이렇듯 날마다 큐티를 하던 아이도 집을 떠나 대학을 간 후에는 큐티를 안 하는 날이 점점 많아지는 것 같았다. 졸업을 하고도 한동안은 말씀을 가까이하지 않는 듯 보였다.

그래도 나는 걱정하지 않았다. 큐티를 하라고 강요하지도 않았다. 그 아이의 모습 그대로 받아 주며 기다렸다. 아들이 그렇게 영적으로 느슨해지는 것을 보면서도 걱정이 되지 않는 내 자신이 놀랍게 여겨지기도 했다. 내가 그럴 수 있는 것 자체가 큐티의 능력이었다.

그런 가운데도 때때로 내가 큐티한 말씀을 나누고 그 애에게 필요한 말씀을 보내 주곤 했다. 중요한 일을 결정할 때 부모의 의견을 물으면 예전대로 그날 묵상한 말씀으로 인도해 주었다. 그리고 말씀을 날마다 먹는 아들로 돌이켜 주십사 주님께 전심으로 기도했다. 어릴 적에 일대일로 하나님을 만나고 말씀으로 인도해 주심을 맛보아 알았기 때문에 그러다가 다시 제자리로 돌아오리라 믿었다.

그 믿음대로 조금씩 돌아오기 시작했다. 몇 년 전에는 창세기 12장 말씀으로 인도함을 받고 평화봉사단으로 1년 반 동안 우즈베키스탄을 다녀오기도 했다. 지금은 부모와 떨어져 있지만 거의 날마다 같은 본문으로 큐티를 하며 이메일로 말씀을 나누고 만날 때마다 말씀과 삶을 나눈다.

최근에는 교회에서 청소년들을 가르칠 때도 자기가 큐티 말씀에서 받은 은혜를 나눈다. 아들에게는 큐티가 자신의 영적 양식이 될 뿐만 아니라 말씀 사역의 근간이 되는 셈이다.

2006년 12월에는 잠언을 묵상했다. 특히 "슬기로운 아내는 여호와께로서 말미암느니라"(잠언 19:14)는 말씀과, "누가 현숙한 여인을 찾아 얻겠느냐 그 값은 진주보다 더하니라"(잠언 31:10) 하신 말씀이 젊은 청년인 아들에게 의미 있게 다가온 모양이었다.

슬기로운 아내는 하나님으로부터 온다는 것을 다시 인식하게 되었다. 현숙한 여인을 아내로 맞이하는 것은 어떤 보석을 얻는 것보다 가치 있는 일이라는 것을 새롭게 깨닫게 되었다. 그때부터 배우자를 위해 진지하게 기도하기 시작했다. 여호와를 경외하는 현숙한 여인을 배우자로 만나서 한마음으로 하나님을 섬기게 해 달라고 시간을 정해 놓고 기도했다.

놀랍게도 그 기도를 시작한 지 한 달이 못 되어 응답을 받게 되었다. 하나님을 경외하고 사랑할 뿐만 아니라 자신과 비전이 같은 자매를 만난 것이다. 그 후, 하나님이 보내 주신 배우자라는 확신으로 그 자매와 결혼을 약속하고 사랑과 꿈을 나누고 있다.

나는 하나밖에 없는 아들애를 누구보다 사랑했고, 잘 키워 보겠다는 욕심도 컸다. 그렇지만 나의 교양과 훈계로 키웠을 때 엄마의 사랑을 잘 전달하지 못하며 오히려 노엽게 했을 뿐이다. 그러나 큐티 말씀을 통해 하나님께 나의 잘못을 지적받고 회개했다. 주님의 교양과 훈계로 키우기 위해 큐티를 가르치기 시작했다. 큐티를 통해서 아들이 자기의 하나님을 일대일로 만나고 그 주님과 동행하고 주님과 친해지기를 기도했다.

그랬을 때 부족한 가운데서도 주님은 은혜를 베풀어 주셨다. 모든 것을 하나님 중심으로 생각하고 선택하려는 아들로, 말씀을 귀하게 여기고 사랑하는 아들로 키워 주셨다. 지금도 예수 그리스도가 존귀케 되고 그분의 뜻이 이루어지는 일에 자기 인생을 걸고자 하는 젊은이로 빚어 가신다. 뿐만 아니라 우리 부부와 아들이 같은 날 같은 말씀으로 지배받게 해 주셔서 한마음으로 걸어가게 해 주신다.

큐티는 차세대를 위한 영적 선물

큐티라이프 모임에 나오는 엄마들도 자녀들이 어렸을 때부터 큐티를 하도록 최선을 다하는 분들이 많다. 첫아기를 임신한 어떤 자매는 날마다 큐티하면서 뱃속에 있는 아기에게도 말씀을 먹인다고 그날의 말씀을 들려주는 것을 보았다. 여섯 살 난 딸아이와 큐티를 하면서 아이가 자기보다 더 적용을 잘한다고 자랑하는 말을 듣기도 했다.

어떤 딸아이는 학교에서 백인 아이들에게 눈이 작다고 놀림을 당해 너무 속상해 했다. 동양인으로 태어난 것을 원망했다. 그런데 큐티를 하다가 여호와가 사무엘에게 하신 말씀을 통해 큰 위로를 받게 되었다. "나의 보는 것은 사람과 같지 아니하니 사람은 외모를 보거니와 나 여호와는 중심을 보느니라"(사무엘상 16:7).

하나님은 자기를 보실 때 한국인이라거나 눈이 작다거나 하는 외모를 보지 않고 중심을 보신다는 것을 깨달았다고 한다. 그래서 다른 아이들이 놀려도 개의치 않고 어떻게 하든지 하나님께서 좋아하시는 아이가 되도록 더 힘쓰기로 결심했다고 한다.

어떤 아이는 조절이 안 될 정도로 컴퓨터게임을 많이 해서 항상 문제였다. 그런데 열왕기하를 큐티하면서 이스라엘 백성들이 계속 없애지 못하는 우상과 산당이 자기에게는 컴퓨터게임이라고 고백했다. 그리고 히스기야가 여러 산당을 제하고 주상을 깨뜨리고 아세라 목상을 찍고 하는 말씀을 큐티하던 날, 엄마를 히스기야 왕으로 여긴다며 엄마에게 자기 게임기를 부수도록 했다. 자기의 산당을 없앤 것이다.

이외에도 부모들의 잔소리엔 꿈쩍도 안 하던 아이들이 큐티를 하면서부터는 부모가 말하지 않아도 스스로 달라져 간다는 간증이 여기저기서 넘쳐 나고 있다.

유대인들은 탈무드에서 물고기 한 마리를 주는 것보다 물고기 잡는 법을 가르치라고 권면한다. 자녀에게 큐티를 하게 하는 것은 바로 말씀을 떠먹여 주는 것이 아니라 스스로 말씀 먹는 법을 가르치는 것이다. 자녀가 스스로 하나님 말씀을 먹고 그 말씀을 따라 살도록 가르치는 것은 자립 신앙으로 키워 주는 좋은 길이다. 하나님께서 원하시는 하나님의 자녀로 키울 수 있는 최선의 방법이다.

부모들이 자녀가 내 아이라는 잘못된 소유 의식을 내려놓는 데도 큰 몫을 한다.

말씀을 통해 주님을 만나고 그 말씀을 먹고 따르는 삶을 일찌감치 시작할수록 좋다. 어릴 때 시작해서 몸에 배면 우리 세대처럼 큐티 훈련을 따로 받지 않아도 자연스레 잘하게 될 것이다. 어려서부터 큐티를 하며 자립 신앙으로 자라면, 청년이 되어 부모 품을 떠나도 말씀의 힘으로 자기 자신과 세상을 이길 수 있다.

날마다 큐티를 하며 주님과 친밀해지면, 세상 한가운데서도 유혹이나 시험을 너끈히 극복할 것이다. 그리스도의 참 제자가 되어 세상에 큰 영향력을 끼칠 수 있게 된다. 시편 기자도 시편 119편 9절에서 이렇게 고백했다. "청년이 무엇으로 그 행실을 깨끗케 하리이까 주의 말씀으로 따라 삼갈 것이니이다."

진리의 바통을 이어받을 차세대에게 해 줘야 할 것이 많다. 그중에도 스스로 하나님 말씀을 먹도록 도와주는 것, 그 말씀의 힘으로 자기를 다스리고 이 세상의 물결을 거슬러 하나님 나라를 이어 가고 확장하게 하는 것, 주님과 친밀한 주님의 사람이 되게 하는 것, 그것만큼 중요한 것이 또 있을까 싶다.

모든 크리스천 부모들이 먼저 큐티를 하고, 자녀들은 그 모습을 본받아 날마다 스스로 말씀을 먹는 자립 신앙으로 자라면 얼마나 좋을까. 그런 날이 이루어지기를 꿈꾸어 본다. "오늘날 내가 네게 명하는 이 말씀을 너는 마음에 새기고 네 자녀에게 부지런히 가르치며 집에 앉았을 때에든지 길에 행할 때에든지 누웠을 때에든지 일어날 때에든지 이 말씀을 강론할 것이며"(신명기 6:6-7).

2. 큐티는 내적 치유를 이끈다

큐티는 말씀을 통해 하나님을 인격적으로 만나는 것이다. 날마다 만나다 보면 조금씩 알아 간다. 하나님이 어떤 분이신지 알아 가면서 말씀이 점점 귀에 들려온다. 처음에는 열 마디 말씀을 하셔도 한마디 알아듣기가 어렵다. 그러나 날마다 끊임없이 하나님을 만나서 그 말씀을 경청하다 보면, 주님이 한마디만 말씀하셔도 열 마디 알아들을 때가 온다. "아침마다 깨우치시되 나의 귀를 깨우치사 학자같이 알아듣게 하시도다"(이사야 50:4).

또한 계속 주님과 사귀면서 하나님의 심정을 헤아리다 보면 하나님의 마음을 보는 눈이 열린다. 하나님의 섭리를 보는 눈이 뜨인다. 점점 친밀해지면서 그전에 미처 알지 못했던 하나님의 속사정과 하나님의 사연을 알게 된다. 하나님의 뜻을 알게 된다. "성령은 모든 것 곧 하나님의 깊은 것이라도 통달하시느니라"(고린도전서 2:10).

하나님의 마음과 뜻을 알아 가는 것만큼 과거를 보는 안목이 바뀌게 된다. 과거를 주님의 시각으로 바라보고 재해석하므로 과거가 새롭게 태어난다. 내적 상처가 치유된다. 주님 안에서 자신을 새롭게 만나게 된다. 자신의 정체성이 분명해진다. 자신을 향한 주님의 뜻을 발견하고 그 뜻을 이루며 열매 맺는 삶을 이루어 간다.

또한 하나님과 만남을 통해서 하나님의 터치를 경험할 수 있다. 그 접촉은 영육 간에 이뤄지는데, 그것을 통해서 하나님의 사랑을 강하게 느끼고 더 확신하게 된다. 오랜 상처가 치유되고 회복된다. 밝고 건강한 자아상을 되찾게 된다.

이제야 알았어요

1994년 1월 4일이었다. 주님은 그날 큐티를 통해 그 어느 때보다도 뜨겁게 나를 만나 주시고 주님의 사랑을 확신시켜 주셨다. 그리고 성장 과정에서 자리 잡았던 고질적인 깊은 상처를 치유해 주셨다.

내 인생에 밑줄을 굵게 그은 그 말씀, 하나님의 사랑을 뜨겁게 체험케 한 그 말씀은 바로 마가복음 1장 40-42절이었다. "한 문둥병자가 예수께 와서 꿇어 엎드리어 간구하여 가로되 원하시면 저를 깨끗케 하실 수 있나이다 예수께서 민망히 여기사 손을 내밀어 저에게 대시며 가라사대 내가 원하노니 깨끗함을 받으라 하신대 곧 문둥병이 그 사람에게서 떠나가고 깨끗하여진지라."

이 말씀은 1991년에도 큐티한 적이 있었는데 그때는 문자적인 적용만 했다. 그런데 날마다 큐티하는 가운데 적절한 때가 되니, 주님은 특별하고 깊은 만남의 시간을 허락해 주신 것이다.

우선 문둥병자가 예수님 앞에 나와 꿇어 엎드린 장면을 상상해 보았다. 그런데 그가 예수님께 간구하는 말을 읽을 때 좀 의아하게 여겨지는 부분이 있었다. 병을 고쳐 달라고 나온 사람이 왜 '원하시면(If you are willing)'이라는 말을 했을까? 그러면 '원하지 않으면 깨끗게 해 주지 않으셔도 좋습니다.'라는 뜻인가?

그 이유를 묵상하기 위해, 같은 내용을 적고 있는 마태복음 8장 1절과 누가복음 5장 12절을 읽어 보았다. 주변에 예수님을 좇고 있는 허다한 무리가 있었다는 것과 문둥병이 온몸에 퍼져 있는 사람이었다는 것을 더 알 수 있었다.

문둥병으로 온몸이 성한 데가 없는 한 사람이 허다한 무리를 헤치고 예수님 앞에 나오는 모습을 그려 보았다. 결코 쉽지 않았을 것이다. 많은 사람들이 "부정하다, 가까이 오지 말라."고 하며 돌도 무수히 던졌을 것이다. 그렇듯 어렵게 예수님 앞에 나온 사람이 '원하면 깨끗게 해 주고, 원하지 않으면 안 고쳐 주셔도 좋습니다.' 하는 뜻으로 말하지는 않았을 것이다.

그렇다면 '예수님, 나를 불쌍히 여겨서 어떻게 하든지 고쳐 주십시오.'라고 하지는 못할지언정 왜 구태여 '원하시면'이라는 말을 했을까? 몹시 궁금했다. 문둥병자의 그 말에 대해 '예수님의 주권을 받아들이는 겸손한 태도'라고 해석한 것을 어디서 본 기억이 났다. 그 해석에 동감은 했지만 왠지 그것만으로 석연치 않았다. 또 다른 이유가 더 있을 것만 같았다.

'원하시면'이라는 말을 하게 된 문둥병자의 마음을 알게 해 달라고 주님께 기도하며 그의 입장이 되어 보았다. 그가 주님께 간구한 말을 다시 보았다. "원하시면 저를 깨끗케 하실 수 있나이다"라는 한 문장 안에서, 확신이 있는 부분과 확신이 없는 부분을 동시에 발견할 수 있었다. "저를 깨끗케 하실 수 있나이다"라는 말은 예수님의 능력을 믿는다는 것이다. 그래서 어려움을 무릅쓰고 나왔을 것이다. 하지만 막상 예수님 앞에 나오니 자기 같이 부정하다고 낙인이 찍힌 인생도 주님께서 고쳐 주실지 자신이 없어진 것 같다. 자기를 향한 예수님의 자비에 대해서 확신이 없는 것이다. 그래서 마땅히 '나를 불쌍히 여기시고 꼭 고쳐 주십시오.'라고 해야 할 대목에서 '원하시면'이라는 말을 할 수밖에 없던 것 같다.

나는 그의 심정을 알 것 같았다. 나의 그 헤아림은 그다음에 예수님께서 하시는 말씀과 그를 깨끗케 하시는 장면을 묵상하면서 더 확실해졌다.

예수님은 그를 민망히 여기셨다. 민망히 여겼다는 것이 영어로는 "filled with compassion"이라고 표현되어 있다. 연민으로 가득 찼다는 뜻이다. 온몸에 문둥병이 퍼져 있는 그를 불쌍히 여기며 연민으로 바라보시는 예수님의 눈빛이 따스하게 느껴졌다. 그리고 손을 내밀어 온몸이 문드러진 그를 만지시는 장면도 보이는 듯했다. 예수님께서 그를 만지시는 장면을 그려 보다가 또 다른 질문이 일어났다. 예수님은 말씀 한마디로도 그를 깨끗케 하실 수 있는데, 왜 온몸에 문둥병이 퍼져 있는 그를 만지셨을까? 문둥병자를 만지면 율법에 부정하다고 했는데, 그래서 사람들에게 꼬투리를 잡힐 수도 있는데, 왜 그러셨을까?

"주님, 왜 그러신 거예요?"

주님께 질문을 하며 잠시 기다렸다. 주님께서 주신 깨달음은 이랬다. 예수님은 문둥병자가 자신을 향한 예수님의 자비에 대해 확신이 없는 상태를 아셨다. '원하시면'이라는 말을 할 수밖에 없는 그의 마음을 다 아셨다. 그래서 율법을 넘어선 사랑으로 그를 만져 주신 것이다. 그에게 예수님께서 원한다는 확신을 심어 주려고 그렇게 하신 것이다. 그러한 주님의 의도가 깨달아지니, 그를 향한 주님의 사랑이 뜨겁게 느껴지면서 내 가슴도 뜨거워졌다.

"그렇군요. 주님은 그가 자신을 저주받은 인생이라고 여기는 것을 아셨군요. 그의 심정을 다 아셨군요. 그가 문둥병으로 고생하는 것도 불쌍하지만 주님의 마음을 모르는 것이 더 안쓰러우셨군요. 그래서 주님께서 그를 원하신다는 것을 확신시켜 주려고 율법을 초월한 사랑으로 그를 만져 주셨군요. 그가 그렇게 듣고 싶어 하는 말, '내가 원한다.'는 말씀을 해 주셨군요. '그래, 내가 너를 이렇게 사랑한다. 네가 아무리 부정해도 나는 네가 깨끗하게 되기를 이렇게 원한다.' 그런 뜻으로 그를 터치해 주고 어루만져 주셨군요."

참으로 그랬을 것이다. 문둥병으로 온몸이 만신창이가 된 그를 그동안 누가 만졌겠는가? 문둥병이 든 후 그를 만져 준 사람은 예수님이 처음이었을 것이다. 그는 주님의 손길이 닿을 때 감각은 없었어도 마음으로 느꼈을 것이다.

'그렇구나. 이분은 나를 참으로 사랑하시는구나. 부정하다고 아무도 만지지 않았던 내 몸을 직접 만지시다니…'.

문둥병이 깨끗하게 되었을 때 그는 어땠을까? 말로 표현할 수 없을 만큼, 펄쩍펄쩍 뛸 만큼 기뻤을 것이다. 거기에다 예수님께서 자기를 원한다고 말씀해 주시고 직접 만져 주셨으니 더 크고 더 벅찬 감격을 느꼈을 것이다.

차라리 충격이었을 것이다. 그는 주님께서 자신을 터치하시는 순간, 주님의 사랑을 느끼며 병든 몸뿐만 아니라 문둥병 때문에 일그러졌던 마음도 치유받았을 것이다.

문둥병자가 느꼈을 그 큰 감동과 감격이 나에게도 전해져 왔다. 주님의 그 진한 사랑이 내게도 찡하게 전해져 왔다. 그 순간 주님은 민망히 여기시는 눈빛을 내게도 보내며 이렇게 말씀하는 것 같았다.

"은애야, 네 안에도 이 문둥병자 같은 마음이 있지 않니? 너도, 내가 너를 이렇듯 사랑하는 데 아직도 모르고 있는 것 아니니? 아직도 확신이 없는 것 아니니?"

그날 주님은 문둥병자와 똑같이 일그러진 내 모습을 발견하게 하셨다. 내가 왜 그동안 주님께서 나를 사랑하시는 것에 대해 확신이 없었는지 원인을 보여 주셨다. 내 마음속 깊은 곳에 자리 잡고 있는 상처를 들춰내 주셨다. 수치스럽게만 여기고 친한 친구 두세 명 외에는 말하지 않았던 나의 어린 시절을 떠오르게 하셨다. 하나님께서 왜 나에게 이렇게 심하게 하시나 이해하지 못했던 몇 가지 일들을 기억나게 하셨다.

친정아버지 얼굴이 스쳐 갔다. 1910년생이셨던 아버지는 그 시대로는 드물게 동갑내기인 처자와 연애결혼을 하시고 부부가 아주 금실이 좋으셨다고 한다. 그런데 3대 독자인 집안에 아이가 없었다. 중국에 계실 때 누가 문밖에 두고 간 업둥이 딸을 키우셨다. 그렇지만 나이 40이 훌쩍 넘어도 자식이 없자 결국 젊은 여자를 두 번째 부인으로 얻으셨다. 그 젊은 부인에게서 태어난 첫딸이 바로 나였다.

본부인은 자식을 낳은 젊은 부인에게 자리를 양보하고 따로 나가서 사셨다. 젊은 부인은 아들 둘과 딸 하나를 더 낳아 4남매를 두었다. 그런데 내가 초등학교 5학년 때쯤 젊은 부인, 그러니까 우리를 낳아 준 엄마가 돌아가셨다. 그러니 그 올망졸망한 아이들을 누가 거두겠는가?

자식을 못 낳아 자리를 내 주고 나가야 했던 본부인이 다시 들어와서 우리를 키우셨다. 그 엄마는 우리를 자기가 낳은 자식처럼 대해 주셨다. 큰딸인 나를 각별한 사랑으로 아끼며 뒷바라지를 잘해 주셨다.

시간이 갈수록 생모에 대한 기억이 흐려져 갔다. 나를 낳아 준 엄마를 잊어버리고, 키워 주시는 엄마를 좋아하고 따르는 내가 나쁜 아이처럼 생각될 때가 있었다. 돌아가신 엄마에게 미안했다. 내 곁을 떠난 엄마와 내 곁에 있는 엄마, 두 엄마 사이에서 그와 같은 감정이 느껴질 때면 엄마가 하나인 다른 애들이 부러웠다. 어린 마음에도 아이들만 낳아 주고 세상을 떠난 엄마가 불쌍해서 서글퍼지기도 했다.

내 고민은 중학교에 들어가면서 더 심각해졌다. 새 학년이 되어 담임선생님이 집에 텔레비전 있는 사람 손들어라, 냉장고 있는 사람 손들어라, 자가용 있는 사람 손들어라 하면서 환경을 조사했다. 그러다가 엄마 없는 사람 손들라고 하셨다. 나는 망설였다.

'나는 지금 엄마가 있잖아. 그런데 우리 엄마는 돌아가셨잖아.'

손을 들어야 하나 말아야 하나 주저하고 있는데 그 순서가 지나갔다. 그 다음부터 비밀을 가진 아이가 되었다. 구태여 친구들에게 친엄마는 돌아가셨고 지금 엄마는 나를 낳아 준 엄마가 아니라는 것을 말하고 싶지 않았다. 그런 이야기를 하면 왠지 아이들이 나를 손가락질하고 무시할 것 같은 생각이 들었다.

게다가 자상한 아버지는 학교 근처만 오시면 내가 방과 후 공부하고 있는 도서실로 찾아오셨다. 한 손에는 고려당에서 방금 사신 빵 봉투를 드시고…. 아이들이 "저기 너희 아버지 오신다."고 말할 때면 나는 숨고 싶었다. 머리가 희끗희끗하고 허름한 할아버지 같은 아버지가 창피했다. 아버지를 부끄럽게 여기는 내가 더 싫었다.

예수님 이외에 내 인생에 가장 큰 영향을 끼치신 분은 바로 아버지다. 왜 부인을 또 얻어 나를 태어나게 하셨나? 왜 늦은 나이에 자식들을 많이 낳아서 고생을 시키시나? 아버지를 원망한 적도 있었다.

하지만 비가 오거나 눈이 오는 날이면 버스 정류장까지 손수 책가방을 들어다 주시던 정겨운 아버지가 나는 좋았다. 앞마당 과일나무에 첫 열매가 익으면 나를 조용히 불러 "이것은 너를 위해 맺힌 것이다."라고 말씀하며 내 입에 넣어 주시던 그 아버지가 무척 좋았다. 밤늦도록 뭔가 늘 읽고 쓰시던 아버지가 난 좋았다. 젊은 아버지들보다 더 개방적이고 유머가 풍부하셨던, 그리고 여러 나라 말에 능통하셨던 그 아버지가 멋지게 보여서 좋았다. 불의한 것을 보면 사재를 털어서라도 싸우셨기에 가난할 때도 많았지만 나는 그 아버지를 누구보다 존경하고 사랑했다.

그런데 그 아버지를 수치스럽게 여긴다는 것에 나는 견딜 수 없는 죄책감을 느꼈다. 그러면서 나를 그렇듯 복잡하고 비참하게 만드는 내 환경을 더 원망했다.

가끔씩 죽고 싶은 날이 있었다. 새 학기가 되어 환경조사를 할 때도 그랬지만, 선생님이 가정방문하시는 날은 정말 더 싫었다. 나의 환경을 누구에게도 알리고 싶지 않았다. 내색을 하지 않았기 때문에 학교에서는 나의 속사정을 잘 몰랐다. 비교적 모범생이고 성적도 좋은 편이라 선생님들도 잘 몰랐다. 그런데 선생님이 집에 오시면 눈치 챌까 봐 그런 날은 어디로 도망가고만 싶었다.

그러다가 대학에 들어간 후 친구가 교회에 가자고 했을 때, 선뜻 따라나서게 된 것이다. 내 인생에 그런 굴레를 씌워 준 절대자가 하나님이라면 그 굴레를 벗기 위해서 하나님께 잘 보여야 할 것 같았기 때문이다. 설교 말씀이 잘 들어오지 않았다. 그래도 하나님의 마음을 사려고 주일예배를 드렸고 헌금도 잘 챙겨서 냈다.

그런 식으로 교회를 다닌 지 한 2년 쯤 되었을 때였다. 8월의 어느 무더운 여름날 친구들과 물놀이를 나갔던 내 바로 밑의 남동생이 돌아오지 않았다.

동생의 익사 소식을 들은 순간, 아버지는 너무 큰 충격으로 한 쪽 귀가 들리지 않게 되셨다. 나는 동생을 잃은 슬픔과, 몸부림치며 절규하시는 아버지를 바라보는 안타까움으로 가슴이 미어지는 것 같았다.

그때, 하나님 생각이 났다. 교회에서 하나님께서 나를 사랑하신다는 말을 들은 기억이 났다. 아들을 십자가에 못 박기까지 나를 사랑하신다던 말이 또렷하게 떠올랐다. 나는 하나님께 따졌다.

'하나님, 나를 사랑한다면서요. 독생자 아들을 십자가에 못 박기까지 나를 사랑한다면서요. 그런데 왜 나한테 이렇게 하는 거예요? 왜 내가 원하지 않는 환경을 주고, 내게 소중한 사람들을 뺏어가는 거예요? 동생까지 데려가는 이유가 뭐예요? 이런 것이 사랑이에요?'

왜 나한테 그렇게 하시는지 알고 싶었지만 답이 없었다. 그분의 뜻을 이해할 수 없었다. 그러면서도 나는 하나님께 등을 돌릴 자신도 없었다. 더 잘하지 않으면 또 안 좋은 일이 이어질 것만 같았기 때문이다.

그 후 미국에 와서 신앙생활을 열심히 하면서도 그 답을 찾지 못했다. 사랑의 하나님이기보다 두려운 분으로 여겨져서 나는 하나님께 더 잘 보이려고 나름대로 노력을 많이 했다. 하나님과 교제하며 알아 가는 것은 없이 그저 나 중심으로 애만 썼다.

그런 중에 자궁내막증을 수술해야 한다는 진단을 받았다. 그 즈음, 같이 신앙생활 하던 친구는 안수기도를 받고 오랜 지병에서 벗어난 적이 있다. 그 후 그 친구는 하나님께서 자기를 사랑하신다고 노래를 부르고 다녔다. 그 친구가 부러웠고 나도 기도로 병이 나아 하나님께서 나를 사랑하신다는 흔적을 갖고 싶었다. 그래서 오랫동안 수술을 미루면서 기도에만 매달렸다.

그런데 하나님은 그 친구와 차별이나 하듯 나는 기도로만 낫게 하지 않으셨다. 나는 결국 수술을 받았다. 수술로 치유하신 하나님의 깊은 뜻이 있었지만, 그때 나는 그 뜻을 모르고 또 섭섭하기만 했다.

예수님이 문둥병자를 고치시는 장면을 묵상하는 날, 주님은 내가 자라면서 겪었던 부정적 경험과 기억들을 떠올려 주셨다. 그리고 그 경험과 기억들이 피해 의식을 갖게 하고 상처가 되어 내 마음속 깊은 곳에 남아 있는 것을 보여 주셨다.

나는 1990년 이후 약 4년 동안 날마다 큐티를 해 온 터라 인격과 삶이 많이 달라져 있었다. 그리고 사랑하는 자녀에게 고난을 주시는 하나님을 말씀 속에서 만나면서, 내가 겪은 어려움들도 하나님께서 나를 사랑하셔서 허락하셨던 것으로 이해했다. 그런데 문제는 머리로는 이해해도 마음으로는 깊이 받아들이지 못하는 것이었다. 나를 향한 주님의 사랑을 안다고 여겼지만 사실 마음 깊은 곳에서는 아직도 주님의 사랑에 목말라 하는 내가 있었던 것이다.

나의 이런 내면을 훤히 알고 계시는 주님은 그날 큐티를 통해 "원하시면"이란 말에 내 시선을 모으게 하셨다. 그 말을 하게 된 문둥병자의 심정을 궁금하게 여기고 살펴보게 하셨다. 문둥병자처럼 일그러진 자화상을 마주치게 하신 것이다. 주님의 사랑에 확신이 없는 내가 마음속 깊은 곳에 웅크리고 있었다.

그날, 주님은 그런 나에게 다가오셨다. 그리고 안쓰럽게 여기시는 눈빛으로, 그러나 한없이 따스한 눈빛으로 나를 바라보며 말씀하셨다.

"은애야! 내가 너를 이렇게 사랑하는데, 너는 어쩌면 그렇게도 모르느냐? 응?"

주님께서 나를 원하고 사랑하신다는 것을 어찌하든지 확신시켜 주려고 안타깝게 말씀하시는 것 같았다. 그리고 문둥병자를 만져 주던 그 사랑의 손으로 나를 터치해 주셨다. 그 손길은 따뜻하고 부드러웠다.

그때야 비로소 알았다. 그동안 내가 주님을 오해했음을, 하나님은 내 소중한 사람들을 빼앗고 나를 푸대접했다고 오해했음을, 그 오해 때문에 하나님의 사랑을 받아들이지 못했음을…. 그 순간 느껴지고 깨달아졌다. 주님께서 나를 얼마나 사랑하시는지가 믿어졌다. 십자가 사랑이 머리로만 아는 지식이 아니라 가슴으로 느껴졌다. 이성적으로 설명할 수는 없었다. 말로 표현할 수 없는 그 사랑이 그저 느껴지고 믿어졌다. 그동안 내게 거친 손길을 많이 보내셨지만 그것도 나를 사랑하시기 때문이었다고 그저 받아들여졌다.

"하나님 아버지는 나를 이렇게 사랑하고 계셨군요. 그런데 내가 하나님의 마음을 몰랐군요. 하나님의 사랑의 품에 안겨 있으면서도 그 사랑을 누리지 못했던 것이군요."

그런 고백을 하는데, 몇 십 년 동안 가슴에 담겨 있던 뜨거운 눈물이 하염없이 흘러내렸다. 그동안 늘 암송하던 로마서 5장 8절 말씀이 비로소 가슴으로 내려오는 것을 느낄 수 있었다. "우리가 아직 죄인 되었을 때에 그리스도께서 우리를 위하여 죽으심으로 하나님께서 우리에게 대한 자기의 사랑을 확증하셨느니라."

주님은 내가 죄인이었을 때 나를 받아 주고 그 사랑을 이미 십자가 위에서 확증해 주셨다. 삶 속에서도 그 사랑을 얼마나 많이 확증해 주셨는지 모른다. 그런데도 나는 나의 상한 마음 때문에 그 사랑을 확신하지 못하고 누리지 못했던 것이다.

그동안 하나님의 사랑을 받으면서도 그것을 몰라서 방황하는 나를 보면서 하나님의 마음은 얼마나 아프셨을까? 얼마나 안타까우셨을까? 나를 향한 하나님의 안타까우신 마음이 느껴지면서 내가 오랫동안 하나님 아버지의 마음을 아프게 한 불효자식이었다는 사실을 깨달았다. 나는 하나님 아버지의 마음과 사랑을 몰랐던 것, 그 사랑을 누리지 못했던 어리석음을 통회했다.

아무리 하나님의 사랑받는 자식이라도 그 사랑을 모르고, 그 뜻을 모르고, 그 지식(앎)이 없으면, 어쩔 수 없이 목마르고 초라하게 살 수밖에 없다.

심지어 망할 수도 있다. 그래서 하나님은 호세아의 입술을 빌려 일찍이 그렇게 안타깝게 말씀하셨던 것이다. "내 백성이 지식이 없으므로 망하는도다" (호세아 4:6). "그러므로 우리가 여호와를 알자 힘써 여호와를 알자 그의 나오심은 새벽빛같이 일정하니 비와 같이, 땅을 적시는 늦은 비와 같이 우리에게 임하시리라 하리라" (호세아 6:3).

예수님은 친히 이렇게 말씀하셨다. "영생은 곧 유일하신 참 하나님과 그의 보내신 자 예수 그리스도를 아는 것이니이다" (요한복음 17:3).

사랑의 확신과 변화

문둥병자의 예수님을 나의 예수님으로 만나며 나를 향한 주님의 사랑을 확신한 다음, 눈에 비늘이 벗겨진 느낌이 들었다. 사건을 보는 안목이 달라졌다. 문제를 푸는 방식이 달라졌다.

그전엔 내가 원하지도 선택하지도 않은 환경과, 이해할 수 없는 일들을 겪는 것을 불행이라고 여겼다. 그런데 나를 사랑하는 분이 그런 것들을 주셨다면 내가 이해할 수는 없어도 분명히 좋은 것이요 선한 것임을 알게 된 것이다. 답을 몰랐던 그 모든 일들이 원망스럽지 않았다. 나에게 말 못하실 하나님의 속사정이 있을 것이라고 믿어졌다. 하나님의 탁월한 계획이 있다고 여겨졌다.

하나님께서 나를 위해 독생자 아들까지 십자가에 못 박으셨는데, 사랑하는 나에게 시시한 것을 주시겠는가. 나도 내 사랑하는 아이에게 시시한 것 주고 싶지 않다. 좋은 것을 주고 싶다. 그저 좋은 것이 아니라 가장 좋은 것으로 주고 싶다. 그렇다면 그동안 내 삶에 허락하신 모든 것도, 심지어 나에게 아픔이 되었던 일들까지도 하나님께서 보실 때는 가장 좋은 것이 아니겠는가.

그 마음으로 둘러보니 내 주변의 모든 사람과 환경, 하물며 나에게 가시 노릇을 하는 사람까지도 하나님께서 주신 가장 좋은 선물로 여겨졌다. 그저 모든 것이 과분하게만 느껴졌다. 시편 23편이 내 노래가 되었다. "내 잔이 넘치나이다"(시편 23:5). 늘 잔이 차지 않은 것으로 느꼈던 내가 이런 고백을 드릴 수 있게 되다니!

나의 일그러진 자화상이 주님의 사랑받는 자녀라는 밝은 자화상으로 새롭게 태어났다. 더 이상 열등감에 사로잡히지 않게 되고 비교 의식에 시달리지 않게 되었다. 오히려 창조 의식을 갖게 되었다. 하나님께서 한 사람 한 사람에게 다른 계획과 뜻을 가지고 각기 다른 모습, 다른 처지로 보내신다는 것을 알았다.

누구든지 또 어떤 환경에 있든지 하나님의 사랑만 확신한다면, 자신에게 나타내시려는 하나님의 뜻을 이룰 수 있다는 것을 깨달았다. 그렇기 때문에 다른 사람과 비교하지 않고 나에게 주신 것을 가장 최선의 것, 최고의 것으로 여기며 모든 것에 감사할 수 있다.

주님의 사랑을 받고 있다는 확신이 들어온 이후에는 잘못해도 하나님 앞에 담대히 달려갈 수 있게 되었다. 그전에는 잘못했다고 나를 내쳐 버리시면 어쩌나 두려운 마음이 들곤 했다. 나의 어떠함 때문이 아니라 내 존재를 있는 그대로, 잘하든 못하든 언제나 변함없이 사랑하신다는 것을 알았기 때문이다. 잘할 때는 기뻐하며 사랑하시고 잘못할 때는 슬퍼하며 더 끌어안고 사랑하실 것을 알았기 때문이다.

말씀을 보는 안목이 너무나 달라졌다. 하나님의 사랑을 알고 말씀을 받는 것과, 하나님께 섭섭한 마음과 피해 의식과 상처가 남아 있는 채로 말씀을 받는 자세는 많이 다르다. 그전에는 고통받는 백성들에게만 마음이 갔는데, 이제는 고통받는 백성들을 보며 그들보다 더 아파하시는 주님의 마음을 헤아리게 되었다. 그전에는 지체하시는 주님을 원망했는데, 빨리 달려가 주고 싶어도 속히 주고 싶어도 백성의 유익을 위해 지체할 수밖에 없으신 주님의 안타까움이 읽어졌다.

그러다 보니 어떤 말씀이라도 "내가 너를 이렇게 사랑한다."는 주님의 사랑 고백으로 들려오기 시작했다. 딱딱한 레위기나 어두운 분위기의 예언서를 큐티할 때도 그랬다. 하나님이라는 단어가 없는 본문에서도 하나님의 섭리와 의도와 마음을 헤아려 보면 나를 사랑하신다는 음성이 들려왔다.

나를 사랑하신다는 주님의 고백을 날마다 들으니까 나도 목숨 바쳐 그 주님을 사랑하고 싶어졌다. 혼날까 봐 두려워서 말씀에 순종하는 것이 아니다. 주님 마음 아프게 해드리지 않고 기쁨만 드리고 싶어서 어찌하든지 말씀대로 살려고 몸부림치게 되었다. 사랑하는 주님의 뜻을 이루어 드리고 싶은 소원이 점점 더 간절해졌다.

주님의 사랑이 절절하게 흘러나오는 사랑의 편지로 여겨져서 모든 성경 말씀을 읽고 또 읽고, 새기고 또 새기고, 외우고 또 외운다. 그리고 흥얼거린다.

예수 사랑하심은 거룩하신 말일세
우리들은 약하나 예수 권세 많도다
날 사랑하심 날 사랑하심
날 사랑하심 성경에 써 있네(찬송가 411장).

"하나님의 하시는 일을 나타내고자"

그 후 요한복음 9장을 큐티할 때였다. 제자들은 날 때부터 소경인 사람
에 대해 예수님께 질문했다. "이 사람이 소경으로 난 것이 뉘 죄로 인함이
오니이까 자기오니이까 그 부모오니이까"(요한복음 9:2). 예수님은 이렇게 답
하셨다. "이 사람이나 그 부모가 죄를 범한 것이 아니라 그에게서 하나님
의 하시는 일을 나타내고자 하심이니라"(요한복음 9:2).

제자들의 질문을 보면, 소경으로 태어난 것이 본인이든 부모든 누군가
의 죄 때문이라고 생각하는 것을 알 수 있다. 그런데 예수님은 그런 것이
'아니라'고 잘라 말씀하신다. 죄 때문이 아니라 하나님의 하시는 일을 나
타내려고 소경으로 태어나게 하신 거라고 하시며 그들의 잘못된 생각을
바로잡아 주신다.

제자들의 질문과 예수님의 답변을 묵상하면서, 나도 그동안 나 자신에
대해 제자들처럼 잘못된 관점을 갖고 있었다는 것을 발견했다. 남다른 환
경에서 태어난 것을 수치로 생각했고, 저주 같은 것으로 여겼다. 그런데 주
님은 그런 나의 생각에 대해 '아니다!' 하고 단호하게 선포해 주셨다. 나 자

신이나 부모의 죄 때문이 아니라고 나에게 말씀해 주셨다. 나를 골탕 먹이고 불행하게 하려고 그런 환경에서 태어나게 하심이 아니라는 것이다.

소경으로 태어난 것이 하나님께서 하시는 일을 나타내기 위함인 것처럼, 내가 남다른 환경에서 태어난 것은 하나님께서 하시는 일을 나타내기 위해서라고 말씀해 주신 것이다. "나 여호와가 말하노라 너희를 향한 나의 생각은 내가 아나니 재앙이 아니라 곧 평안이요 너희 장래에 소망을 주려 하는 생각이라"(예레미야 29:11). "주께서 인생으로 고생하며 근심하게 하심이 본심이 아니시로다"(예레미야애가 3:33). 그 무렵 이 말씀들이 큰 울림으로 다가왔다.

상처에서 사명감으로

하나님의 사랑을 확신함과 함께 나를 향하신 그분의 뜻이 선하심을 깨달으면서, 나는 깊은 상처들을 치유받았다. 내 과거가 더 이상 수치가 아니었다. 오히려 내가 경험한 환경과 그 아픔을 통해 하나님이 하실 일을 기대하게 되었다. 그러자 상처가 치유될 뿐만 아니라 사명감으로 승화되었다. 내 존재의 명분이 분명해졌다.

사명을 갖게 되니, 과거의 나처럼 하나님을 믿는다고 하면서도 하나님을 알지 못해서 누림이 없는 사람들에게 마음이 갔다. 주일이면 옷도 잘 차려 입고 행복한 듯 웃으며 교회에 나오지만, 그들의 마음속에서 악전고투하는 신음소리가 내 귓가에 분명히 들렸다. 그런 사람들에게 큐티를 전해서 내가 만난 하나님을 만나도록 돕고 싶은 마음이 불일 듯 일어났다.

특히 환경 때문에 하나님을 오해하고 어두움 속에서 울고 있는 젊은 영혼들에게 부담이 갔다. 그들이 나처럼 오랫동안 방황하지 않고 말씀을 통해 일찍 하나님을 만나도록 도와주고 싶었다. 청년들에게 큐티를 통해 하나님 마음을 알려 주고 하나님 사랑을 전할 수 있는 기회를 달라고 기도하기 시작했다.

상처 받은 치유자로

치유된 상처는 사역의 자격증이었다. 나와 같은 아픔을 가진 사람들을 치유하는 통로가 되었다. 특히 문둥병자를 깨끗케 하신 주님께서 나를 만지며 나의 상처를 치유하신 말씀을 나누면, 그 말씀을 듣는 사람 가운데서도 동일한 역사가 일어나곤 했다. 주님의 사랑에 대해 확신을 갖게 되고, 사랑의 주님께서 만져 주심을 경험하기도 했다.

코스타(해외유학생 선교회) 집회에서 이 말씀을 나눌 때, 주님은 학생들의 영혼을 많이 만져 주셨다. 부모에게 상처 받아 자존감이 낮아지고 자신감을 잃은 학생들이 많았다. 또 결손가정에서 자라며 아픔과 수치심으로 인해 하나님을 오해하고 원망하는 학생들도 꽤 있었다. 낯선 나라에서 겪는 갈등과 좌절로 학업과 신앙생활까지도 어려워진 학생들도 많았다.

그들이 하나님의 형용할 수 없이 큰 사랑을 깨달으면서 자신의 잘못된 생각에서 풀려났다. 하나님께 사랑받는 자녀라는 정체성을 회복하기도 하고, 자기의 문제 속에서 오히려 하나님의 선한 뜻을 발견하기도 했다. 세상 모든 고민을 다 짊어진 사람처럼 얼굴이 어둡던 학생들이 말씀을 나눈 다음날 밝고 환한 미소로 인사할 때면 더 없이 감사했다.

그런 경험은 큐티라이프 사역에서도 잘 나타나곤 했다. 문제와 아픔이 있는 자매들이 처음에는 나에게 자신들의 속내를 잘 드러내지 않았다. 나를 문제도 없고 아쉬움도 없이 편하게 사는 사람이라고 여기기 때문이었다. 그런데 내가 내 이야기를 내놓자 나에게 그런 아픔이 있는 줄 몰랐다며 그들도 가슴에만 담고 있던 이야기를 털어놓기 시작했다.

말 못했던 고민들, 신앙생활을 하면서도 해결하지 못했던 상처들을 내놓았다. 큐티를 통해 자신을 향한 하나님의 뜻을 발견하고, 가슴에 품고 있던 고민과 상처들을 열어 놓으면서 치유를 경험하는 자매들이 늘어 갔다. 변화와 성숙의 열매가 눈에 띄게 드러나기 시작했다.

나는 그들의 고민과 아픔을 다는 모르지만, 나 역시 과거에 아픔을 경험했기 때문에 같이 울 수 있는 마음이 있었다. 그리고 그들을 위해서 기도할 때도 내 일처럼 전심으로 기도할 수 있는 심장이 있었다. 시간이 지나면 지날수록 확실히 하나님은 나를 통해 하실 일이 있어서 나에게 그 어둡고 아픈 시간들을 허락하셨다는 것을 느낄 수 있다.

자유롭게 춤추는 영혼

또한 나는 진리를 알 때 얻는 자유를 경험하게 되었다. 내 과거가 수치가 아니요 하나님의 선하신 섭리라는 것을 깨닫게 되니 그 깨달음 자체로 자유를 얻었다. 자유를 얻으니 마흔이 되도록 비밀처럼 말하지 않던 나의 가족사에 대해 비로소 입을 열 수 있었다. 그 이야기를 처음 큐티 모임에서 내어 놓던 날 나는 날아갈 것 같은 기분을 느꼈다. 그전에는 비밀스런 어린 시절의 이야기는 쏙 빼놓고 그저 은혜로운 것만 우아하게 말하곤 했으니 간증을 해도 늘 반쪽 간증만 한 셈이었다.

얼마 후, 미주 복음방송의 〈새롭게 하소서〉 시간에 큐티 간증을 하라는 부탁을 받았다. 간증하기 전날 밤에 이런 생각이 들었다.

'큐티 모임이나 세미나에서는 몰라도 오만 사람이 다 듣는 방송으로 내 출생에 대한 이야기까지 할 필요가 있을까? 공연히 그런 얘기 했다가 내 아들에게 좋지 않은 영향이나 주는 것은 아닐까?'

좀 우습게 들릴지 모르지만 자유를 얻었다고 하면서도 그런 염려를 했다. 그러나 그 이야기를 하지 않으면 또 반쪽 간증이 되고 만다. 내 삶에 주신 모든 것이 하나님의 선하신 섭리로 이뤄진 것을 믿는다면, 오히려 그 가운데서 역사하시는 하나님의 일을 나타내야 할 것이다.

"주님, 주님은 제가 어떻게 하기를 원하시나요?"

나는 주님께 이 문제를 가져갔다. 세미하게 들리는 주님의 음성이 있었다.

"나는 너를 위해 많은 사람들 앞에서 공공연하게 벌거벗긴 몸으로 십자가에 매달렸다. 내가 네 삶 속에 한 일을 말하는 건데 너는 뭐가 수치스럽게 느껴진단 말이냐?"

다음날 나는 내 출생과 어린 시절의 이야기를 비롯해서 하나님을 오랫동안 오해했던 이야기, 큐티를 통한 치유와 회복의 이야기를 방송에서 공개적으로 했다. 그 모든 이야기를 풀어놓은 후 방송국 문을 나서는 내 영혼은 춤을 추고 있었다.

그 후 나는 어디를 가든지 그 이야기를 한다. 그때마다 한두 분씩 꼭 내가 만났던 하나님을 만나고 치유의 역사가 일어나는 것을 목격한다. 약한 것이 드러날까 봐 두려워하던 내가 약함을 자랑하고 다닌다. 내 약함에 주님의 강함이 나타나기 때문이다. 약함을 자랑하면 난 그만큼 자유로워지기 때문이다.

이렇듯 큐티로 하나님과 점점 친해지면, 그분의 속마음까지 알게 되고 자신을 향한 깊은 섭리를 깨닫게 된다. 하나님의 관점으로 보고 해석하므로, 하나님에 대한 오해를 이해로 바꾸게 된다. 상처와 잘못된 편견에서 벗어나게 된다. 고난의 의미를 깨달으므로, 저주나 수치로만 여기던 과거에서 하나님의 선하신 손길을 보게 된다. 과거가 치유되고 새롭게 빛을 받게 되는 것이다. 그럴 때, 상처 입은 치유자로 자유를 누리며 사명을 감당하게 된다.

치유 릴레이

나는 그동안, 마음의 상처를 안고 신음하던 자매들이 큐티를 통해 치유받고 변화되는 것을 수없이 보아왔다. 그중에서 큐티라이프 모임에 나오는 두 자매의 간증을 소개하고자 한다.

사례 1: 관계 회복과 상처 치유의 시작, 큐티

남편과의 관계를 회복하고, 친정아버지에게 받은 깊은 상처를 치유하게 된 한 자매는 그 과정을 이렇게 간증했다.

저는 12년 전에 지나치게 강하고 철저한 아버지를 피해 미국으로 유학을 왔습니다. 그때, 이곳에서 유학 중이던 지금의 남편을 만났습니다. 남편은 남편대로 이혼한 부모님과의 갈등을 피해 현실도피처럼 유학을 왔습니다. 아버지와 대조적으로 착하고 온순한 남편의 성품에 저는 마음이 끌렸고 이런 남자와 살면 행복하리라 기대하며 결혼을 했습니다.

그러나 막상 결혼을 하고 나니 남편은 너무 유약하고 독립심이 없어서 매사에 저를 힘들게 했습니다. 게다가 시어머님이 미국에 오시면서 심한 갈등이 있었는데, 남편은 늘 시어머님 편만 들어 저를 무척 외롭게 만들었습니다. 더구나 제가 신앙생활에 열심을 내면 낼수록 남편은 저와 반대로 행동하며 주일을 한 번 두 번 어기더니 급기야는 하나님을 떠났습니다.

그런 갈등 속에서 저는 큐티를 시작했습니다. 주님은 말씀을 통해 남편보다 저의 문제를 하나 둘 들춰내셨습니다. 저 자신은 새롭게 되지 않으면서 남편만 변하기를 바라는 것은 잘못이라고 깨우쳐 주셨습니다. 남편만 집을 떠난 탕자가 아니었습니다. 기도하고 전도하며 아버지 곁에서 성실히 일하던 저도, 아버지의 마음을 모르는 채 자기 의만 높았던 큰아들과 같다는 것을 알게 되었습니다. 이렇게 마음으로 변화받지 못하고 행위로만 바리새인처럼 신앙생활을 했던 저 자신을 철저하게 회개하게 되었습니다.

에스겔 37장 말씀을 큐티할 때부터 하나님은 남편을 향한 소망을 확인시켜 주셨습니다. 특별히 에스겔 37장 17절의 "그 막대기들을 서로 연합하여 하나가 되게 하라 내 손에서 둘이 하나가 되리라"는 말씀을 통해서 하나님의 손에서 둘이 하나가 될 것이라는 약속을 붙잡았습니다.

그전에는 주일에 이불 속에서 꼼짝도 하지 않는 남편을 보면 끓는 물을 부어 버리고 싶을 정도로 미웠습니다. 그러나 이 말씀을 받은 후에는 그런 모습을 볼 때마다 약속의 말씀을 떠올리면서 믿음의 눈으로 남편을 보게 되었습니다.

에스겔 34장 15절에서는 여호와께서 친히 양의 목자가 되어 주실 것이라는 말씀을 받았습니다. 여호와께서는 친히 저의 목자가 되어 주실 뿐만 아니라, 친히 남편의 목자도 되어 주실 것이라는 말씀으로 여겨졌습니다. 그리고 나니 제가 남편에게 신앙을 강요하지 않고 목자 되시는 하나님께 남편을 맡길 수 있게 되었습니다.

그 후 하나님은 약속대로 남편의 마음을 친히 움직여 주셨고 다시 교회생활을 하도록 인도해 주셨습니다. 남편은 다시 구역장으로 헌신하며 충성스럽게 주님을 섬기기 시작했습니다.

큐티를 꾸준히 하는 가운데, 하나님은 저에게 아내의 역할과 위치를 확인시켜 주시고 부부간에 막혔던 대화의 문을 열 수 있도록 지혜도 주셨습니다. 그렇게 대화를 시작하니 서로 큐티한 말씀을 나눌 수 있는 기회가 열렸습니다.

부부가 함께 큐티를 하고 말씀을 나누는 가운데, 점점 하나님 말씀대로 살려고 애쓰게 되었습니다. 우리는 사무엘하 큐티가 끝나는 날, 그동안 온전히 드리지 못했던 십일조를 드리기로 결단했습니다. 그렇게 하려면 지출도 그만큼 줄여야 하는 상황이었습니다. 그래서 편하게 살고 있던 콘도에서 렌트비가 싼 허름한 아파트로 이사하기로 결정했습니다.

결단한 대로 이사하는 날, 겨울비가 억수같이 쏟아졌습니다. 남편은 예전 같으면 손 하나 까딱하지 않았을 텐데 그 억센 비를 맞아가면서 직접 이삿짐을 날랐습니다. 저를 쉴 수 있도록 배려해 주며 든든한 가장의 모습을 보여 주었습니다.

1년 전부터는 남성 큐티라이프 모임에 참석하면서 조금씩 변화를 보이더니 이제는 부부가 함께 사역하고자 하는 비전도 갖게 되었습니다.

그 후, 사도행전을 큐티하면서 바울의 하나님을 통해서 친정아버지의 마음을 알게 되고 아버지께 맺혀 있던 응어리가 풀어지는 경험을 하기도 했습니다.

사도행전 27장의 말씀을 통해, 하나님께서 바울에게 허락하신 로마 행선 길에도 광풍이 있는 것을 발견했습니다. 하나님께서 왜 바울을 편하게 로마로 보내지 않고 광풍을 만나게 하며 또 이 섬 저 섬으로 데리고 다니셨는지를 살펴보았습니다. 고생스럽기는 했지만 그런 어려운 코스를 지날 때마다 바울을 통해 하나님의 능력이 더 나타나고 사역이 왕성해졌다는 깨달음이 왔습니다. 결국 바울을 위한 것이었습니다.

어릴 적부터 제게 이것저것 가르치며 여기저기 데리고 다니셨던 친정아버지가 생각났습니다. '아버지의 마음도 바울을 향한 하나님의 마음과 같으셨구나. 그래서 나에게 그렇게 하셨구나!' 하고 깨달아졌습니다.

친정아버지는 특별한 사랑을 쏟으며 저를 키우셨습니다. 저에게 글짓기와 그림, 붓글씨와 웅변 등 좋은 것을 다 가르쳐 주셨습니다. 그리고 큰 대회에 출전시켜서 상을 타도록 저를 이곳저곳에 많이 데리고 다니셨습니다. 차만 타면 멀미를 하는 저 때문에 한 손에는 까만 멀미봉지를, 또 다른 한 손에는 웅변원고를 들고 다니셨던 아버지의 모습이 눈에 선합니다. 그때는 저를 그렇게 끌고 다니시던 아버지가 무섭고 싫었습니다. 그래서 대학을 갈 때 일부러 집에서 멀리 떨어진 학교로 갔습니다.

대학교 1학년 때 있었던 일입니다. 첫 성적표를 받아 들고 집에 내려갔는데, 아버지는 남들 다 받는 장학금도 못 받아 온다고 역정을 내며 저에게 주려던 등록금을 방바닥에 집어 던지셨습니다. 오랜 세월 아버지의 지나친 기대 때문에 불만으로 가득 차 있던 저는 그때 처음으로 말대꾸를 했습니다. 충격을 받으신 아버지는 옷걸이에 걸린 혁대를 꺼내 수없이 저를 때리셨습니다. 혁대에 맞는 아픔보다 더 컸던 수치와 모멸감 때문에 아버지와 아주 멀어지게 되었습니다. 그 사건 이후 저는 3년 동안 아버지를 뵈러 집에 가지 않았습니다.

저는 어떻게든 아버지로부터 독립하겠다는 목표를 가지고 공부를 열심히 했습니다. 매년 전액 장학금을 받아서 아버지로부터 학비를 받지 않았습니다. 아버지를 완전히 떠나고 싶은 마음에 대학교 3학년 때까지 대학 과정을 다 끝내고, 4학년이 되자마자 항공사에 취직을 했습니다. 그리고 한 달 중 반은 외국에서 지내게 되었습니다. 그 후에는 공부를 더 해 보겠다는 명목으로 아버지가 계신 한국을 떠나 미국으로 와 버렸습니다.

2년 전, 아버지가 폐암으로 돌아가시기 전에 저에게 카세트테이프 하나를 유품으로 보내셨습니다. 방사선 치료로 인해 목소리를 잃어버린 아버지가 보낸 테이프라 어떤 말씀을 남기셨는지 몹시 궁금해서 얼른 틀었습니다. 그런데 그것은 아버지의 음성이 아니었습니다. 여자아이의 목소리였습니다. 제가 열 살 때 웅변대회에서 1등을 했을 때의 웅변을 녹음한 것이었습니다. 아버지는 제가 떠난 후에도 그 테이프를 들으며 저를 기억하고 그리워하셨다는 것을 느낄 수 있었습니다. 하지만 그때만 해도 아버지가 왜 그것을 저에게 보내셨는지 잘 몰랐습니다.

그런데 바울에게 험난한 행보를 허용하시는 하나님을 큐티하면서 그 테이프에 담긴 의미를 알게 되었습니다. 어릴 때 차멀미를 하면서 여기저기 다닌 것이 저에게는 고난이었지만 하나님은 아버지를 통해서 저를 훈련시키신 것이었습니다. 하나님의 일꾼으로 요긴하게 쓰시기 위해서 어려서 웅변을 배우게 하신 것이었습니다. 아버지가 돌아가시면서 보내신 그 테이프는 바로 그런 하나님의 뜻을 찾게 해 주었습니다.

그전엔 아버지가 저에게 많은 것을 가르치고 기대하신 것이 깊은 상처가 되었는데, 이제는 아버지의 사랑으로 느껴졌습니다. 혁대로 내리치시던 것도 저를 사랑하고 잘되도록 하시기 위해서였다는 것을 알았습니다. 그 모든 것이 아버지 뒤에서 역사하신 하나님의 사랑으로 다가오는 것이었습니다. 그 순간 아버지께 받았던 상처가 저도 모르게 사라지는 것을 체험했습니다. 그 아버지의 사랑에 너무 감사했습니다.

큐티를 하며 저의 삶을 돌아보니, 하나님께서 어렸을 때는 아빠를 통해 저를 훈련시키셨고 결혼 후에는 남편을 통해 저를 빚으셨다는 것을 깨닫게 되었습니다. 상처 받았던 아빠에게, 원망했던 남편에게 오히려 감사했습니다. 큐티를 통해서 제 삶의 사건과 상황에 새로운 의미를 부여하게 하신 하나님께 감사를 드립니다.

사례 2: 오랜 기다림의 의미를 깨닫게 해 준 큐티

다음은 큐티를 통해 치유받은 한 사모의 간증이다. 대중교통이 거의 없는 LA에서 차 없이 8년을 지내며 외로움과 답답함 속에서 지냈고, 게다가

남편이 새로운 사역지를 구하지 못해 경제적 압박감과 불안으로 우울증까지 앓았던 분이다.

남편의 새로운 사역지를 찾는 것은 생각보다 어려움이 많았습니다. 몇 사역지가 결정될 것 같다가 무산되었습니다. 시간은 자꾸 가는 가운데 기대와 실망을 반복하면서 제 마음은 막연한 기다림과 낙심, 경제적인 어려움에서 오는 중압감에 눌리게 되었습니다. '언제까지일까?'를 생각하면, 가슴이 답답해지고 심장이 따끔거리는 증세가 생겼습니다. 여름이 되자 심장통증으로 숨도 쉴 수 없고 정상적 가정살림도 할 수 없는 상태가 되었습니다. 심할 때는 전신 경련과 마비까지 왔습니다. 의사는 마음의 병이 몸의 증세로 나타난 것이라며 마음을 편히 하라는 말과 함께 수십 알의 신경안정제만 줄 뿐이었습니다.

제 마음과 몸은 자꾸 약해지고 기도하기도 힘들어졌습니다. 누가 건들기만 해도 울어 버릴 것 같은, 이유 없는 서러움으로 가득 찼습니다. 다시는 무슨 일도 할 수 없을 것 같은, 하고 싶지도 않은 의욕 상실과 우울증 초기 증세가 시작되었습니다.

마음도 몸도 그렇게 지쳐 있을 그때, 김은애 권사님이 큐티 테이블을 인도해 보라고 제안하셨습니다.

'내가 이 지경인데 무슨 리더를…'

당연히 할 수 없다고 말씀드렸습니다. 권사님은 힘이 없을수록 다른 영혼을 돌보면 힘도 나고 자신도 살 수 있을 것이라며 적극 권면하셨습니다. 그래도 저는 할 수 없다고 고개를 저었습니다. 그런데 하나님은 그렇게 아무것도 할 수 없다고 좌절해 있는 저를 말씀으로 찾아와 치유해 주셨습니다.

저는 용기를 내어 테이블 리더를 시작했습니다. 그러나 우리 테이블에서 가장 나이 어린 제가 인도를 한다는 것이 부담스럽고 다른 분들에게 미안했습니다. 그렇게 연소함으로 부담스러워하고 있는 저를 하나님은 디모데전후서의 말씀으로 가르치고 격려해 주셨습니다.

"내가 첫째로 권하노니 모든 사람을 위하여 간구와 기도와 도고와 감사를 하되"(디모데전서 2:1). 이 말씀을 대하자 저는 너무 오랫동안 다른 사람을 위해 기도하는 것을 잊고 있었다는 것을 깨달았습니다. 내 문제, 나 힘든 것만 생각하지 말고 이젠 남에게 눈 좀 돌리라고 말씀하시는 것 같았습니다. 그 말씀을 적용해서, 저는 우리 테이블의 자매들을 위해 기도와 도고를 시작했습니다. 남을 위해 기도하고 마음을 쓰기 시작하자 어느덧 제 문제에 덜 집착하게 되었고 마음이 가벼워졌습니다.

"누구든지 네 연소함을 업신여기지 못하게 하고 오직 말과 행실과 사랑과 믿음과 정절에 대하여 믿는 자에게 본이 되어 내가 이를 때까지 읽는 것과 권하는 것과 가르치는 것에 착념하라"(디모데전서 4:12-13). 나의 연소함을 업신여기지 못하게 준비하고 훈련하라고 하나님께서 하시는 말씀으로 받았습니다. 그래서 저의 연소함을 극복하기 위해 큐티와 독서에 더 힘을 썼습니다.

하나님의 말씀을 붙잡고 의지했더니 디모데전후서가 끝나가면서 어느덧 마음이 강해지고, 몸도 건강해지며, 생활도 많이 밝아졌습니다. 디모데전후서가 끝나자, 버리지 못하고 있던 신경안정제도 모두 쓰레기통에 집어넣었습니다. 이제 더 이상 통증이 없고 하나님께서 완전하게 치료하실 것이라는 믿음의 표현이었습니다.

그 후 창세기를 큐티하면서 말씀이 저의 삶과 같이 가는 것을 경험했고, 오랜 기다림의 응답을 받았습니다. 남편이 인터뷰를 끝내고 교회 측에서 최종 결정을 알려 주기로 한 날이었습니다. 이날 큐티의 본문은 창세기 8장이었습니다. "하나님이 노아에게 말씀하여 가라사대 … 방주에서 나오고 … 이끌어 내라 … 함께 나왔고 … 방주에서 나왔더라"(창세기 8:15-19). 눈에 크게 띄는 단어들이 있었습니다. 특히 "나왔고 … 나왔더라"는 말씀을 들으니 나도 '야호!' 하고 소리를 지르고 싶을 정도로 반가웠습니다.

노아와 그 가족들이 큰 홍수와 물 위에서 이리저리 흔들릴 때 얼마나 두려웠을지, 1년 가까이 동물들과 갇혀 지내며 물 빠지기를 기다릴 때 얼마나 답답하고 초조했을지 생각해 보았습니다. 우리 가족에게도 지난 1년이, 홍수에 이리저리 흔들리는 방주 속의 1년처럼 앞을 알 수 없는 염려와 두려움과 답답함의 시간들이었다는 것을 깨달았습니다.

저는 그동안 너무 답답하다 못해 뛰쳐나가고 싶었고 내 맘대로 이 방법 저 방법을 쓰며 시간을 단축해 보려 했습니다. 그렇지만 물이 빠지기를, 땅이 마르기를 기다리고 기다렸던 노아처럼 '조금만 더, 조금만 더' 하며 하나님의 때를 기다렸습니다.

그렇게 기다리던 노아에게 드디어 방주에서 나오라고 하셨던 것처럼, 하나님은 우리 가족에게도 그렇게 말씀하실 것이라는 확신이 오니 큰 위로가 되었습니다. 저는 아침에 이 말씀을 받으며 우리 가정도 이젠 나가게 된다는 확신이 들었습니다. 큐티하면서 탄성을 질렀습니다.

'나왔다. 앗싸! 나왔어. 나왔어! 방주에서 나간다. 나도 나간다. 할렐루야! 나가자. 아자! 아자!'

남편에게도 법석을 떨며 말했습니다.

"여보! 하나님께서 우리도 곧 방주에서 나오게 해 주신대요."

어둡고 갑갑했던 방주 속에서의 긴 시간을 끝내고 새롭게 햇볕을 쪼이는 노아 가족의 희망과 따스함이 저에게도 느껴졌습니다. 노아가 방주에서 나와 하나님께 단을 쌓은 것을 보며, 저는 적용을 '가정예배 드리기'로 했습니다. 그날따라 남편도 아침 일찍부터 가정예배를 드리자고 하는 것을 보니 남편의 큐티 적용도 '가정예배 드리기'였습니다. 그 가정예배는 여느 때와는 다른 기쁨과 감사의 시간이었습니다.

바로 그날 오후, 교회 측으로부터 함께 사역하자고 연락이 왔습니다. 약속의 말씀이 이루어지는 순간이었습니다. 드디어 우리 가정도 방주에서 나오게 되었습니다. 하나님은 아침 큐티 시간에 우리가 방주에서 나오게 될 것을 미리 가르쳐 주신 것이었습니다.

돌아보니 오랜 기다림은 약속된 축복을 받는 보증수표였습니다. 방주 속의 시간은 고통의 시간이 아니라 하나님이 보호하시는 시간이었습니다. 방주 속에서도 함께 계시는 하나님을 더 깊이 체험한 것에 감사했습니다.

그 후 창세기 45장 7-8절 말씀은, 내가 남편에게 갖고 있던 쓴 뿌리를 뽑아 주고 원망을 감사로 바꾸어 주었습니다.

우리는 미국 생활을 시작한 후 8년 동안 차 한 대로 지냈습니다. 남편이 차를 타고 나가면 저는 하루 종일 집에 갇혀서 지낼 수밖에 없었습니다. 8년을 그렇게 지내다 보니 알게 모르게 답답함이 쌓여 갔고 성격도 소극적이 되었습니다. 형편상 그럴 수밖에 없다고 머리로는 이해를 하지만, 마음속 깊은 곳에서는 남편이 나를 이런 답답하고 불편한 상황에 방치해 둔다고 늘 불평하고 원망했습니다. 그럴 때 남편이 "하나님께서 우리를 낮추고 훈련시키려고 주신 시간이니 조금만 더 참자."고 위로해 주면 저는 그런 남편에게 쏘아붙이곤 했습니다. "미안하다고 해도 부족한데 그런 식으로 말하면 안 되지." 하고 말이죠. 남편의 그런 말에 서운해하고 서러워하면서 내 마음에 쓴 뿌리를 내렸고, 쓴 뿌리는 다툼의 원인이 되었습니다.

그런데 새로운 깨달음을 가슴으로 받아들이게 된 것입니다. "하나님이 큰 구원으로 당신들의 생명을 보존하고 당신들의 후손을 세상에 두시려고 나를 당신들 앞서 보내셨나니 그런즉 나를 이리로 보낸 자는 당신들이 아니요 하나님이시라"(창세기 45:7-8). 요셉은 자기가 애굽에 가게 된 것을 형들이 자기를 노예로 팔았기 때문이 아니라 하나님께서 하신 일로 해석했습니다. 큰 구원을 이루시기 위한 하나님의 섭리로 본 것입니다. 그랬기 때문에 자기를 죽이려 하고 노예로 팔았던 형들을 향해 분노하지 않고 용서할 수 있었던 것이죠.

그런 깨달음과 함께 저에게도 주님의 음성이 들리는 듯했습니다.

"너를 8년 동안 갇혀서 지내게 한 사람도 네 남편이 아니라 바로 나란다."

그 음성을 듣는 순간 그대로 받아들였습니다.

'그렇지, 남편이 그렇게 한 것이 아니지, 하나님께서 무엇인가 선한 계획이 있으셔서 나에게 그렇게 하신 것이지.'

하나님께서 하셨다고 받아들이고 나니까 순간 남편에 대한 서운함과 원망이 눈 녹듯 사라져 버리는 것을 느낄 수 있었습니다. 8년 동안 감옥에 갇혀 있었다고, 그래서 아무것도 못하고 시간만 낭비했다고 억울해했는데, 하나님께서 저를 훈련하는 시간으로 사용하셨다고 재해석해 주셨습니다.

그러고 보니, 하나님은 그 시간 동안 저에게 마리아처럼 주님 발치에 머물러 말씀을 듣는 것을 가르치셨습니다. 사모가 되기 전에 참된 예배자가 되는 것을 배우게 하셨습니다. 그리고 이민 생활의 힘들고 답답한 상황에 처한 분들의 마음을 누구보다 더 잘 이해하는 기회로 삼아 주셨습니다. 이 일이 있은 후 채 한달이 못되어서 하나님은 저에게 차를 주셨습니다. 아마도 하나님은 더 일찍 차를 주고 싶으셨는데, 제가 하나님의 섭리를 깨닫기까지 저보다 더 많이 기다리고 계셨다는 생각이 들었습니다.

이렇듯, 큐티는 하나님의 마음과 섭리를 알게 해 줄 뿐만 아니라 하나님의 안목으로 자신의 삶을 해석하고 받아들이게 해 준다. 그 과정 속에서 마음의 깊은 상처가 치유된다. 속사람이 강건해진다. 관계가 회복된다.

계속되는 치유와 회복

오래된 상처는 한 번 치유되었다 해도 다시 건드려지면 병적 반응을 하기 쉽다. 하지만 큐티를 꾸준히 할 때 치유가 거듭 이루어지므로, 속사람이 점점 강건해진다. 온전한 내면으로 치유되고 회복이 이루어진다.

나도 잘 변화되지 않는 내 모습이나 힘든 일을 만나면, 다시 자기 연민에 빠지고 자신감을 잃는 때가 있다. 하지만 그 다음날 말씀 앞에 앉아서 하나님을 만나고 나면 대부분 새로운 힘을 얻는다. 말씀에서 들려오는 사랑의 음성을 듣고 그 사랑을 먹기에 곧 살아난다. 진리의 말씀이 비진리의 속박을 풀기에 자유를 누리게 된다. 내 안목으로 나를 바라보지 않고, 주님의 안목으로 나를 재발견하기 때문이다.

너는 보석이야!

가까운 사람과 통화를 하다가 하도 속상해서 끝까지 참지 못하고 격한 감정으로 말을 하고 말았다. 나는 곧 후회가 됐다.

'오랫동안 큐티했다고 하면서도 성품이 아직 이 정도밖에 안 되는구나. 조금만 더 참으면 되는데 그걸 못 참고….'

내 마음속에서 나를 참소하는 음성이 들려왔다. 힘이 쭉 빠졌다.

'이러면서 날마다 큐티를 해서 뭐 해? 사역은 무슨 사역이야!'

그 다음날 아침, 자책하는 무거운 마음으로 주님 앞에 나아가서 성경을 폈다. 큐티 본문은 출애굽기 28장으로, 제사장의 거룩한 예복을 만드는 내용이었다. 특히 흉패에 관한 말씀이었다. 청색과 홍색 같은 색실이 나오고 그것을 꼬아서 공교히 짜서 만들라고 했다. 이스라엘 열두 지파의 이름을 각 보석에 새겨서 흉패에 달라고도 했다.

내 마음을 달래 주고 힘이 될 말씀을 기대했는데 옷 만드는 얘기만 하시니까 몹시 실망스러웠다. 그래도 마음을 가다듬고 그 가운데서도 나에게 필요한 말씀을 주실 것을 신뢰했다. 말씀을 찬찬히 거듭 읽었다. 늘 하는 대로 하나님은 어떤 분이신가에 초점을 맞추고 읽었다. 그날 나에게 다가온 말씀은 이렇다.

"이 보석들은 이스라엘 아들들의 이름대로 열둘이라 매 보석에 열두 지파의 한 이름씩 인을 새기는 법으로 새기고"(출애굽기 28:21).

보석 열두 개에 이스라엘 열두 지파의 이름을 새기게 하신 하나님을 잠시 되새겨 보았다. 왜 보석에다 새기게 하셨을까? 새긴다는 것은 무엇을 의미할까? 왜 이스라엘 열두 지파의 이름을 모두 새기라고 하셨을까? 하나님은 그것을 보면서 무엇을 생각하실까?

"인을 새기는 법으로 새기고"라는 말을 표준새번역에서는 "인장 반지를 새기듯이"라고 번역했다. '새긴다'는 표현에서 결코 지워지지 않게 하려는 하나님의 의지가 엿보인다. 지워지지 않게 하려는 의지와 마음에서 주님의 사랑을 느꼈다. 제사장이 흉패를 가슴에 달고 나올 때마다 보석들을 보시며, 그분의 백성 열두 지파 하나하나를 기억하시겠다는 의도에도 사랑이 묻어 났다.

그런데 그들은 어떤 백성인가? 출애굽 후에 모세를 따라 가나안으로 가는 여정 속에서 조금만 불편하고 힘들면 원망과 불평을 일삼는 백성이다. 노예근성을 버리지 못하고 툭하면 애굽으로 돌아가겠다고 투정하는 백성이다. 하나님의 자녀라는 정체성도 없고 거룩성도 없는 백성이다.

그처럼 형편없는 백성을 하나님은 보석과 같이 존귀하고 보배로운 존재로 여겨 주신 것이다. 앞으로 보석처럼 빛나는 백성이 될 것을 기대하며 미리 보석으로 보아 주신 것이다. 하나님의 은혜와 사랑을 깨닫자, 내 마음에 잔잔한 감동이 밀려왔다. 나는 주님 앞에 내 마음을 털어놓았다.

"그런데 주님, 저는 보석이 아니라 돌인가 봐요. 어제도 인내심이 부족해서 넘어졌어요. 그렇게 오래 큐티를 하면서도 왜 그러죠? 저는 보석이 못 되나 봐요. 그저 딱딱하기만 한 돌인가 봐요."

그랬더니 아주 부드럽고 따스한 음성으로 주님께서 말씀하시는 것 같았다.

"아니야, 은애야. 너는 돌이 아니야. 이스라엘 백성이 나에게 보석인 것처럼 나한테 너는 보석이다. 너는 보석이야! 보석!"

그 음성에 가슴이 뭉클하면서 눈물이 왈칵 쏟아졌다. 나를 돌이라고 하지 않고 보석이라고 해 주시는 주님! 이토록 부족한 나를 보석이라고 하시는 이유가 바로 예수님 때문이라는 것이 다시금 깨달아졌다. 그래서 나는 내 영혼에게 말해 주었다.

"나는 아무 가치 없는 존재지만 내 안에 예수님이 계시기 때문에 돌이 아니다. 비록 돌처럼 살 때가 있어도, 나는 돌이 아니라 보석이다."

그리고 주님께 말씀드렸다.

"그래요, 주님. 제가 보석처럼 살아서 보석이 아니라 제 안에 예수님이 있기 때문에 보석인 거예요. 제가 또 잊었어요. 저는 돌이 아니라 보석이에요. 그리고 이젠 정말 보석처럼 살아 보겠어요."

주님은 내가 주님 안에서 어떤 존재인지를 새롭게 일깨워 주셨다. 나는 주님의 크신 은혜에 감사하며 그 은혜 속에서 다시금 강해지는 것을 느꼈다. "내 아들아 그러므로 네가 그리스도 예수 안에 있는 은혜 속에서 강하고"(디모데후서 2:1).

"너는 값어치 없는 돌이야." 하고 참소하는 소리를 따라 일그러지게 그렸던 내 자화상을 지웠다. 대신, "아니야, 너는 보석이야. 보배롭고 존귀한 보석이야!" 하는 하나님의 음성을 따라 내 자화상을 다시 '보석'으로 그렸다. 그리고 전날의 일로 좌절하고 우울해졌던 마음을 털어 버리고 다시 하나님의 사랑받는 딸로, '보석'으로 당당하게 하루를 출발했다. 주님은 나를 '보석'이라고 하셨을 뿐만 아니라 보석처럼 빛나게 살 수 있는 힘도 넉넉히 부어 주셨기 때문에….

이렇게 내 자신을 내 안목으로 보며 절망하고 낙심하여 비진리로 묶으려 할 때, 주님은 진리의 말씀으로 결박을 풀어 주신다. 하나님의 시각으로 나를 바라보게 하시며 주님 안에서 나의 정체성을 다시 회복시켜 주신다. 그래서 나는 그 주님의 은혜와 사랑을 힘입어 존귀한 하나님의 자녀답게 살려고 더 애를 쓰게 된다.

"나의 사랑, 나의 어여쁜 자야 일어나서 함께 가자"

아가서 2장 10-12절 말씀을 통해 나를 회복시키고 새롭게 불러 주신 적이 있다. 1997년 1월이었다. 당시 나는 연말연시를 보내며 감기 몸살을 몹시 앓느라 온몸에 힘이 빠져 있었다. 게다가 여동생의 일로 며칠째 마음을 쓰고 있어서 기분이 축 처져 있었다.

그날 본문 말씀이 솔로몬이 사랑하는 술람미 여인을 초청하는 장면이었다. "나의 사랑, 나의 어여쁜 자야 일어나서 함께 가자 겨울도 지나고 비도 그쳤고 지면에는 꽃이 피고 새의 노래할 때가 이르렀는데 반구의 소리가 우리 땅에 들리는구나"(아가 2:10-11). 이 말씀이 내게는 친밀한 교제로 초청하시는 주님의 음성으로 들렸다. 얼굴이 검은 시골 처녀인 술람미 여인을 솔로몬이 어여쁘다고 하는 것처럼, 보잘것없는 나를 어여쁘다고 하시는 주님의 음성으로 들었다. "나의 사랑!"이라고, "나의 어여쁜 자!"라고 불러 주시니까 하나님 앞에서 내 존재의 의미가 살아났다. 주님의 사랑받는 자라는 나의 정체성이 새롭게 피어났다.

힘없이 처져 있는 내게 일어나라고 하며 손을 내밀어 일으켜 세워 주시는 사랑의 주님을 만났다. "함께 가자"는 임마누엘의 주님을 만났다. 그날 나는 함께 가자고 일으켜 주시는 주님의 손을 꼭 잡았다.

주님은 말씀하셨다. "이제 겨울이 지났고 봄이 왔다." 겨울은 춥고 어둡다. 잿빛이고 폐쇄적이다. 축축하고 외롭다. 벌거벗은 나무가 떠오른다. 그런데 이제 그 겨울이 끝났다고 하시는 것이다. 내 인생의 겨울을 생각나게 하셨다. 나는 겨울의 한가운데인 12월에 태어났다. 어린 시절은 내 인생의 겨울이었다. 그러니까 나는 겨울에 태어나서 인생의 계절을 겨울부터 시작한 겨울 여자인 셈이다.

봄이 오고 꽃이 피었는데도 여름이 왔는데도 나는 추웠다. 따뜻한 봄볕이 비추는데도 떨고, 뜨거운 여름 땡볕 아래서도 떨었다. 부모의 사랑을 누구보다 듬뿍 받으면서도 춥고 어두웠다. 사랑하는 남편과 행복한 환경에서 살면서도 외로웠다. 사랑하는 주님의 품 안에서도 사랑에 굶주려 가슴이 늘 시렸다. 나는 나이 40이 되도록 그렇게 겨울 속에서 살았다.

큐티를 하면서 비로소 따뜻한 봄을 느끼고 푸르른 여름을 맞이했다. 그리고 이제는 열매 맺는 계절의 문턱을 넘어 그 가운데에 서 있다. 그런데도 우울증으로 시달리는 친정 여동생이 가끔씩 힘든 얘기를 하면 나는 다시 어린 시절의 겨울로 되돌아가서는 벌벌 떨었다. 어두움의 골짜기로 내려갔다. 그날도 그래서 울적해 있었다.

주님은 그런 나를 알고 깨우쳐 주셨다. 이제는 겨울이 다 지나고 비도 다 그쳤다고. 주님은 나를 꽃피고 새가 우짖는, 따뜻하고 꽃향기가 가득한 곳으로 초대하셨다. 주님께서 함께 가자고 초청하시는 봄은 생명이다. 어둠이 아니라 빛이다. 밝고 따뜻하다. 꽃과 향기, 희망과 용기다. 주님은 그 봄 동산으로 함께 가자고 나의 손을 잡고 이끌어 주셨다.

"그렇습니다. 주님, 제가 또다시 겨울로 가 있었군요. 주님과 함께하는 날들은 이제 더 이상 겨울이 아닌데도 말이에요. 제 인생의 겨울은 이미 지나갔습니다. 겨울이 와도 주님과 함께하는 겨울은 춥지 않습니다. 어둡지 않습니다. 저는 이제 더 이상 겨울 여자가 아닙니다. 주님과 손잡고 가는 저는 봄과 같은 여자입니다. 밝고 따스한 사람입니다. 꽃향기입니다. 그리스도의 향기입니다. 생명력이 넘치고 소망이 가득한 믿음의 사람입니다."

이렇게 주님께 고백하며, 나는 여동생의 문제를 나와 동생을 사랑하시는 주님의 손에 올려 드렸다.

내 인생에 다시 찾아와 머물려고 했던 겨울을 즉시 떠나보냈다. 포도원을 허무는 작은 여우처럼, 나 자신을 허물고 주님과의 친밀함을 방해하던 우울한 감정을 떨쳐 냈다.

"나의 사랑"이라고, "나의 어여쁜 자"라고 불러 주시는 주님의 음성에 힘을 얻었다. 주님께서 나를 사랑하시는데, 아니 이미 그 사랑을 십자가에서 보여 주셨는데, 죽음처럼 강한 그 사랑을 확증해 주셨는데 무엇이 두렵겠는가. 나를 사랑하시는 주님의 손을 잡고 다시 일어났다. 내 마음은 주님과 함께 생명이 약동하는 따스하고 밝은 봄 동산으로 달려 나가고 있었다.

그날 이후 아침마다 눈을 뜨고 자리에서 일어날 때 나는 이 말씀을 목청 높여 크게 암송하며 나 자신에게 들려준다. 사랑하는 주님께서 "나의 사랑", "나의 어여쁜 자"라고 불러 주시는 음성을 듣는다. 나의 손을 잡아 주며 "일어나 오늘도 나와 함께 가자." 하시는 주님의 친밀한 초청에 "예!" 하고 일어난다. "주님과 함께하는 인생의 겨울은 지나갔으며, 다시 와도 두렵지 않고 춥지 않다!"고 선포한다. 어려운 일이 있어도 믿음과 소망으로 가득한 하루를 시작할 수 있게 되었다.

3. 큐티는 사역을 하게 한다

큐티 전도사

큐티를 한 지 몇 달 지나지 않아 나는 큐티 전도사가 되었다. 내 차 안에는 늘 큐티 교재가 이삼십 권씩 실려 있었다. 영적 갈급함이 보이는 사람이면 누구에게나 "큐티가 좋아요, 큐티를 해 보세요." 하며 교재를 나눠 주었다. 그때 내가 사는 지역에는 큐티를 모르는 사람이 많았다. 그래서 큐티와 큐티하는 방법을 설명한 복사물까지 함께 주었다. 내 자신이 선물받은 책을 통해 큐티를 만났기 때문에, 그들도 언젠가 때가 되면 시작하리라 믿고 건네주었다.

약 8개월 정도 되었을 때는, 큐티를 배우고 싶어 하는 몇 자매들과 함께 일주일에 한 번씩 모임을 갖게 되었다. 인도하는 방법도 잘 몰랐지만 그저 내가 받은 은혜를 나누고 싶은 마음 하나로 겁 없이 시작했다.

모임을 인도하니까 큐티를 더 깊이 하게 되었다. 깨알 같은 글씨로 빽빽

하게 적어 가면서 큐티를 했다. 모범이 되어야 한다는 부담으로 적용도 더 열심히 했다. 큐티 모임을 인도하는 전날은 밤늦도록 말씀을 준비하기도 했다. 그 덕분에 내 큐티 성장 속도는 다른 사람보다 훨씬 빨랐다.

모임의 지체들은 실수나 허물도 서슴없이 내놓는 나를 보면서 마음을 열고 따라와 주었다. 특히 말씀을 따라 세상 욕심을 하나 둘 버리는 내 모습에 많은 도전을 받는다고 했다.

에베소서 5장 16절의 "세월을 아끼라"는 말씀으로 주님을 만났을 때 나는 집 근처에 있는 작은 회사를 다니고 있었다. 바로 그때쯤, 내가 일하기를 원했던 직장에서 좋은 제안을 해왔다. 그러나 세월을 아끼며 지혜로운 자로 살겠다는 결단으로 그 기회를 포기하고 대신 말씀을 붙잡았다. 내가 원했던 곳에서 일할 수 있는 좋은 기회를 놓치는 것이 좀 아쉽기는 했지만, 이내 그 일을 잊었다. 오히려 말씀 볼 시간을 더 얻으려고, 다니던 회사에서도 시간을 줄여 파트타임으로 일하게 되었다. 그 이후 말씀의 은혜에 젖어 지내며 큐티를 전하고자 하는 열망으로 큐티 모임까지 인도하게 되었다. 큐티 모임의 자매들은 그런 나를 보며 자신들도 큐티를 잘해 보려고 애를 많이 썼다.

그 무렵 나는 직장 문제로 다시 갈등하게 되었다. 그 직장에서 다시 연락이 온 것이다. 지난번보다 더 좋은 조건으로 오라고 손짓했다. 신앙생활을 잘하면서 경력도 쌓고 돈도 벌고 싶은 생각이 내게 슬며시 들어왔다. 직장도 다니고 말씀도 전하면 좋겠다는 마음이 들었다.

그렇지만 그것이 쉽지 않다는 것을 알았다. 이제 큐티를 통해 겨우 살아났는데, 통근 거리가 먼 직장을 다니게 되면 말씀과 함께하는 삶을 지속하기가 어려울 것 같았다. 보나마나 일찍 출근을 해야 하니까 큐티는 짧은 시간에 대충하게 될 것이다. 내 성격상 하루 종일 일에 마음을 온통 쏟을 것이고, 그러다 보면 또다시 우선순위는 하나님보다 일이 되기 쉬울 것이다.

간신히 가까워진 하나님과 다시 멀어질 것 같았다. 무엇보다 큐티 모임을 계속 인도하며 큐티를 전하고 싶은데, 그 일을 하기가 어려울 것이다. 성숙한 사람이면 큐티도 착실히 하면서 오히려 일터에서 더 영향력을 끼칠 수 있을 텐데 나는 아직 너무 어린 것 같았다.

그렇다고 경력을 쌓는 일과 돈을 아주 포기하는 것도 아쉬웠다. 두 마음이 왔다 갔다 했다.

어떻게 하는 것이 지혜롭게 세월을 아끼며 사는 것일까? 어떻게 하는 것이 하나님께 잘했다 평가받는 삶일까? 다시 본질적 질문에 부딪혔다. 나를 향한 하나님의 뜻을 찾고 그 뜻을 따르기 위해 기도했다. 큐티 말씀으로 인도해 주실 것을 간구했다.

"사람을 낚는 어부가 되게 하리라"

1991년 1월 2일의 본문은 마가복음 1장 9-20절이었다. 예수님께서 시몬 (베드로)을 부르시는 장면에 시선이 머무르게 되었다.

"예수께서 가라사대 나를 따라오너라 내가 너희로 사람을 낚는 어부가 되게 하리라 하시니 곧 그물을 버려두고 좇으니라"(마가복음 1:17-18).

당시 어부는, 대부분 가진 재산이 없어서 양을 칠 수도 없고 땅이 없어서 농사를 지을 수도 없는, 가진 것 없고 무식한 사람들이었다고 한다. 그런데 주님은 그 비천한 어부 시몬을 찾아와 자신을 좇으라고 부르신다.

나는 다음과 같은 질문을 주님께 드리며 비천한 어부 시몬을 부르시는 예수님을 묵상했다.

"주님은 왜 많은 사람들 중에 하필이면 천하고 무식한 어부 시몬을 찾아 오셨어요? 시몬의 어떤 면을 보신 건가요? 예수님을 따라오라고만 하지 않으시고 사람 낚는 어부가 되게 하겠다고 말씀하신 이유는 무엇인가요?"

먼저 고린도전서 1장 26-29절 말씀이 떠올랐다. "형제들아 너희를 부르심을 보라 육체를 따라 지혜 있는 자가 많지 아니하며 능한 자가 많지 아니하며 문벌 좋은 자가 많지 아니하도다 그러나 하나님께서 세상의 미련한 것들을 택하사 지혜 있는 자들을 부끄럽게 하려 하시고 세상의 약한 것들을 택하사 강한 것들을 부끄럽게 하려 하시며 하나님께서 세상의 천한 것들과 멸시받는 것들과 없는 것들을 택하사 있는 것들을 폐하려 하시나니 이는 아무 육체라도 하나님 앞에서 자랑하지 못하게 하심이라."

이 말씀을 통해서, 비천한 어부 시몬을 부르신 이유를 어느 정도 알 것 같았다. 주님은 능하고 문벌 좋고 지혜 있고 강한 사람보다, 미련하고 약하고 천하고 멸시받고 없는 사람을 택하신다. 아무도 하나님 앞에 자랑치 못하게 하려고 그렇게 하신다.

현재 시몬은 천하고 가진 것 없는 어부지만, 주님은 앞으로 빚어질 미래의 베드로를 보셨다. 고기를 잡기 위해 그물을 던지는 모습에서, 앞으로 사람을 낚기 위해 복음의 그물을 던지는 모습을 보신 것이다. 또한 고기 잡는 것보다 더 의미 있는 일을 찾는 갈망이 시몬에게 있는 것을 아셨다. 먹고사는 것만으로 만족하지 못한다는 것을 알고 계셨다. 그랬기에 예수님은 시몬에게 그분을 따라오라고만 하지 않으셨다. 따라올 때, 가장 의미 있는 일을 하게 될 것을 제시하셨다. 사람 낚는 어부가 될 것이라고 약속하셨다. 하나님 나라의 일꾼으로, 가장 복된 삶으로 초대하신 것이다.

그런데 시몬은 예수님을 따르기로 결단할 때 아무런 갈등이 없었을까? 나는 그물을 놓고 예수님을 따라가는 것이 남의 일 같지 않게 여겨져서, 시몬의 내면세계로 더 들어가 보았다.

삶의 목적이 달라지기 위해서는 육신을 위해 살던 삶의 방식을 버려야 한다는 것을 그는 알았다. 고기 잡는 그물을 버려야 한다는 것을 알았다. 고기 잡아 생계를 잇던 사람이 그물을 버리면 당장 어떤 어려움이 있다는 것도 누구보다 잘 알았을 것이다.

그렇다면 아무리 단순한 사람이라고 해도 많은 생각들이 오고 갔을 것이다. 장모가 있는 것을 보면 처자식이 분명 있었을 텐데 왜 아무 갈등이 없었겠는가. 이 기사를 쓴 마가는 시몬의 내면을 전혀 내비치지 않고 있지만 나는 그의 복잡한 마음을 잘 알 것 같았다. 시몬이 그물을 놓고 주님을 곧 따르게 된 연유를 더 진지하게 알고 싶어졌다.

그러면 무엇 때문에 그가 그물을 버리고 예수님을 따랐을까? 그것도 즉시…. 그는 사람 낚는 어부가 되는 것이 무엇을 의미하는지 확실히 알고 따른 것일까? 이어지는 질문을 통해 나는 말씀 속으로 깊이 들어가 보았다.

아마 시몬은 그 의미를 다 알지는 못해도 고기를 잡고 사는 것보다는 더 나은 삶을 기대했을 것이다. 더 나은 삶에 대한 갈망으로 현재의 것을 과감히 버릴 수 있었을 것이다. 그는 누가복음 5장에 의하면 이미 기적의 예수님을 경험했기에 그물을 버려두고 예수님을 좇았을 것 같다.

하지만 시몬이 예수님을 즉시 따르게 된 것은 무엇보다 그를 부르시는 예수님의 권위 있는 음성과 눈빛 때문이 아니었을까? 예수님은 그에게 "시몬, 나를 따라와 보지 않겠느냐? 따라올지 한 번 생각해 봐라." 하고 의견을 묻거나 설득하지 않으셨다. "나를 따라오너라(Come, follow me)!" 하고 단호하게 명령하셨다.

예수님의 강한 음성을 들었을 때, 예수님의 눈빛과 마주쳤을 때 시몬이 느꼈을 감정을 상상해 보았다. 자신을 따라오라는 주님의 음성에서 거부할 수 없는 어떤 강한 권위를 느끼지 않았겠는가. 또한 자신을 바라보는 예수님의 눈동자에서, 인생의 방향을 바꾸어 따라갈 만한 신뢰가 느껴지지 않았겠는가. 그 잔잔하면서도 흡인력 있는 눈빛에 끌려들어가지 않았겠는가.

시몬을 부르시는 예수님과 그 부르심에 즉각 나서는 시몬을 보면서, 나는 어느새 시몬 베드로의 예수님을 나의 예수님으로 만나고 있었다. 나를 바라보시는 주님의 눈빛과 마주치고 있었다. 더구나 "나를 따라오너라!" 하시는 주님의 음성이 나를 사로잡았다. 말씀과 직장 둘 다 잡아 보려고 합리적인 이유를 찾고 있던 나에게 한 가지만 선택하라는 단호한 음성으로 들렸다. 예수님에게로 방향을 정하라고 명령하시는 음성이었다. 베드로를 제자로 부르신 후 2천 년이 지났지만, 지금도 주님은 그물을 버리고 그분만을 따라 줄 제자가 필요하시다는 안타까운 음성이었다.

그날 아침, 비천한 어부 시몬을 찾아오셨던 주님께서 보잘것없고 연약한 나를 그렇게 찾아오셨다. 주님은 내가 아직도 그물에 미련을 두고 있기는 해도 다른 영혼을 살리기 원하는 마음이 있는 것을 아셨다. 그래서 주님은 나를 부르셨다. 그러면 영혼을 살리는 사람으로 만들어 주겠다고 약속하셨다.

연약하고 부족한 현재의 내 모습이 아니라, 가능성을 봐 주시니 감사했다. 나에게 비전을 가져 주시니 감격스러웠다. 따라오라고 불러 주시니 가슴이 두근거렸다. 주님을 따르라는 말씀이 부담이 아니라 거룩한 초청으로 들렸다.

그리고 내가 감히 어떻게 사람들을 살릴 수 있을지 자신이 없었는데, "사람 낚는 어부가 되어라!"고 명령하지 않으시고 주님께서 그런 사람으로 만들어 주겠다고 약속하시니 든든했다. 그러나 약속의 말씀을 내가 경험하려면 그 명령을 좇아 예수님을 따라야 했다.

17절 말씀을 영어로 다시 보니까, "따라오라"는 명령 다음의 말씀은 약속인 것이 더 분명했다. "Come, follow me, and I will make you fishers of men." 이 말씀을 나에게 주시는 약속으로 받았다. 나의 미래가 담겨 있는 그 말씀을 그 자리에서 암송하고 마음에 새겼다. 그날 큐티노트에 다음과 같이 나의 결심을 적었다.

"내가 너희로 사람을 낚는 어부가 되게 하리라."는 주님의 약속의 말씀을 굳게 붙잡자. 나의 그물을 버리고 예수님을 따르자. 내가 그물을 버린다는 것은 무엇을 말하는가? 내가 새로운 일을 시작하려던 것을 내려놓는 것이다. 좋은 자리가 있다고 연락이 왔지만 그것은 주님의 초청이 아니다.

주님은 오늘 그분을 따르라고 나를 부르셨다. 나는 이제부터 전적으로 주님을 따라야 한다. 불러 주실 때 따라야 한다. 삶의 목적과 방식을 바꾸자. 그물을 버리자. 일을 포기하자. 앞으로 내가 한 10여 년 일을 하면 돈을 얼마나 벌 수 있을까? 계산도 해 보았다. 그때쯤 되면 어느 정도의 위치에 오를까? 미래의 내 모습도 그려 보았다. 그러나 그런 것은 물고기를 잡는 일이다.

지금 다니는 회사 일도 때가 되면 아주 정리하자. 이제 내 남은 인생을 주님만을 따르는 인생이 되게 하자. 제자의 삶을 사는 길을 택하자. 지금까지 육신의 것을 위해서 살아 왔는데 이제는 사람 살리는 일을 위해 살자.

그러면 나에게 그 일은 구체적으로 무엇일까? 아직은 확실하지 않다. 지금 내가 할 일은 나를 살리고 있는 큐티를 사람들에게 전하고 그들도 살아나게 하는 것이다. 이제 무엇을 하든지 나의 목적은 사람을 살리는 것이다. 그렇게 하기 위해 나는 주님만 따라가면 된다. 주님께서 사람 낚는 사람으로 만들어 준다고 하셨으니까….

그리고 나에게 있어서 예수님을 따른다는 의미를 이렇게 덧붙여 적어 놓았다.

내가 예수님을 따른다는 것은 내 인생의 방향을 예수님께로만 정하는 것을 의미한다. 예수님을 따른다는 것은 내 선택 기준이 예수님이라는 것을 뜻한다. 내 삶의 우선순위가 언제나 예수님이 된다는 것이다. 그렇게 할 때 두 번째로 중요한 것을 포기하는 것이다. 발걸음을 한 번만 내딛는 것이 아니라 계속 따라가는 것을 말한다.

"너희가 먹을 것을 주라"

며칠 후인 1월 18일에는 오병이어 기적을 통해 예수님께서 많은 무리를 먹이신 너무나 익숙한 본문, 마가복음 6장 30-44절을 큐티했다. 큐티를 계속할수록 잘 아는 말씀이라도 처음 읽는 것처럼 대하게 되었다. 그러다 보니 그때마다 내 형편과 처지에 따라 주시는 음성이 달랐다.

예수님은 제자들이 사역에서 돌아와 사역보고를 하자 한적한 곳에서 좀 쉬도록 말씀하셨다. 그래서 배를 타고 장소를 옮기는데, 이것을 알게 된 무리들이 모든 고을로부터 나왔다. 얼마나 빨리 달려갔는지 배를 타고 이동하시는 주님보다 더 빨리 가서 기다리고 있었다. 예수님은 그들을 불쌍히 여기고 여러 가지로 가르치셨다.

우선, 배보다 더 빨리 달려가서 예수님을 기다리는 무리들을 생각해 보니 얼마나 갈급했는지가 느껴졌다. 그렇게 갈급하고 사모하는 마음으로 주님을 찾으면 불쌍히 여기고 여러 가지로 가르쳐 주시는 주님을 만날 수 있었다. 큐티할 때도 그렇게 갈급한 마음으로 주님보다 먼저 가서 기다리면 주님께서 나에게도 여러 가지로 가르쳐 주실 거라는 믿음이 생겼다.

그러면서 무리를 불쌍히 여기시는 예수님의 마음이 나에게 깊이 전해졌다. 그리고 "너희가 먹을 것을 주라." 하시며 "너희에게 떡 몇 개나 있느냐 가서 보라."는 예수님의 말씀이 나에게 다가왔다. 특히 '너희'라는 단어가 나를 가리키는 음성으로 들렸다.

그런가 하면, 예수님과는 달리 그 무리를 빨리 보내고 싶어 하는 제자들도 만났다. 제자들은 빈 들이고 저물어서 먹을 것이 없으니 무리들을 보내서 음식을 사 먹게 하자고 제안했다. 그런 제안을 한 것은 그들을 먹게 하려는 것보다 보내고 싶은 마음이 크기 때문이다. 사역 후에 좀 쉬려고 한적한 곳을 찾아왔는데 저물도록 쉬지 못해서 그랬을 것이다. 무엇보다 그들에게는 예수님처럼 무리를 불쌍히 여기는 마음이 없어서 그랬을 것이다.

그러나 예수님은 먹을 것이 없다고 말하는 제자들에게 '너희'가 주라고 하셨다. 제자들에게 먹을 것이 없는 것을 아시면서도 왜 예수님은 그렇게 말씀하셨을까? 제자들에게 무엇을 가르치기 원하시는 걸까? 자신의 수중에 먹을 것이 없어도 불쌍히 여기는 마음만 있으면 그들을 먹일 수 있음을 배우게 하시는 걸까? 하긴 불쌍한 마음이 있었으면 예수님께 나와서 그들을 보내자고 말하는 대신 어찌 하든지 먹일 방법을 찾아보았을 것이다.

"너희가 먹을 것을 주라."는 예수님의 황당한 말씀에, 제자들은 "이백 데나리온의 떡을 사다 먹이리이까?" 하며 역시 부정적 반응을 보였다. "우리가 주기 싫어서 그러는 겁니까? 우리가 그런 많은 돈이 어디 있습니까?" 이런 뉘앙스가 느껴진다. 사람들을 불쌍히 여기는 마음이 없으니까 주님께서 기적을 베푸실 수 있는 분이라는 것도 새까맣게 잊어버린 모양이다. 먹을 것이 없는 현실만 보는 것 같다. 아무것도 없는 자신들에게 먹을 것을 주라는 예수님을 답답하게만 여겼을 것이다.

그런데 예수님은 이번에도 또 아무것도 없다는 제자들에게 "너희에게 떡 몇 개나 있느냐 가서 보라"고 하셨다. 찾아보기를 원하시는 것이다. 작은 것이라도 나누고자 하는 마음으로 내놓기를 바라셨다. 사람들을 불쌍히 여기는 마음만 있으면, 미미한 것이라도 나누려는 마음으로 내놓기만 하면, 예수님께서 축사하심으로 풍성히 먹이실 수 있음을 가르치시는 것이다. 공급자는 그들이 아니라 예수님이라는 사실을 제자들이 알기 원하시는 것이다.

주님은 내게도 배고픈 사람들을 불쌍히 여기는 마음이 있는가 물으시는 것 같았다. 제자들처럼 아무것도 가진 것 없는 나를 향해 "네가 먹을 것을 주라."고 말씀하시는 것 같았다.

내 주변을 돌아보니 육신적으로 배고픈 사람을 당장 떠올릴 수는 없었다. 물론 길거리의 노숙자나 궁핍한 사람도 찾아보면 많다. 전 세계에 수억의 사람이 기아에 시달리고 있다. 그러나 내 가까이에서는 기본적으로 먹는 문제에 어려움을 겪는 사람이 금방 떠오르지 않았다. 오히려 풍요 속에서도 영적으로 배고파 하고 허기진 사람들의 얼굴이 보였다. 나는 그분들을 불쌍히 여기는 마음이 있었다. 안타까움이 있었다.

"너희에게 떡이 몇 개나 있느냐? 가서 보라!"는 말씀을 따라 나에게는 무엇이 있는지 찾아보았다. 아무리 뒤져 보아도 역시 내놓을 만한 것이 없었다. 아무것도 없는 '빈 들' 같았다. 있는 것이라고는, 과거의 나처럼 교회를 오래 다녔지만 누구에게도 말 못하고 속으로 갈급해 하는 사람들에 대한 안타까움뿐이었다. 그들을 불쌍히 여기는 마음 하나뿐이었다. 나는 몸도 약하고 그때는 성경도 많이 몰랐다. 나 자신이 딱딱한 떡과, 비린내나며 상품 가치도 없고 보잘것없는 물고기처럼 느껴졌다.

그런데 주님께서 그 오병이어를 받으셔서 감사기도를 하신 것을 보니 용기가 났다. 주님께서 축사하시면 많은 사람들을 먹이는 놀라운 기적이 일어나는 것을 보니 자신감이 생겼다. 그래서 "너희가 먹을 것을 주라."고 하시는 말씀을 나에게 주시는 말씀으로 덥석 받았다. 그리고 주님께 이렇게 기도했다.

"주님, 감사하게도 저는 불쌍히 여기는 마음은 있습니다. 그리고 제 주변에는 육신적인 것보다 영적으로 먹여야 하는 사람들이 있는데 그들을 먹이고 싶습니다. 제가 비록 오병이어처럼 딱딱하고 보잘것없는 존재지만 저를 내놓습니다. 주님의 손에 올려드립니다. 주님께서 받아 주시고 축사만 해 주시면 많은 사람들에게 말씀의 떡을 먹이고도 남는 역사가 있을 줄로 믿습니다. 주님, 제가 먹이겠습니다. 저를 내놓겠습니다. 주님께서 받아서 써 주세요."

나는 그날 '너희가'라는 말에 내 자신뿐만 아니라 남편에게 동의도 받지 않은 채 남편의 이름까지 써서 주님께 올려 드렸다. 그날 저녁 금요 찬양예배 때 앞에 나가서 그 말씀을 교회식구들 앞에서 나누었다.

주님은 그날 나의 헌신을 받아 주셨다. 지금까지 보잘것없는 나를 통해 수많은 배고픈 영혼들을 먹여 주셨다.

"떠나… 가라"

그 후 4월에 이어지는 큐티 스케줄은 창세기 12장부터였다. 주님은 창세기 12장 1절에서 "떠나… 가라"는 말씀을 아주 강력하게 주셨다. "너는 너의 본토 친척 아비 집을 떠나 내가 네게 지시할 땅으로 가라."

주님께서 인도하시는 땅이 어디인지는 확실히 몰라도 나는 이미 떠나야 할 곳을 떠나 주님을 따라 나섰다고 생각했다. 그런데 왜 또 떠나라고 하실까? 주님께 여쭈어 보면서 다시금 내가 떠나야 할 것을 점검해 보았다.

'나에게 본토 친척 아비 집이 무엇인가?'를 돌아보았다. 익숙하고 편안해서 눌러 앉아 있는 곳은 어디인가? 말씀 그대로, 내가 떠나야 하는 어떤 장소가 있는가? 떠나야 할 사람들이 있는가? 내가 아직도 못 떠나고 있는 구습은 무엇인가? 내가 아직도 젖어 있는 세상 문화나 관습은 무엇인가? 이런 질문들을 며칠째 계속 던지며 나의 내면과 삶을 촘촘하게 살펴보았다.

그물을 버리고 주님을 따른다고 했는데, 아직 오전 일을 파트타임으로 하고 있는 것이 마음에 걸렸다. 그렇지만 그 정도는 별 문제가 안 된다고 여겨져서 다른 부분만 열심히 점검했다.

그 말씀을 주신 지 한 달쯤 되었을 때 파트타임으로 일하고 있던 집 근처의 회사가 1시간가량 떨어진 먼 곳으로 갑자기 이사를 가게 되었다. 그렇게 되면 하루에 몇 시간만 일하기는 어려웠다. 하루에 서너 시간 일하려고 두 시간씩 운전을 하며 다닐 수는 없기 때문이다. 종일 일을 하든지 아니면 아주 그만두든지 결정을 해야 했다.

'풀타임으로 일을 하려면 차라리 지난번에 좋은 기회가 있을 때 옮길 걸 잘못했구나!'

이런 생각도 잠깐 스쳐 갔다. 그렇다고 내가 아주 일을 안 하면 그만큼 경제적으로 빠듯했다. 남편이 많은 것이 보장되던 편안한 주재원 생활을 접고, 이민자로서 새로운 일을 시작한 지 얼마 안 됐기 때문이다.

'어떻게 해야 하나? 하루 종일 회사 일에 매달려야 하나? 아니면 아주 그만둬야 하나?'

잠시 망설여졌다. 그러나 내 마음은 이미 나의 일과 돈에서는 떠나 있었다. 인생의 목적뿐만 아니라 살아가는 방법도 달라져 있었다. 한 달 전에 주셨던 '떠나…가라'는 말씀이 다시 떠올랐다. 그물을 버렸다고 하면서도 아직 일을 하고 있는 내게 이제는 아주 떠나라는 말씀으로 들렸다.

남편과 의논했다. 남편도 내가 인생의 방향을 바꾸는 것을 이미 눈치 채서 그런지 원하는 대로 하라고 쾌히 승낙을 했다. 나는 그렇게 해서 파트타임 일로부터도 떠나게 되었다. 돈 버는 일에서 떠나게 되었다. 그러나 떠나는 것은 끝이 아니라, 새로운 시작이었다.

내가 의지하고 바라보던 것들로부터 떠나야 하는 두려움이 조금은 있었다. 그러나 곧 주님께서 지시하신 땅으로 가는 것에 가슴이 설레었다. 전적으로 헌신하는 것에 대한 기대도 컸다.

주님은 떠나서 가라고만 하시지 않고, 그날도 역시 약속의 말씀을 주셨다. 축복의 말씀을 주셨다. "내가 너로 큰 민족을 이루고 네게 복을 주어 네 이름을 창대케 하리니 너는 복의 근원이 될지라 너를 축복하는 자에게는 내가 복을 내리고 너를 저주하는 자에게는 내가 저주하리니 땅의 모든 족속이 너를 인하여 복을 얻을 것이니라 하신지라"(창세기 12:2-3).

내가 내 이름을 창대케 하려고 바벨탑을 쌓으면 주님께서 무너뜨리신다. 그러나 내 이름에 연연하지 않고 주님의 말씀에 순종하고 따라가면, 주님께서 내 이름을 창대케 해 주겠다고 약속하신다. 그동안 나는 복을 쫓아다니던 인생이었는데, 복의 근원이 되게 해 주신단다. 다른 사람에게 복이 흘러가게 하는 통로가 되게 하신단다. 내가 떠나는 결단을 참 잘했다는 생각이 거듭 들었다.

사실 그때 나는 포기하고 버리는 것이 아니라 더 좋은 것을 위해 투자하는 심정이었다. 마태복음 13장 45-46절이 내 마음을 그대로 말씀해 주었다. "천국은 마치 좋은 진주를 구하는 장사와 같으니 극히 값진 진주 하나를 만나매 가서 자기의 소유를 다 팔아 그 진주를 샀느니라."

"낳고… 낳고… 낳고…"

1992년 1월 1일엔 KCCC(한국대학생선교회)에서 주최하는 원단금식기도회에 참석했다. 한 해의 첫날을 주님과 더불어 시작하려고 온가족이 에로헤드 스프링스에 있던 CCC 수양관으로 갔다. 주님께서 주시는 말씀을 붙잡고 기도하면서 주님 뜻 가운데 한 해를 인도해 주시기를 원했다.

먼저 새해를 위한 기도로 들어가기 전에 그날의 말씀을 큐티하며 하나님의 음성을 듣기로 했다. 하루의 삶을 그날의 말씀으로 인도받는 것처럼, 한 해의 첫날 주시는 말씀을 그해의 말씀으로 받고자 했다. 나는 지금도 1월 1일에 주시는 말씀을 그 한 해를 끌고 가는 주제로 삼고 그 흐름으로 살려고 애쓰고 있다.

그날의 말씀은 마태복음 1장 1-6절이었다. "아브람과 다윗의 자손 예수 그리스도의 세계라 아브라함이 이삭을 낳고 이삭은 야곱을 낳고 야곱은 유다와 그의 형제를 낳고 유다는 다말에게서 베레스와 세라를 낳고… 낳고… 낳고…"

예수 그리스도의 계보를 소개하는 말씀이다. 예수님의 족보 속에서 주님은 무슨 말씀을 주실 것인가? 처음에는 좀 실망했다. 그래도 나에게 오늘뿐만 아니라 이번 한 해에 꼭 필요한 말씀을 주시리라 믿었다. 말씀을 읽어 갔다. 몇 번을 읽었다. 소리 내서도 읽고 마음으로도 읽고 눈으로도 읽었다. 그런데도 마음에 와 닿는 내용이나 단어가 없었다.

말씀을 덮고 기도하기 시작했다. 1월 1일 말씀이 한 해의 주제 말씀이 되기를 원한다고, 나에게 가장 알맞은 말씀을 주실 것을 믿고 감사드린다고, 하나님의 음성을 듣고 깨닫게 해 달라고, 간절하게 기도했다. 그리고 다시 그날 말씀을 읽어 갔다. 천천히 한 단어 단어를 듣는 기분으로 읽었다. 그러면서 여러 번 강조되는 단어에 동그라미를 쳤다.

'낳고… 낳고… 낳고…'가 반복되고 있었다. 그런데 그 '낳고'라는 단어 앞에서 갑작스레 가슴이 뜨거워졌다. 그리고 깨닫게 되었다.

"아하! 그렇군요. 이 '낳고'라는 단어가 있어서 아브라함 때부터 자손이 이어졌고, '낳고'라는 단어가 계속되어서 드디어 예수 그리스도가 이 땅에 오셨군요. 그리고 '낳고'라는 이 단어가 거듭되어서 저까지도 예수 그리스도의 족보에 들어가게 되었군요. 누군가가 나를 영적으로 낳아 주지 않았으면 예수님의 족보에 들어갈 수 없을 뻔했군요."

조금 전까지만 해도 까만 글씨로 건조하게만 보였던 '낳고'라는 단어가 살아서 꿈틀꿈틀 움직이는 것 같았다. '낳고'라는 단어가 수천 년 역사를 생명으로 이어왔다는 것에 새삼스레 감동을 받았다. 그러면서 내 마음속 저 깊은 곳에서 주님의 음성이 들려오는 것 같았다.

"네가 오늘뿐만 아니라 올 한 해를 무엇을 위해 어떻게 살 것인가 하는 말씀을 기다린다고 했지? 올해는 너도 바로 이 '낳고… 낳고… 낳고…' 하는 일을 중점으로 했으면 좋겠다. 그래서 좀 더 많은 사람들의 이름이 예수 그리스도의 족보에 적히기를 원한다."

나는 주님께 감사하며 기도했다.

"그렇습니다, 주님! 작년엔 저를 사람 낚는 어부로 만들어 주겠다고 부르시더니 올해는 구체적으로 영혼을 잉태하고 낳으라는 말씀을 주시는군요. 육신의 자식은 비록 하나밖에 안 낳았지만 영적 자녀는 낳고 또 낳겠습니다. 올해는 영혼을 낳고 키우는 일에 모든 초점을 맞추겠습니다. 올해뿐만 아니라 제 남은 인생을 이 일에 쓰임 받기 원합니다. 지금은 미약하지만 제가 지금 하고 있는 큐티 사역을 중심으로 이 일을 하겠습니다. 저를 그 도구로 사용해 주세요."

기도회가 끝날 무렵, 하루 동안 기도와 말씀 가운데 깨달은 것이나 결단한 것을 나누는 시간이 있었다. 진행하시는 분이 미리 알려 주지도 않은 채 갑자기 나를 지명했다. 준비도 없이 많은 사람들 앞에서 간증을 하라고 하니 당황스러웠다.

얼떨결에 앞으로 나갔다. 좀 당황은 했지만 받은 말씀을 통해 내 마음에 그린 그림이 분명했기에, 그날 큐티에서 받은 말씀과 내 결단을 간단명료하게 잘 나눌 수 있었다. 하나님은 많은 사람들 앞에서 입술로 다시 증거하는 기회를 나에게 선물해 주셨고, 그 증거대로 지금까지 인도해 주셨다.

오병이어의 기도

그해 3월이었다. KCCC는 제1회 큐티 세미나를 개최하기 위해 큐티 사역 팀을 구성했는데, 나에게 특별한 열정이 있는 것 같으니 큐티에 대한 강의를 하라고 했다. 큐티를 한 지 불과 2년밖에 안 된 사람이 무슨 강의를 하겠는가. 처음에 나는 펄쩍 뛰었다. 예전 같으면 사람들 앞에서 망신당할까 봐 끝까지 못한다고 했을 것이다. 그런데 큐티한다는 사람이 내 임의로 말할 수는 없어서 말씀과 기도로 인도함을 받으며 결정하기로 했다.

기도 가운데 1월 1일에 주셨던 말씀이 떠올랐다. 올해는 '낳고… 낳고… 낳고…' 하는 일에 초점을 맞추는 해가 아닌가? 내가 그 도구로 써 달라고 주님께 기도하지 않았던가? 그렇다면 나같이 부족한 사람을 강사로 세우는 것은 사람이 하는 일이 아니라는 깨달음이 왔다. 하나님께서 하시는 일이라는 확신이 생겼다.

또한 1년 전에 큐티했던 "너희가 먹을 것을 주라"고 하신 말씀도 기억났다. 딱딱하고 비린내 나는 오병이어 같은 존재지만 나를 드릴 테니 주님께서 축사하셔서 다른 사람들을 배부르게 해 달라고 기도하지 않았던가! 그러고 보니, 큐티하며 말씀을 받고 그 말씀을 근거로 기도한 것에 하나님께서 응답하신 것이었다.

세미나가 있는 날 아침, 나는 다시 간곡히 기도했다.

"주님, 제가 아무리 준비한다고 해도 인간적으로는 너무 부족합니다. 딱딱하고 비린내 나는 오병이어와 같습니다. 그러나 주님, 저를 주님 손에 올려 드립니다. 저를 받으시고 축사해 주세요. 그러면 오늘 세미나에 참석하는 분들을 영적으로 배부르게 하고도 남는 역사가 있을 줄로 믿습니다."

물론 그날 아침의 큐티 말씀도 나에게 힘을 주었지만, 나는 이 '오병이어 기도'(나는 그다음부터 언제 어디서나 말씀을 증거할 때마다 이 기도를 꼭 드려서 그렇게 이름을 붙였다)를 하면서 주님께서 역사해 주실 것을 믿었다. 담대해졌다.

하나님은 역사해 주셨고 은혜를 끼치게 해 주셨다. 나는 그렇게 믿음으로 큐티 세미나 강사로의 첫걸음을 내딛게 되었다. 그날 세미나에 왔던 어떤 목사님 한 분이 특별히 은혜가 되었는지, 몇 달 후에 그 교회 큐티 세미나에 나를 강사로 초청해 주셨다. 그 후 1994년에는 캐나다 밴쿠버에 있는 한 교회에 소개해 주셨다. 그것은 나에게 미국 밖으로의 첫 나들이 강의가 되었다.

나는 기회를 주실 때마다 부족하지만 말씀을 의지하고 한걸음씩 내딛었다. 그때마다 주님은 기름을 부어 주시며 주신 일을 감당하게 하셨다. 나를 점점 계발시켜 주시고 내 힘으로는 할 수 없는 일들을 해 내게 하셨다. 그러면서 사역의 열매들을 풍성하게 허락하며 지경을 넓혀 주셨다.

방송 사역의 시작: "네 손에 있는 것이 무엇이냐"

같은 해 4월 27일에는 출애굽기 4장 1-4절을 중심으로 큐티했다. 그 내용은 다음과 같다. 애굽에서 이스라엘 백성을 이끌어 내라는 하나님의 부르심 앞에 모세는 손사래를 쳤다. 이스라엘 백성들이 자기를 하나님께서 보내신 사람이라고 믿지 않고 자기의 말을 듣지 않을 것이라고 했다. 그러자 하나님은 모세에게 질문하셨다.

"네 손에 있는 것이 무엇이냐?"

모세가 손에 쥐고 있던 지팡이를 내놓자 그 지팡이를 뱀이 되게 하셨다.

그리고 그 뱀의 꼬리를 잡으라고 하신 대로 순종하자 뱀은 다시 지팡이가 되었다. 이스라엘 백성들이 모세를 하나님께서 보내신 사람으로 믿도록 기적의 지팡이를 만드신 것이다.

"주님, 하나님께서 친히 찾아오셔서 부르시는데 모세는 왜 거부했을까요? 하나님께서 함께하겠다고, 친히 인도해 주겠다고 하셨는데도 모세는 왜 그랬을까요? 이스라엘 백성들이 자기를 믿지 않고 자기 말을 듣지 않을 거라고 먼저 단정 짓는 이유가 무엇일까요?"

나는 평소에 하는 대로 떠오르는 질문들을 갖고 주님께 나아갔다. 주님께서 주시는 깨달음을 기다리며 모세의 심정을 헤아려 보았다.

모세는 애굽에 있을 때 자기 백성을 괴롭히는 애굽 사람을 죽였다. 동족끼리 싸우는 것을 말리려 했지만, 오히려 동족에게 거부당하고 애굽 사람을 죽인 것이 드러나게 되자 결국 도망자가 되었다.

그러니까 오랜 세월이 흘렀다고 하지만 다시 애굽을 생각하니 그때 받은 거부감과 실패감의 상처가 올라온 것은 아닐까? 자기를 거부했던 이스라엘 백성이 두려워진 것은 아닐까? 그랬을 것이다. 그래서 하나님께서 하신 말씀보다는 그 상한 감정과 어두운 기억들이 그를 더 강하게 붙잡은 것이다. 하나님을 못 믿어서가 아니라 그들이 자기를 인정하지 않을 것이라는 생각이 앞섰다.

그러나 그렇게 토를 달면서 하나님 말씀을 부정하던 모세가 뱀의 꼬리를 잡으라는 말씀에는 즉각 순종하는 것을 볼 수 있다. 뱀을 잡을 때는 머리를 잡아야 한다. 꼬리를 잡으면 그 순간 뱀이 날렵하게 몸을 틀어 손을 물기 때문이다.

그런데 모세는 어떻게 꼬리를 잡을 수 있었을까? 뱀의 꼬리를 잡을 때 모세는 전혀 두려움이 없었을까? 하나님은 왜 비상식적인 방법으로 뱀을 잡으라고 하셨을까? 나는 계속 질문했다.

성경은 지팡이가 뱀이 되었을 때 보인 모세의 반응을 이렇게 적었다. "모세가 뱀 앞에서 피하매"(출애굽기 4:3). 피했다는 것은 무엇을 말해 주나? 나는 모세의 감정을 좀 더 실감나게 느껴 보기 위해 그 장면을 상상해 보았다. 그 말씀의 현장 속으로 들어가 보았다. 지팡이가 갑자기 뱀이 되어 꿈틀거리니 본능적으로 섬뜩했을 것 같다. 그 두려움 때문에 자기도 모르게 피했을 것이다.

그런 모세에게 주님이 뱀 꼬리를 잡으라고 하시니 담력이 있는 사람이라도 순간적으로 겁이 나지 않았을까? 하지만 모세는 하나님 말씀에 순종하기 위해 몸을 굽히고 꿈틀대는 뱀의 꼬리를 잡았다.

이렇게 하나님 앞에서는 뱀의 꼬리를 잡으라는 말씀에도 순종하는 모세다. 그런 모세가 애굽에 가서 백성을 이끌어 오라는 말씀에 부정적으로 말한 것은 그들에 대한 두려움이 뱀 꼬리를 잡는 것보다 더 크다는 것을 말해 준다.

하나님은 그런 모세의 마음 상태를 감지하신 것이다. 그래서 하나님 말씀을 믿지 않는 말을 하는데도 전혀 나무라지 않으셨다. 그 대신 이스라엘 백성들이 모세를 믿고 따르도록 기적의 지팡이를 만들어 주셨다. 모세의 감정 상태를 아시고 자신감을 갖도록 능력을 부여해 주신 것이다. 하나님은 일을 맡기실 때 일만 시키는 것이 아니라 감당할 능력도 주신다. 그 과정에서 뱀 꼬리도 잡을 수 있는 담력과 믿음이 모세 자신에게 있음을 스스로 발견하게도 해 주셨다.

모세의 하나님을 묵상하는 가운데, 그 하나님이 내게도 그렇게 대해 주시리라는 믿음이 차올랐다. 나를 부르신 하나님을 생각해 보았다. 나의 약한 부분과 상처도 다 알고 처리해 주실 하나님, 나에게 맡기신 일을 이룰 수 있도록 능력도 부여해 주실 하나님, 그런 하나님을 만나니 든든했다. 그러면서 모세에게 "네 손에 있는 것이 무엇이냐?"고 물으시는 하나님께서 나에게도 물으시는 것 같았다.

"은애야, 네 손에 있는 것이 무엇이냐?"

그냥 "지팡이를 내놓아라." 하실 수도 있는데, 하나님은 왜 알면서도 물어보시는 걸까? 하나님은 모세가 그의 손에 있는 것이 무엇인지 발견하기를 원하신 것 같다. 손 밖에 있는 것이 아닌 손안에 있는 것을⋯. 그가 양을 치기 위해 늘 가지고 다니던 지팡이, 지극히 일상적인 것을 발견하게 하시는 것이다. 그 지팡이를 통해서 하나님은 이적을 나타내신다. 모세를 하나님께서 보낸 구원자로 믿게 만들어 주신다.

하나님은 손 안에 가지고 있는 것을 보라고 하시는데, 나는 늘 손 밖에서 뭔가를 찾았다는 것을 알게 되었다. 이것도 없고 저것도 없다고 하며 자신감 없어 하던 이유가 바로 손 밖의 것을 찾았기 때문이었다.

하나님은 아주 평범하고 일상적인 것이라도 내 안에 있는 것을 찾기 원하셨다. 나는 무엇을 가지고 있는지 찾아보았다. 아무것도 내놓을 만한 것이 없는 것 같았다. 그래서 문자 그대로 내 손에 있는 것이 무엇인가 보았다. 내가 늘 사용하는 것이 무엇인가 보았다. 큐티할 때 항상 쓰는 볼펜이 내 손안에 있었다. 또 언뜻 떠오르는 것이 있었다. 언제나 말할 수 있는 목소리가 있었다. 나는 손에 들고 있던 펜과 함께 내가 늘 쓰는 목소리를 주님 앞에 내놓았다.

아무리 하찮은 것이라도 하나님 앞에 내놓으면, 하나님은 그것을 기적의 도구로 만들어 주실 수 있다. 하나님의 것으로 하나님의 역사에 쓰임받게 하신다. "모세의 지팡이"가 20절에서는 "하나님의 지팡이"로 바뀌어 있는 것을 보면 그것을 알 수 있다. 나의 목소리와 펜을 하나님께 내놓았으니 하나님께서 하나님의 것으로 사용해 주시리라는 야무진 꿈을 가져 보았다. 모세의 지팡이가 하나님의 지팡이가 되어 구원 역사 속에서 큰일을 이룬 것처럼 나의 목소리와 펜도 하나님의 것이 되어 크게 쓰임 받을 것을 바라보며 기도했다.

그리고 불과 얼마 안 되어, KCCC 큐티 사역 팀이 LA 지역에 있는 미주복음방송의 〈묵상의 시간〉을 담당하게 되었다. 두 사람이 한 팀이 되어 각자의 큐티를 서로 나누는 식으로 진행되었다. 처음에 그 시간을 담당하라고 했을 때 정말 난감했다. 주님과 나만의 시간에 받은 은혜를 어떻게 방송을 통해 공개적으로 나누겠는가? 사적인 자리에서 나누는 것과 방송으로 하는 것은 다를 텐데 어떻게 준비를 할 것인가? 게다가 방송에 대해서는 아무 경험이 없는 사람이 어떻게 방송을 하겠는가? 문제가 한두 가지가 아니었다. 그러나 안 하겠다는 말은 못하고 기도밖에 할 것이 없었다.

기도 중에 출애굽기 4장 큐티를 생각나게 하셨다. "네 손에 무엇이 있느냐?" 물으실 때 내가 내 목소리를 내놓았던 것, 하나님의 목소리가 되게 하셔서 사용해 달라고 기도했던 것이 기억났다. 그러고 보니 방송을 하라고 요청을 받게 된 것도 방송국에서 나를 불렀다기보다 하나님께서 하신 일이었다. 미리 말씀을 주고 기도하게 하며 즉각 응답해 주신 것이었다. 하나님께서 하시는 일이니 또 순종할 수밖에 없었다.

처음 녹음을 하는 날이었다. 두 사람이 마이크 앞에 앉아서 녹음을 하는데 입에 쥐가 나는 것 같아서 말이 잘 안 나왔다. 왜 그렇게 떨리고 긴장이 되던지 진땀을 흘렸다. 그때 모세가 하나님의 말씀대로 뱀의 꼬리를 잡는 장면이 떠올랐다. 모세 역시 등에 진땀을 흘렸을 것 같았다. 나는 마치 뱀 꼬리 잡으라는 명령에 순종하는 기분이 되어 〈묵상의 시간〉 첫 방송을 떨리는 마음으로 시작했다. 모세가 그 말씀에 순종해서 기적의 지팡이를 경험하고 그 지팡이로 출애굽 역사를 이룬 것처럼, 나도 두렵고 떨리는 마음으로 방송을 시작한 것이 큐티 사역의 장을 활짝 열어 주는 계기가 되었다.

하나님은 LA 지역에 큐티를 알리고 보급하는 데 〈묵상의 시간〉 프로를 사용하셔서 큰 역할을 하게 하셨다. 10여 년 넘게 방송으로 큐티를 나누다 보니 방송을 통해 만나게 된 분이 많아졌고 사역으로도 연결되었다.

방송으로 큐티 나눔을 하면서, 내용도 좋지만 전파를 타고 나오는 목소리도 좋다는 말을 많이 듣게 되었다. 부담 없이 편안하게 들을 수 있는 목소리라는 평을 들었다. 마이크가 잘 받는 목소리라는 것을 그때 알게 되었다. 그래서 잠깐 동안은 다른 방송 프로그램을 맡기도 했다.

자랑같이 들리는 이런 말들을 굳이 늘어놓는 이유가 있다. 하나님은 일을 주실 때, 일만 주시는 것이 아니라 일을 감당할 수 있는 능력도 주신다는 것이다. 숨겨진 은사를 발견하게 하고 드러내게 하며, 그것을 하나님께 내놓을 때 더 계발시켜 주고 사람을 살리는 일에 귀하게 써 주신다는 것을 강조하고 싶어서다. 더구나 그런 일들이 큐티를 통해 이루어졌다는 것을 더 강조하고 싶어서다. "나를 능하게 하신 그리스도 예수 우리 주께 내가 감사함은 나를 충성되이 여겨 내게 직분을 맡기심이니"(디모데전서 1:12).

하나님 관심으로

하나님이 어떤 분이신가에 초점을 두고 몇 년 동안 큐티를 하면서 발견한 것이 또 있다. 하나님의 관심은 온 천하, 천하 만민, 모든 민족, 모든 백성, 모든 사람, 온 족속, 열방에 있다는 것이다. 하나님은 나 한 사람도 온 천하처럼 귀하게 여기고 사랑하시지만, 온 천하의 사람들도 그렇게 사랑하고 관심을 가지신다는 것이다.

그러면 나의 관심은 어디에 있는가? 나를 살펴보았다. 나 자신, 내 남편과 내 아이, 내 교회, 조금 나가면 내 조국, 그저 나 자신과 나와 직접 관련된 것밖에는 별로 관심이 없었다.

하나님은 '자자손손' '대대로'에 관심을 가지시는데, 나는 그저 내 당대와 내 아이 세대 정도에 시선이 머물고 있다는 것을 알게 되었다. 내가 얼마나 나만 생각하는 속 좁은 여자인지, 당장 눈앞에 있는 것만 보는 근시안적 사람인지 새삼스레 깨닫게 되었다.

하나님은 자녀인 나도 아버지처럼 넓은 마음을 갖기 원하셨다. 우리 차세대를 귀하게 여기고 하나님의 역사가 계속 이어질 먼 미래에도 관심을 갖기 바라셨다. 나는 그동안 속 좁은 여자였음을 인정하고 회개했다.

내가 살고 있고 우리 아이들이 살아갈 미국의 지도를 펼쳐 보았다. 세계지도도 펼쳤다. 그 지도 위에 손을 얹고 부르짖어 기도하기 시작했다. 내 속을 좀 넓혀 달라고, 주님의 마음으로 넓혀 달라고 부르짖었다. 내 조국인 한국뿐만 아니라 주님의 관심이 가는 곳에 내 관심도 가게 해 달라고 간구했다. 내 집, 내 교회의 담을 넘어 이제는 미국을 가슴에 품게 하시고 열방에 관심을 갖게 해 달라고 간구했다. 우리 당대뿐만 아니라 하나님의 역사를 이어 갈 자녀들에 대해서 더 큰 관심을 갖게 해 달라고 매달렸다.

하나님의 관심이 내 관심이 되도록 기도하다 보니 자연히 중보기도로 이어졌다. 골방에서 홀로 주님을 만나다 보니 열방까지 중보하는 사람이 되었다. 미국 땅에서 자라고 있는 우리의 2세들, 미국, 열방을 위해 끊이지 않고 기도하게 되었다.

영적 대각성 운동

1994년으로 기억되는 어느 날, 현재 자마(JAMA, Jesus Awakening Movement for America / All nations: 미국과 열방을 위한 영적 대각성 운동) 대표인 김춘근 교수를 만나게 되었다. 그 당시 미국 서부 지역에는 4·29 폭동 이후 산불을 비롯한 재난의 바람이 거셌다.

잇달아 일어나는 재난을 하나님의 경고로 들은 김 교수와 몇 분이 1993년 10월 28일부터 11월 1일까지 함께 모여 나라를 위해 기도했다. 기도 가운데 재미교포 크리스천들이 중심이 되어 미국을 영적으로 살리기 위한 회개와 기도 운동, 그러니까 영적 대각성 운동을 일으키라는 주님의 음성을 들었다. 특히 2세와 1.5세들에게 미국의 주인의식을 갖게 하고 그들이 영적으로 잠든 미국을 깨우게 하라는 비전을 받았다.

김 교수가 KCCC 가정 사역 팀과 큐티 팀이 모인 자리에서 그 비전을 나누었는데, 그 얘기를 들을 때 내 가슴이 심하게 뛰는 것을 느꼈다. 흥분과 감격으로 심장이 뛰고 있었다.

'아하! 그래서 하나님께서 그동안 미국을 위해 기도하게 하셨구나. 그리고 2세와 1.5세들을 위해 기도하게 하셨구나. 바로 이런 일을 하시려고 그런 것이었구나.'

나는 하나님께서 하실 일을 가슴 벅차게 기대했다. 그랬기에 자마가 잉태될 때부터 나와 남편은 하나님께서 하시는 일이라는 확신을 갖고 그 사역에 적극적으로 동참했고, 지금까지도 자마의 큐티 사역 디렉터로 섬기고 있다. 내가 이 사역에 진정한 회개와 부흥의 물결을 기대하는 건, 특히 자마운동의 바탕이 되는 말씀일 뿐만 아니라 내가 이미 큐티하며 받은 말씀 때문이다. "혹 내가 하늘을 닫고 비를 내리지 아니하거나 혹 메뚜기로 토산을 먹게 하거나 혹 염병으로 내 백성 가운데 유행하게 할 때에 내 이름으로 일컫는 내 백성이 그 악한 길에서 떠나 스스로 겸비하고 기도하여 내 얼굴을 구하면 내가 하늘에서 듣고 그 죄를 사하고 그 땅을 고칠지라"(역대하 7:13-14).

이 말씀은 솔로몬이 성전과 왕궁을 다 지은 후 전성기를 누리고 있을 때 하나님께서 나타나셔서 하신 말씀이다. 자기 백성이 악한 길로 치닫게 되면 가뭄이나 메뚜기로 또는 염병으로 징계하실 텐데, 그때도 돌이키기만 하면 용서하고 회복시키겠다는 말씀이다. 하나님의 경고와 약속이 함께 담겨 있는 말씀이다.

인생이 죄로 인해 메마르고 황폐해질 때 다시 회복할 수 있는 유일한 방법은 하나님 앞에서 진정으로 회개하는 것이다. 자비와 긍휼이 무궁하신 하나님 앞에 겸손히 나와 하나님을 찾고 얼굴을 구하며 악한 길에서 떠나는 것이다. 진정한 회개는 죄에 대해 애통하는 것으로 끝나는 것이 아니라 악한 길에서 떠나야 한다. 옷만 찢는 것이 아니라 마음을 찢고 돌이켜야 하나님은 그 부르짖음을 들으신다. 그때 죄를 사하며 그 땅을 고쳐 주신다.

여기서 '땅'이란 무엇을 의미할까 생각해 보았다. 단지 흙이나 밭뿐만 아니라 흙으로 빚어진 사람, 조각난 인격, 부서진 가정, 사람들의 망가진 관계나 사업을 뜻할 것 같다. 또한 나라와 세상을 의미한다고 생각한다. 하나님은 이렇듯 그분의 자녀가 회개만 하면 개인과 가정과 나라와 이 세상을 치유하고 회복시키겠다고 견고한 약속을 해 주신다. 죄를 사해 주실 뿐만 아니라 죄로 인해 병들고 황폐한 땅을 고쳐 주신다니 얼마나 감사한지…, 얼마나 소망스러운 약속인지…, 어느 인생이건 굳게 붙잡아야 할 약속이다.

더 지혜로운 사람은 인생에 가뭄이 오고 메뚜기가 소산을 갉아먹기 전에 스스로 겸비하여 하나님을 부르고 하나님의 얼굴을 찾으며 악한 길에서 떠난다. 그런데 우리가 하나님 앞에 겸손히 나와 하나님 얼굴을 구하고 악한 데서 떠나는 길이 있다. 그것이 바로 큐티가 아니겠는가?

큐티는 말씀을 통해서 하나님을 만나는 것이다. 겸비한 자세로 하나님 앞에 나아가 하나님을 찾고 그 얼굴을 구하는 것이다. 하나님 말씀 앞에서 자신의 내면을 성찰하며 자신이 어떤 길로 가고 있는지를 날마다 비추어 보는 것이다. 하나님은 말씀을 통해서 악한 길로 들어선 발걸음을 발견하게 해 주신다. 얼마나 어그러진 걸음을 걷고 있는지 알게 해 주신다. 구체적으로 드러내 주신다. 죄를 인정하며 회개하고 돌이키게 교훈하고 책망해 주신다. 뿐만 아니라 악한 길에서 돌이킬 수 있는 힘도 주신다.

이미 죄 때문에 메마르고 병든 인생이라도 날마다 긍휼이 풍성하신 하나님 앞에 나아가 말씀으로 드러난 자기 죄를 고하며 그 길에서 돌아서게 될 때, 하나님의 용서를 경험하고 살아난다. 죄에서 돌이키고 하나님의 얼굴을 구할 때 하나님께서 죄를 사하시고 그 땅을 고치시기 때문에, 치유와 회복의 역사가 나타나고 새로운 부흥이 임한다.

그런 의미에서 큐티는 개인의 회개와 영적 부흥의 통로다. 내 자신이 메마르고 병든 인생이었지만, 큐티를 통해 나의 죄인 된 모습에서 돌이킬 수 있었으며 치유와 회복을 경험할 수 있었다. 내 자신을 고치시고, 내 남편과 자녀와 주변의 많은 영혼들을 살리고 부흥케 하시는 하나님을 만날 수 있었다. 그러기에 한 사람이 말씀 앞에서 진정으로 회개하고 하나님께 엎드려 그 얼굴을 구하면, 나와 내 가정뿐만 아니라 이 미국과 전 세계를 고쳐 주신다. 그 믿음으로 큐티 운동에 앞장서며 자마운동을 함께하고 있다.

자마운동은 1996년에 콜로라도에서 제1회 전국대회를 가지며 시작되었다. 그 후 초교파적으로 연합 전선을 펼치며 미국 전 지역으로 활발하게 번져 나가고 있다. 회개와 부흥의 물결이 높이 일어나고 있다. 2007년부터는 GLDI(Global Leadership Development Institute)라는 세계지도자훈련학교도 시작했다. GLDI는 한인 2세들을 위한 40일 동안의 훈련 프로그램으로, 지구촌을 이끌어 갈 지도자를 양성하는 것을 목적으로 하고 있다.

자마 사역을 하면서 주님을 뜨겁게 사랑하는 열정의 사람들, 비전의 사람들을 많이 만났다. 그리스도의 심장으로 이 시대를 위해 울며 기도하는 분들을 많이 만났다. 그분들과의 만남은 주님을 향한 나의 사랑을 더 뜨겁게 불붙여 주었다. 미국에 와서 살게 하신 하나님의 뜻을 더 분명하게 찾을 수 있게 했다. 아메리칸 드림으로 그치지 않고, 킹덤 드림을 마음에 품고 더 큰 그림을 그리게 하셨다. 그러면서 큐티 사역의 또 다른 지평을 열어 주셨다.

이렇듯 하나님은 큐티를 통해 내 관심이 하나님의 관심으로 바뀌게 하셨다. 기도하게 하셨다. 하나님께서 하시는 일에 같은 마음으로 동참하게 해 주셨다.

미국 전 지역으로

미국 지도를 펴놓고 하나님 마음이 가는 곳에 내 마음도 가게 해 달라고 기도한 후에, 하나님은 나를 여기저기로 보내기 시작하셨다. 미국의 서부 지역 뿐만 아니라 남부와 동남부를 중심으로 미국의 전 지역에서 큐티 세미나와 말씀 집회를 인도하게 하셨다.

워낙 몸이 약하고 붙박이형이라 나는 어디 다니는 것을 별로 좋아하지 않았다. 교회나 직장을 제외하고는 집에서 혼자 있는 것을 더 좋아하고, 친구도 한둘만 있으면 족한 사람이었다. 주변 사람들은 나를 '2기통'이라고 부르기도 했다. 자동차가 4기통은 되어야 제 구실을 할 텐데, 그런 기본적인 힘도 없다고 부르는 별명이었다.

그런데 하나님은 체질까지 바꾸시며 나를 여기저기 보내고 수많은 사람들을 만나게 하셨다. 감당할 만큼 힘도 주셔서 맡기신 사역을 은혜 가운데 이루도록 도와주셨다. 가는 곳마다 말씀의 운동이 일어나도록 불붙여 주시고 심령들이 살아나는 역사를 허락해 주셨다.

나는 내 마음만 하나님과 같이 가면 되는 줄 알고 미국 전 지역을 위해 기도했는데, 하나님은 내 발로 직접 가서 큐티 운동을 일으키는 데 앞장서기를 원하셨던 것 같다.

코스타로의 부르심

2001년 9월에 코스타 본부로부터 큐티 세미나 요청을 처음 받았다. 그해 12월에 있을 호주와 뉴질랜드 코스타에서 큐티 강의를 해 달라는 요청이었다. 무척 반갑고 감사했다. 청년들에게 큐티를 알려 주고 싶은 마음이 간절했기 때문에 그랬다. 내가 학생 때 하나님을 잘 몰라서 어두운 시간을 보냈기에 청년들에게 마음이 많이 갔다. 그들에게 하나님과 친해질 수 있는 통로인 큐티를 조금이라도 일찍 알게 하고 싶었다. 청년 때부터 큐티하는 삶의 축복을 누리게 하고 싶었다.

그러나 날짜가 문제였다. 버지니아에 있는 한 교회에서 큐티 세미나를 하기로 이미 약속된 일정과 같았다. 어떻게 해야 할지 망설여졌다. 코스타는 자기 비용으로 가야 하는데도 코스타를 가고 싶은 마음이 더 컸다. 자꾸 마음이 그쪽으로 더 쏠렸다. 그래서 버지니아에 있는 교회에 연락해서 일정을 바꿀까도 생각했다.

그런데 그때 큐티한 말씀이 사무엘하 2장이었다. 2장 1절에서 사울 왕이 죽고 스스로 왕이라고 얼마든지 선포할 수 있는 때가 왔어도 서두르지 않는 다윗, 철저하게 하나님의 인도하심을 묻고 따르며 하나님의 때를 기다리는 다윗을 만났다. 그 다윗을 통해, 청년들에게 큐티를 나눌 수 있는 기회는 왔지만 서두르지 말라는 주님의 음성을 들을 수 있었다. 다윗처럼 주님의 인도하심을 받기 위해 여쭈었다.

"둘 다 하나님의 일이요 큐티 사역인데 하나님은 제가 어떻게 하기를 원하시나요?"

기도하면서 호주 코스타를 가려고 하는 나의 목적에 숨은 동기가 있는 것을 발견했다. 물론 청년들에게 큐티를 가르치는 것이 목적이고 동기다. 그러나 한편으로, 사진으로만 보던 호주의 시드니를 핑계 삼아 한번 가 보고 싶은 마음이 숨어 있었다는 것을 알게 되었다. 그 동기가 나쁜 것은 아니지만 코스타에 처음 가는데, 좀 더 순수한 마음으로 청년들을 섬겨야 할 것 같았다. 호주 코스타를 다음 기회로 미루고 먼저 약속했던 버지니아의 교회를 가기로 결정했다.

그 후 내가 처음 섬기게 된 코스타는 2002년 1월에 파라과이에서 열린 남미 코스타였다. 집회 장소에 도착해서 시간을 계산해 보니 집을 떠날 때부터 꼭 하루가 걸렸다. 비행기 출발 시간이 예정보다 늦어져서 시간이 더 많이 지체되었다. 도착하니 내가 맡은 강의 시간이 막 시작되는 때였다. 짐을 풀 시간도 없이 강의실로 급히 들어갔다.

코스타를 처음 경험하는 나에게는 모든 것이 낯설었다. 내게 맡겨진 강의는 큐티 세미나, '아침 묵상의 시간', 부부 코스타의 주제 강의였다. 처음부터 몇 가지를 해야 하니 신경이 많이 쓰였다.

게다가 선택 강의로 진행되는 큐티 세미나와는 달리, '아침 묵상의 시간'은 전체가 다 모이는 집회라서 강사들도 대부분 참석했다. 코스타 강사는 대부분 기라성 같은 목사, 박사, 교수, 선교사들이 많다. 그런 분들 앞에서 작은 여자 권사가 '아침 묵상의 시간'을 인도하려니 조심스러웠다. 그 생각이 인간적이라는 것을 알면서도 마음이 약해지려고 했다. 그때도 주님은 그동안 주셨던 큐티 말씀들을 기억나게 하셔서 내 속사람을 강건하게 해 주셨다.

집회 중에도 그동안 해 오던 스케줄을 따라 큐티했는데, 마침 그날 본문이 마태복음이었다. 깊은 묵상을 못했지만 내가 처한 상황에 꼭 필요한 말씀을 받을 수 있었다. "너희를 넘겨 줄 때에 어떻게 또는 무엇을 말할까 염려치 말라 그때에 무슨 말할 것을 주시리니 말하는 이는 너희가 아니라 너희 속에서 말씀하시는 자 곧 너희 아버지의 성령이시니라"(마태복음 10:19-20).

이 말씀은 예수님께서 복음을 위해 보냄을 받는 제자들을 향해 하신 말씀이다. 그분의 백성들이 복음 때문에 핍박받게 될 수 있지만 그때에 그들을 그대로 두지 않고 성령님을 통해 할 말을 주시겠다는 뜻이다. 어려움에 처한 그분의 백성에게 성령님을 통해 할 말을 주시겠다는 주님을 만나니 얼마나 힘이 나던지…. 어떻게 또는 무엇을 말할까 염려치 말라고 하시니 마치 내 마음을 다 알고 하시는 말씀 같아서 주님이 얼마나 친밀하게 느껴지던지….

'그러면 그 주님은 내가 아침 묵상의 시간을 인도할 때도 틀림없이 할 말을 주실 것이다. 내가 하는 것이 아니다. 내 안에 계신 성령님께서 말씀하실 것이다.'

그런 믿음이 마음에 확 일어났다. 나는 나에게 할 말을 주실 주님께 무릎을 꿇고 감사기도를 드렸다. 내 속사람이 이내 충만해지는 것을 느낄 수 있었다.

다음날 본문 말씀은 이랬다. "그런즉 저희를 두려워하지 말라 감추인 것이 드러나지 않을 것이 없고 숨은 것이 알려지지 않을 것이 없느니라 내가 너희에게 어두운 데서 이르는 것을 광명한 데서 말하며 너희가 귓속으로 듣는 것을 집 위에서 전파하라"(마태복음 10:26).

저희를 두려워하지 말라고 하시는 말씀이 내 귀에 들려왔다. 본문의 뜻을 살피고 묵상하기도 전에 그냥 나에게 주시는 말씀으로 꽂힌 것이다. 물론 여기서 '저희'는 믿지 않는 사람들, 특히 박해자들을 지칭한다.

그렇지만 나의 입장에서 '저희'는 나보다 몇 배 신령하고 훌륭하게만 보이는 강사님들이다. 주님은 내가 그분들 앞에서 행여 실수라도 할까 봐 두려워하는 것을 아시는 것 같았다. 그래서 "두려워하지 말라"고 나에게 주시는 음성으로 들렸다. 그럴 때는 즉시 그 말씀을 아멘으로 접수한다.

'네. 알겠습니다, 주님! 두려워하지 않겠습니다. 주님께서 저를 붙잡고 계신데 무슨 두려움이 있겠습니까. 할 말도 성령님이 다 주시는데 무엇을 두려워하겠습니까.'

살아 있는 하나님의 말씀은, 그렇게 내 안에 잠시 발붙이려 했던 두려움을 말끔히 몰아냈다. 인간적 생각으로 움츠러졌던 마음을 활짝 열어 주셨다. 하나님의 생명력으로 가득 채워 주셨다.

예수님은 어두운 데서 들은 그분의 말씀을 광명한 곳에서, 귓속으로 들은 그분의 말씀을 지붕 위에서 전파하라고 하신다. 그동안 주님께 들은 복음을 많은 사람들 앞에서 담대하게 선포하라는 뜻이다.

내가 주님께 어두운 데서, 귓속으로 말씀을 들었던 때를 생각해 보았다. 새벽마다 주님과 내가 친밀하게 교제했던 시간들이 떠올랐다. '귓속으로 들은'이라는 표현처럼 아주 친밀했던 시간들이었다. 아무도 끼어들 수 없는 시간과 공간 속에서 주님이 나에게 주신 말씀들, 귓속말로 들려주시던 하나님의 비밀이 내게 있음을 다시 발견했다. 그동안 주님께 은밀하게 들은 많은 말씀들이 내 안에 있다는 것이 큰 힘이 되었다.

그렇게 은밀하게 귓속으로 들려주신 말씀들을 광명한 곳에서 담대히 말하라는 것이다. 그때 내게 "광명한 곳"이나 "집 위"는 많은 사람들이 참석하는 전체 집회 시간인 '아침 묵상의 시간'이었다. 좀 비약된 적용이 될 수도 있겠지만, 그때 내 정황에서는 그렇게 연결되었다.

귓속으로 들은 말씀들을 가만히 생각해 보았다. 코스타 주제와 맞으면서도 하나님이 어떤 분이신지 많이 나타나 있는 본문이 떠올랐다. 그 본문을 통해서 하나님이 나에게 말씀하셨던 것들이 기억났다. '아침 묵상의 시간'을 위해 준비해 갔던 본문 대신 그날 생각나게 하신 말씀으로 바꾸었다. 그리고 나니 전혀 떨리지 않고 담대해졌다. 오히려 하나님께서 하실 일이 기대가 됐다.

하나님은 역시 크게 역사해 주셨다. 큐티 세미나에 들어왔던 학생들과 어른들이 아주 좋은 반응을 보였다. 특히 '아침 묵상의 시간'에 참석했던 몇몇 목사님들이 나를 격려해 주고 인정해 주셨다. 부부 코스타에 왔던 남미 선교사 사모님들이 주제 강의를 통해 눈물로 자신을 돌아보았다고 소감을 전해 주었다. 코스타와의 첫 만남은 떨림 속에서 시작되었지만, 주님은 말씀으로 나와 함께해 주셨다. 나를 통해 일하심을 보여 주셨다.

그 후에 나는 밴쿠버, 토론토, 호주와 뉴질랜드, 러시아, 북경, 유럽 등여러 코스타를 섬겼다. '아침 묵상의 시간'과 큐티 세미나를 통해서 청년들에게 말씀 보는 눈을 열어 주었다. 하나님과 친밀해지고 하나님을 알아가는 길을 알려 주었다. 하나님과 교제하며 생명력 있는 신앙생활을 하도록 전심을 다해 전했다.

내 간증을 들려주면서, 자기 환경 때문에 하나님을 오해하고 원망하며 젊음을 낭비하지 않도록 깨우쳐 주었다. 말씀을 통해 하나님의 사랑을 확인할 때, 눈물을 펑펑 쏟으며 깊은 속사정을 꺼내 놓는 학생들이 많았다. 어떤 때는 밤잠도 못 자고 학생들 얘기를 들으며 상담을 했다. 육신은 지쳤지만 젊은이들을 살리는 일을 하니 새로운 힘이 솟았다.

처음에 가려고 했다가 접었던 호주는 그 다음해에 가게 되었는데, 하나님은 그때 더욱 놀랍게 일하셨다. 집회 동안 학생들이 밤늦게 자기 때문에 아침에 일찍 일어나기가 쉽지 않다. 아무래도 '아침 묵상의 시간'에는 출석률이 많이 떨어지기 마련이다. 그런데 주님은 내가 인도하는 이틀 동안 호주 코스타가 시작된 이래 가장 많은 학생들이 참석하는 기록을 세워 주셨다.

처음에는 학생들도 웬 권사가 그 시간을 인도하는가 의아해 하기도 했지만 주님은 작은 여자 권사를 통해서 말씀의 능력을 경험하게 하신 것이다. 하나님의 때를 더 기다리게 하시더니 역시 주님은 놀랍게 일해 주셨다. 그래서 그 다음해에도 호주 코스타를 또다시 거듭 섬기게 하셨다.

코스타를 섬기면서 내가 끼친 은혜도 있지만 그것보다 내가 받고 누린 은혜가 더 크다. 새로운 것에 눈을 뜨게 되고 많은 것을 배웠다. 새벽이슬 같은 청년들과의 만남은 밝은 미래의 창을 열어 주고 소망을 갖게 했다. 예수의 심장으로 복음을 전하는 귀한 강사들과의 만남은 나를 주님께 더 헌신하게 도전했다. 각 나라를 다니며 그 땅을 밟을 때마다 그 땅의 복음화를 위해 기도할 수 있다는 것이 얼마나 감사한지 모른다.

이렇듯 나를 살린 큐티를 나누고 싶은 마음 하나를 주님께 올려드리며 두려움과 떨림으로 첫 부르심에 순종하여 출발한 큐티 사역이 미국을 넘어 세계로까지 흘러가게 되었다. 그렇게 된 것은 큐티로 말씀의 인도함을 받고 그 말씀을 근거로 기도했을 때 주님께서 응답하신 결과였다.

어떤 분들은 큐티를 하면서 기도가 잘 안 된다고 하는데, 사실은 큐티하면서 주신 말씀을 붙잡고 더 많이 기도할 수 있다. 말씀 안에서 드리는 기도는 하나님의 뜻으로 기도하기 때문에, 말씀을 따라 구체적으로 기도하기 때문에 기도가 구체적으로 이루어진다. 기도 응답의 비결은 말씀을 근거로 말씀을 붙잡고 기도하는 것이다. "너희가 내 안에 거하고 내 말이 너희 안에 거하면 무엇이든지 원하는 대로 구하라 그리하면 이루리라"(요한복음 15:7).

큐티라이프미션

"충성된 사람들에게 부탁하라"

1990년 9월에 처음 큐티 모임을 시작한 지 이삼 년이 지나자 모임이 늘어나면서 거의 매일 모임을 인도하게 되었다. 일주일에 6일 그러니까 주일을 제외하고 날마다 큐티 모임을 인도한 적도 있다. 몇 년 동안은, 큐티를 돕기 위해 성경공부도 병행하며 두 가지를 같이 인도하기도 했다.

아무리 직장도 그만두고 사명감을 갖고 한다고 해도 거의 매일 매달리게 되니까 주님과 나만의 시간이 자꾸 줄어드는 것을 느꼈다. 숫자가 늘어나면서 한 모임에 참여하는 인원이 10명이 넘어가니까 큐티 나눔이 잘 이뤄지지 않고, 점점 강의식으로 변해 갔다. 모임에 여러 해 나오는 자매들은 영적 어른이 되어 가면서도 늘 받는 태도로 수동적이었다. 이래서는 안 되겠다는 생각이 들었다.

나는 모임 운영을 위해 계속 주님의 지혜를 구하는 기도를 하게 되었다. 그런 중에 1997년 7월에 디모데후서 말씀을 묵상하게 되었고 그 말씀을 통해 답을 얻었다. "또 네가 많은 증인 앞에서 내게 들은 바를 충성된 사람들에게 부탁하라 저희가 또 다른 사람들을 가르칠 수 있으리라"(디모데후서 2:2).

사도 바울은 자기에게 들은 말씀을 충성된 사람들에게 부탁하라고 한다. 그러면 그들이 또 다른 사람들을 가르칠 것이라고. 결국 제자 삼으라는 말씀이다.

나는 큐티를 배우는 사람들이 또 다른 사람들을 가르칠 수 있도록 리더를 세우라는 말씀으로 받았다. 그 말씀을 따라 한 그룹이 10명이 넘으면 일단 충성된 사람을 인도자로 세워 그룹을 나누기로 했다. 리더가 또 다른 사람을 가르치고 섬길 수 있도록 리더 훈련을 하기로 했다.

그렇게 하기 위해, 어떤 사람이 충성된 사람인가 기준을 세웠다. 충성된 사람이란 신뢰하고 믿을 수 있는 사람이라는 의미다. 그러니 예수님을 구주와 주인으로 고백할 뿐만 아니라 거의 날마다 큐티를 하고 숙제를 성실하게 하며 모임에 결석하지 않는 사람을 충성된 사람으로 보기로 했다. 처음에는 말씀에 대한 통찰이 남다르고 말씀묵상이 깊고 나눔도 반짝반짝 잘하는 사람을 기대했다. 그런데 그런 사람은 지속하지 못하고 흐지부지 끝나는 경우가 종종 있었다. 그래서 무엇보다 '날마다'를 중요하게 여기며 모임 출석도 성실하게 하는 사람을 충성된 사람으로 세우게 되었다.

그런 기준으로, 모임에 1년 이상 나온 사람들 중에서 충성된 사람을 리더로 세우고 그룹을 나누었다. 리더는 반원들을 돌보며 큐티하는 데 익숙해지도록 도와주는 일을 했다. 일주일에 한 번 모이는 모임에서 반원들이 큐티와 삶을 나누도록 안내자 역할을 했다.

그러면서 요일별로 모이던 모임을 지역별로 합쳤다. 한 지역에 모이는 인원수가 많아지면서 한 개인의 집에서 모이기가 어려워졌다. 결국 교회 건물을 빌려 모임을 갖게 되었다. 소그룹 리더들이 세워지고 장소가 넓어지니까 점점 많은 분들이 큐티를 나누고 배우기 위해 모였다. 많은 분들이 오니까 그만큼 리더들이 더 필요했다.

충성된 사람들을 꾸준히 세워 리더 훈련을 하며 소그룹을 늘려갔다. 대부분 리더가 되면 삶이 더 변화되고 더 성숙해졌다. 그들을 통해서 또 다른 충성된 사람들이 계속 세워져 갔다. 충성된 사람에게 부탁하는 것, 그들이 또 다른 사람을 가르치게 하는 것, 그것은 역시 사도 바울을 통해 주신 하나님의 아이디어임에 틀림없다.

큐티 인도자를 키워 보내는 못자리

큐티라이프는 지역 교회의 큐티 사역이 체계적으로 세워지는 것을 돕고 있다. 큐티 세미나와 인도자 훈련 프로그램으로 섬긴다. 어떤 목회자들은 본 교회의 큐티 사역이 활발하지 못한 경우, 인도자들을 훈련받도록 보내기도 한다. 또 오랫동안 큐티라이프에서 인도자로 섬기다가도 본 교회 사역을 위해 우리 모임을 떠나는 지체들도 더러 있다. 결국 큐티라이프는 주님께서 말씀하신 제자를 키워서 필요한 곳으로 보내는 못자리 역할을 하고 있는 것이다.

또한, 다른 지역으로 이사를 가거나 외국으로 거주지를 옮기는 경우 그곳에서 큐티를 전하는 자매들이 종종 있다. 민들레처럼 옮겨진 곳에서 씨앗의 역할을 하며 큐티를 퍼트리고 있는 것이다. 그중에는 이미 큐티 사역자로 크게 쓰임 받는 자매들도 있다.

큐티 축제

큐티라이프는 1년에 한 번 새해가 시작되는 1월에 큐티 축제를 연다. 우리는 그 축제를 '축복 나눔(Sharing the Blessings)의 잔치'라고 부른다. 큐티를 하면서 모든 것을 보는 안목이 달라진다. 고난을 보고 해석하는 자세도 달라진다. 예전에는 자신의 삶을 불평하고 원망했지만, 차츰 주님께서 자신의 삶에 허락하신 모든 것을 복이라고 여긴다. 세상에서 화라고 하고 재앙이라고 하는 것도 복이라고 말하는 사람들이 되었다. 그래서 주님께서 주신 복된 말씀과 삶을 나눈다는 의미로 축제의 이름을 '축복 나눔의 잔치'라고 한 것이다.

그날은 지역별로 모이던 큐티라이프 가족이 다 모인다. 모임에 나오다가 못 나오던 분들도 그때는 대부분 함께한다. 주변에서 큐티에 관심이 있는 분들도 참석하고, 큐티를 모르는 분이 초대되어 오기도 한다. 그러다 보니 엄청나게 많은 분들이 모이는 큰 잔치가 되었다.

지난 한 해 동안 큐티를 통해 변화된 인격과 삶을 나누는 간증을 한다. 큐티를 통해 치유되고 자유를 얻었기 때문에 개인의 삶에 대해 아주 깊은 것까지 진솔하게 공개한다. 자신의 수치나 약한 부분까지 내놓는 간증을 통해 많은 분들이 말씀의 능력을 함께 경험하고 도전받는다. 그 시간에 간접적 치유도 많이 일어난다. 큐티를 모르는 사람이 초대되어 왔다가 감동받고 큐티를 시작하기도 한다. 친구 따라 왔다가 지금은 리더까지 된 자매도 있다.

빌립보서, 야고보서, 에베소서 말씀을 한 권씩 암송도 한다. 큐티와 암송은 늘 같이 손잡고 다니는 친한 친구다. 떼어 놓을 수 없는 사이다. 축제에서도 말씀 암송이 중요한 자리를 차지한다. 얼마 전에는 어린 딸을 넷이나 키우며 직장을 다니는 젊은 엄마가 그 바쁜 삶 가운데서도 빌립보서를 1장부터 4장까지 다 외웠다. 감동으로 눈물 흘리며 암송을 했다. 우리 모두를 은혜의 강으로 인도했다.

8년째 큐티 축제를 해 오고 있는데, 해마다 끼치는 영향력이 더 커지고 있다. 내가 큐티 세미나로 섬겼던 몇몇 교회에서도 이 축제를 열고 있다.

교회에 큐티가 왕성해지는 데 큰 도움이 되었다는 소식을 전해 듣는다. 큐티를 통한 '축복 나눔'이 여기저기서 더 왕성하게 일어나기를 바란다.

큐티라이프 사역의 목적과 비전

큐티라이프(QT LIFE)는 큐티를 통해 말씀을 사랑하고(Love), 말씀과 동행하며(Immanuel), 말씀을 따르고(Follow), 실천하는(Exercise) 사역이다. LIFE의 L은 Love를, I는 Immanuel을, F는 Follow, E는 Exercise를 의미한다. 궁극적인 목적은 큐티를 통해서 예수님의 성품을 닮고 예수님께서 기뻐하시는 일을 이루어 드리는 것이다.

구체적으로 말하면, 큐티 위에 한 개인과 가정을 든든하게 세우는 것이다. 부부와 자녀가 함께 큐티를 하며 말씀 안에서 하나가 되게 하는 것이다. 우리의 제일의 사역지인 가정이 그리스도 위에, 그분의 말씀 위에 서게 하는 것이다.

뿐만 아니라 주변의 작은 교회들, 큐티 사역의 자원이 부족한 교회들이 큐티를 할 수 있도록 체계적으로 돕는 것이다. 한 걸음 더 나아가 선교지에 있는 선교사 부부가 큐티를 하도록 격려하는 것이다. 그들이 현지인들에게도 가르칠 수 있도록 돕는 것이다.

그런 비전을 이루기 위해 '큐티라이프미션'이란 이름으로 비영리단체 등록을 했다. 충성된 인도자들이 주인의식을 가지고 자원하는 심령으로 이 사역에 동참하고 있다. 하나님께서 시작하신 일을 하나님께서 행하실 것을 믿고 따르고 있다.

네댓 명이 모여 시작했던 큐티 모임이 여기까지 온 것은, 그동안 때마다 인도해 주신 말씀들이 있었기 때문이다. 특히 디모데후서 2장 2절 말씀을 주셨을 때 그대로 실천한 결과다. 나 혼자 리더가 되는 것으로 그치지 않고 충성된 사람들이 또 다른 사람을 가르칠 수 있도록 그들에게 부탁하게 하신 주님. 그분께 모든 영광을 돌린다.

"물 댄 동산 같겠고"

내가 처음 큐티를 시작할 때 우리 교회는 큐티를 전혀 모르는 분위기였다. 나는 같이 신앙생활 하는 교회 식구들에게 큐티를 전해 보려고 무척 애를 썼다. 그렇지만 몇몇 사람들을 제외하고는 큐티를 그다지 반기지 않았다.

어느 날 큐티하는 가운데, 주님께서 친히 일하실 때까지 기다리며 잠잠하라는 말씀을 주셨다. 교회의 영적 리더인 목사님이 앞장서서 권면하기까지는 침묵하라는 음성이었다. 목사님께서 친히 모든 성도들에게 큐티를 권하기까지 나는 입을 다물기로 했다. 하나님께서 일하실 때까지 기다리기로 했다.

하지만 그 시간이 길어지면서 답답할 때가 많았다. 밖에서는 큐티 사역을 활발히 하면서 교회 안에서 입을 다물고 있으려니 가슴이 먹먹해질 때도 있었다. 큐티를 적극적으로 장려하고 성도 전체가 큐티로 움직여지는 교회로 옮기고 싶을 때도 있었다.

그러나 큐티를 하면서부터 내 삶에 우연이 없음을 배웠기에 오래전 나를 이 교회로 인도하셨던 주님의 섭리를 찾았다. 주님께서 허락하신 것이 베스트라고 여겼기에 꼭 필요해서 주시는 훈련의 장소와 기간으로 여겼다. 본 교회에 나를 심으신 하나님의 선하신 뜻을 발견하고 그 뜻을 이루리라 마음을 다졌다.

그런 마음으로 기도하며 큐티를 할 때 받은 말씀이 있었다. "나 여호와가 너를 항상 인도하여 마른 곳에서도 네 영혼을 만족케 하며 네 뼈를 견고케 하리니 너는 물 댄 동산 같겠고 물이 끊어지지 아니하는 샘 같을 것이라 네게서 날 자들이 오래 황폐된 곳들을 다시 세울 것이며 너는 역대의 파괴된 기초를 쌓으리니 너를 일컬어 무너진 데를 수보하는 자라 할 것이며 길을 수축하여 거할 곳이 되게 하는 자라 하리라"(이사야 58:11-12).

이 말씀에서 특히 나에게 다가온 말씀은 '마른 곳'과 '물 댄 동산' 그리고 '물이 끊어지지 아니하는 샘'이라는 단어였다. 나에게 있어서는 그 당시 내가 속해 있는 신앙 공동체가 마른 곳으로 여겨졌기 때문이다. 개인적으로 큐티하며 은혜 생활을 하지만 교회에서 그 기쁨을 같이 나눌 수 있는 사람들이 몇 안 되어서 그렇게 느꼈던 것 같다.

그런데 그날 주님은 약속해 주셨다. 내가 아무리 마른 곳에 있다고 해도 주님께서 나를 항상 인도하시겠다고, 내 영혼을 만족케 하고 내 뼈를 견고케 하시겠다고, 물 댄 동산 같이 되고 물이 끊어지지 않는 샘같을 것이라고, 나는 그중에서도 '물 댄 동산 같겠고 물이 끊어지지 않는 샘같이 될 것'이라는 약속의 말씀을 굳게 잡았다.

하지만 그 약속의 말씀이 이루어지려면 내가 행해야 하는 조건이 있었다. 그 앞의 말씀은 이렇다. "만일 네가 너희 중에서 멍에와 손가락질과 허망한 말을 제하여 버리고 주린 자에게 네 심정을 동하며 괴로워하는 자의 마음을 만족케 하면"(이사야 58:9-10). 멍에 그러니까 다른 사람들을 억누르는 것, 손가락질하면서 비방하는 것, 허망한 말을 하는 것을 제하여 버려야 주님은 11절 이하의 말씀을 이루신다는 것이다. 나는 돌아보았다.

'내가 다른 사람을 억누르고 손가락질하고 비방한 적이 있는가?' 내 마음에 안 드는 사람을 손가락질하고 비방한 적이 있었다. 특히 큐티 안 하는 사람들을 마음속으로 손가락질했던 것이 기억났다. 주님 앞에 진심으로 회개했다. 그다음부터 허망한 말을 내 입술에서 제하려고 많은 경우 잠잠했다. 또한 내 관심을 영육 간에 주리고 괴로워하는 사람들에게로 돌렸다. 그렇게 하기 위해 나는 큐티를 통해 주님과 항상 연결되고 그 힘을 공급받아야 했다. 내 안에 늘 주님의 생명력이 흐르도록 해야 했다.

그렇게 하면 내 어두움을 낮과 같이 되게 하고 나를 항상 인도해 주실 것이라는 약속의 말씀을 붙들었다. 내 영혼을 만족케 하고 나를 물 댄 동산처럼 물이 끊어지지 않게 해 주시겠다는 약속을 꼭 잡았다. 점차적으로 그 말씀이 나를 붙들고 잡아 주는 것을 느꼈다. 그 말씀의 힘을 입으니까 내가 어떤 환경에 있든지 그건 별로 문제가 되지 않았다. 오히려 물 댄 동산을 그림으로 그려 보면서 나로 인해 내 주변까지도 샘이 흐르는 곳이 될 것이라는 소망을 가지게 되었다.

뿐만 아니라 12절에서는 '무너진 데를 수보하는 자'로서, '길을 수축하여 거할 곳이 되게 하는 자'로서의 사명까지 갖게 되었다. 말씀묵상을 통해 '무너진 마음을 수보하는 자'가 되리라 주님 앞에서 결단을 하게 되었다.

그 말씀을 큐티한 날이 주일이었다. 그날 주일예배를 끝내고 예배당에서 나오는데 시멘트 콘크리트 바닥 틈새로 고개를 삐죽이 내민 파란 잡초가 눈에 띄었다.

'시멘트 바닥같이 숨 막히는 곳이라도 생명만 있으면 저렇게 틈새를 비집고 살아나는구나.'

그 생명력이 신비로웠다. 새벽에 깨달은 말씀이 떠올랐다.

'하나님의 생명력만 공급받으면 아무리 메마른 곳이라도 물 댄 동산이 될 수 있겠구나.'

주님이 주시는 확신이 내 마음에 견고하게 자리 잡았다.

나는 큐티를 통해 주님의 생명력을 날마다 공급받았고, 주님은 과연 말씀하신 대로 내 영혼을 만족케 해 주셨다. 잠잠히 기다릴 수 있는 힘을 주셨다. 침묵의 시간을 통과하며 생각이 깊어지고 언어가 깊어지게 하셨다. 교회 안에서 점차 물 댄 동산이 되어 다른 사람들에게 말씀이 흘러가는 통로가 되게 하셨다. 전교인 수양회라든지 여선교회 모임에서 큐티에 대한 강의를 하도록 꾸준히 기회를 주셨다. 1998년부터는 내가 매주 인도하는 초교파적 큐티 모임을 우리 교회에서 할 수 있도록 장소도 내 주셨다. 담임 목사님은 우리 교회의 여성도들에게 우리 큐티 모임에서 큐티를 배우라고 추천하며, 큐티 사역을 축복하고 격려해 주었다.

2006년에는 드디어 목사님이 장려하시며, 내가 전교인 대상 큐티 세미나를 인도하게 되었다. 그 이후 교회에 큐티 사역팀이 만들어지고 큐티방이 생겨났다. 주님의 은혜 가운데 큐티 사역이 조용히 확장되며, 큐티를 통해 변화되는 분들이 늘어나고 있다.

20여 년 동안 몸담고 있는 교회에서 16년을 기다리며, 때로는 더디다고 느껴지기도 했지만 주님의 말씀을 의지하고 인내한 끝에 받은 소중한 열매다. 긴 시간을 기다리는 동안 내 영혼은 주님께 더 깊이 뿌리를 내리고 견고해졌다. 오래 기다려 주시는 주님의 성품을 조금이라도 닮을 수 있었다.

큐티하는 사람은 열매를 얻으려고 여기저기 기웃거리지 않고 자기가 스스로 열매를 맺을 수 있다는 것을 알게 되었다. 마른 곳에서도 물 댄 동산이 되어 주변 사람들에게 샘물이 흘러가게 하는 통로가 될 수 있다는 것을 경험하게 되었다.

지나고 보니 그 당시 마른 곳은 내가 속해 있는 공동체가 아니라 내 마음 밭이었다는 것을 깨닫게 되었다. 내 마음이 말라 있었기 때문에 내 주변이 마르게 보였던 것이다. 이제 내가 물 댄 동산처럼 말씀이 가득 차고 그 말씀이 흘러가게 되니 내 주변은 어떤 곳이든 은혜의 강이 흐르는 곳이 되었다.

"에디오피아 사람 … 큰 권세가 있는 내시"

큐티를 하면 하나님의 마음뿐만 아니라 하나님의 계획, 비전, 전도 전략도 알 수 있다. 나는 1992년에 사도행전 8장 26-40절을 큐티하며 성령님의 음성을 따라 한 자매를 전도하고 양육하게 되었다. 영향력 있는 그 한 사람을 통해 많은 열매를 얻게 되었다.

"에디오피아 사람 곧 에디오피아 여왕 간다게의 모든 국고를 맡은 큰 권세가 있는 내시가 예배하러 예루살렘에 왔다가 돌아가는데 병거를 타고 선지자 이사야의 글을 읽더라 성령이 빌립더러 이르시되 이 병거로 가까이 나아가라 하시거늘 … 빌립이 입을 열어 이 글에서 시작하여 예수를 가르쳐 복음을 전하니 … 이에 명하여 병거를 머물고 빌립과 내시가 둘 다 물에 내려가 빌립이 세례를 주고 둘이 물에서 올라갈새 주의 영이 빌립을 이끌어 간지라 내시는 흔연히 길을 가므로 그를 다시 보지 못하니라" (사도행전 8:27-39).

이 말씀에서 눈에 보이는 주인공은 빌립과 내시다. 그러나 '두 사람의 만남이 어떻게 이루어지는가? 만남을 통해 어떤 일이 일어나는가?'를 눈여겨 보면 그 뒤에서 일하시는 성령 하나님을 만날 수 있다.

성령 하나님은 빌립을 찾아가고 말씀하고 움직여 가신다. 26절에서는 "주의 사자가", 29절에서는 "성령이 빌립더러 이르되", 39절에서는 "주의 영이 빌립을 이끌어 간지라" 하면서 성령님이 주체시다.

성령님은 어떤 분이신가? 성령님이 빌립을 에디오피아 내시에게 보내신 이유는 무엇일까? 에디오피아 내시는 어떤 사람인가? 먼 나라의 이방인인 그가 하나님께 예배를 드리러 예루살렘에 왔다고 하는데 그것은 무엇을 말해 주나? 내시인 그가 예루살렘에서 예배를 제대로 잘 드릴 수 있었을까? 그는 어떤 심정으로 돌아갔을까? 병거에서 이사야의 글을 읽었다는 것은 그에 대해 무엇을 알게 하나? 성령님은 에디오피아 내시를 어떤 마음으로 바라보셨을까? 그에게 어떤 기대를 하셨을까? 많은 질문들이 떠올라서 그 질문들을 가지고 묵상하기 시작했다.

먼저 에디오피아 내시를 묘사한 구절을 통해 그가 어떤 사람인지를 살

퍼보았다. 이방 나라의 내시가 예배를 드리러 예루살렘까지 먼 길을 왔다면 하나님에 대한 신앙이 있는 사람이다. 예배를 드리고자 하는 마음이 간절했던 것으로 보인다.

그런데 신명기 23장 1절의 "신낭이 상한 자나 신을 베인 자는 여호와의 총회에 들어오지 못하리라"는 말씀을 참고해 볼 때, 이방인이요 내시인 그는 아마 성회에 들어가지 못했을 것이다. 성회에 참예하지 못하고 겨우 이방인의 뜰에서 서성거리다 돌아설 수밖에 없었을 것이다. 그렇다면 그렇게 돌아가는 그의 심정은 어땠을까? 허탈하고 곤고한 그의 심정이 느껴졌다.

그 심정으로 돌아가는 길에 병거에서 이사야서를 읽었다. 병거는 지금으로 말하면 자동차다. 차 안에서까지 말씀을 읽고 있다는 것은, 더구나 이해도 못하는 말씀을 읽고 있다는 것은, 그만큼 갈급하고 사모했음을 말해 준다.

성령님은 그의 그런 상하고 곤고한 마음, 갈급한 마음, 사모하는 마음을 알고 계셨다. 그래서 사마리아에서 사역을 왕성하게 잘하고 있는 빌립까지 불러서 그 한 사람을 위해 광야까지 보내 주신 것이다. 이방인 내시의 곤고하고 갈급한 심정도 다 아시는 하나님, 그를 차별하지 않고 복음을 듣도록 전도자를 보내 주시는 하나님은 은혜와 사랑이 풍성한 분이시다. 갈급한 한 영혼을 그렇게 귀하게 여기시는 하나님을 만나니 그 사랑에 내 가슴이 뭉클해졌다.

그러면서 다시 에디오피아 내시를 묘사하는 구절을 보다가 또 다른 질문이 떠올랐다. "에디오피아 사람 곧 에디오피아 여왕 간다게의 모든 국고를 맡은 큰 권세가 있는 내시"라고 되어 있다. 그런데 왜 저자인 누가는 여기서 내시가 '큰 권세' 있는 사람이라는 것을 굳이 언급하는 걸까? 그의 큰 권세와, 복음을 듣고 그리스도인이 되는 것과 무슨 상관이 있는 걸까? 큰 권세 있는 내시가 그리스도인이 되어 에디오피아에 가서 복음을 전하면 어떤 영향을 끼치게 될까?

심령이 갈급했던 내시가 복음을 듣고 그리스도인이 되면 에디오피아에 가서 그 복음을 반드시 전할 것이다. 더구나 그의 큰 권세는 복음을 전하는 데 큰 영향력이 되어 줄 것이다. 큰 권세가 있으니 에디오피아 궁정뿐만 아니라 많은 백성들에게 영향을 끼칠 것이 아닌가. 에디오피아에 빌립을 보내서 선교하는 것보다 에디오피아의 큰 권세 있는 내시 한 사람을 변화시켜 그 나라를 복음화하는 것이 훨씬 더 효과적이다.

39절에는 그가 세례를 받은 후 '흔연히' 갔다고 적고 있다. 기쁨에 차서 갔다는 것이다. 이 한마디는 그 후에 내시가 에디오피아에 돌아가서 얼마나 복음을 열심히 전했을까를 추측케 한다. 왜냐하면 예수 그리스도를 만난 기쁨을 가진 사람은 가만히 있지 못하기 때문이다. 본문에서는 두 사람이 그 후 헤어진 것으로 이야기가 끝나지만, 사실 에디오피아에 돌아간 내시가 복음을 전하는 이야기가 계속되는 것이다.

나는 '큰 권세'라는 말로 내시를 묘사한 저자의 의도를 살피다가 깨닫게 되었다. 성령님이 빌립을 광야까지 보내 에디오피아 내시를 만나게 하신 특별한 이유를…. 성령님은 이방 나라 내시의 곤고하고 갈급한 심령을 알고 긍휼을 베풀어 주셨다. 영적 안내자를 보내 복음을 듣게 하고 그리스도를 만나게 해 주셨다. 곤고한 발걸음을 기쁨의 발걸음으로 바꾸어 주셨다. 무엇보다, 큰 권세 있는 내시가 자신이 구원받는 데서 그치지 않고 에디오피아를 구원하기를 기대하셨던 것이다. 그를 통해 에디오피아를 구원하려는 비전을 갖고 계셨던 것이다.

그렇다면 하나님은 지금도, 큰 권세 있는 에디오피아 내시 같은 사람에게 복음을 전할 빌립 같은 전도자를 찾으실 거라는 생각이 들었다. 그런 생각을 하고 있는데, 성령님께서 나를 툭 치면서 말씀하시는 것 같았다.

"은애야, 네 주변에도 큰 권세 있는 내시처럼 복음으로 영향력을 끼칠 수 있는 사람이 있지 않니? 지금 그 사람이 갈급한 심령으로 나를 만나기 원하고 있는 것은 아니니? 네가 빌립처럼 그에게 다가가지 않겠니?"

내면에서 들려오는 그 음성에 나는 빌립처럼 순종하기로 했다. 그래서 빌립이 어떻게 했는지 말씀 속에서 다시 배웠다. 빌립은 성령님의 음성에 민감했다. 성령님께서 광야로 가라고 하셨을 때 아무 말 없이 순종했다. 하던 사역도 내려놓고 광야를 향해 갔다. 병거로 가까이 가라고 하셨을 때도 즉시 달려갔다. 에디오피아 내시가 무엇을 하는지도 잘 살폈다.

빌립은 자기가 말하기 전에 먼저 내시가 글 읽는 것을 들었다. 그에게 일방적으로 가르치기보다 그가 읽는 것을 이해하는지 질문했다. 자기중심으로 하지 않고 내시의 질문을 중심으로 말씀을 풀어 주었다. 말씀을 가르쳤다. 예수님에 대해 가르치고 복음을 전했다. 결국 내시는 스스로 세례를 받겠다고 자청했고, 빌립은 성령님의 인도하심을 따라 영적 안내자 역할을 훌륭하게 감당했다.

나도 빌립처럼 하고 싶었다. 내가 찾아가야 할 '큰 권세 있는 에디오피아 내시'는 누구인가 살펴보며 성령님께 여쭈어 보았다. 성령님은 한 자매를 생각나게 해 주셨다. 지위가 높거나 권세가 있는 사람은 아니지만 많은 사람을 상대하기 때문에 그만큼 많은 영향을 끼칠 수 있는 자매였다.

불교에 오랫동안 심취했던 사람인데, 혈혈단신 미국에 왔다가 지인의 소개로 우리 교회에 새로 나오게 된 자매였다. 마침 얼마 전에 우리 속회의 식구가 되었다. 사십이 넘은 올드미스였고 그야말로 '생고구마'였다.

피부 관리 사업을 한다고 자기 직업을 소개하며 했던 말이 기억났다.

"우리 집을 찾는 손님이 200명 정도 돼요."

많은 여자들에게 복음을 전할 수 있는 '큰 권세' 있는 자매임이 분명했다. 게다가 그녀는 복음을 받아들일 수 있는 마음이 준비되어 있는 듯했다.

그때부터 나는 기도하기 시작했다. 내가 빌립처럼 성령님의 인도하심으로 자매에게 다가갈 때 그 자매도 내시처럼 갈급하고 열린 마음이 되게 해 달라고 간구했다. 말씀을 깨우쳐 줄 사람을 기다리는 사모함을 그 자매에게 주시도록 한 달 동안 간절히 구했다.

그 자매를 찾아가서 일대일로 만났다. 마음이 어떤 상태인지를 빌립처럼 잘 관찰했다. 영적으로 아주 목마른 상태였다. 4영리로 복음을 제시했다. 성령님께서 내시에게 역사하시듯 크게 일하셨다. 그 자매는 눈물 콧물을 흘리며 주님을 뜨겁게 영접했다.

나는 빌립처럼 그 후에도 성경 지식이 전혀 없는 그 자매의 영적 안내자가 되었다. 일주일에 한 번씩 만나서 예수님이 누구신가부터 시작해서 주제별 성경공부와 함께 곧바로 큐티를 하도록 인도했다. 그 자매는 스펀지처럼 말씀을 흡수했다. 그리고 내가 기도했던 대로 피부 관리를 받으러 오는 손님들에게 말씀을 전하기 시작했다.

손님들이 누워서 피부 관리를 받는 동안 속얘기를 털어놓을 때가 많은데, 예전에는 "왜 같이 살면서 지지고 볶고 고생을 하느냐, 나는 혼자 사니까 너무 편하고 좋다, 골치 아프게 살지 말고 헤어져라."고 권면한 적이 많다고 했다. 그런데 큐티를 하면서부터는 하나님의 말씀을 권하기 시작했다. 그날의 큐티 말씀 중 자기에게 다가온 구절을 적어서 주머니에 넣었다가 손님들에게 그 말씀을 전했다. 요절 카드를 누워 있는 손님의 배 위에 올려놓고 말씀을 읽어 주었다.

사람들은 자기 배 위에 말씀 적힌 카드가 있는 것을 몰랐다. 이 자매가 성경 말씀을 술술 말하니까 성경을 다 외우는, 믿음이 아주 좋은 사람으로 여겨졌다. 자매의 말에 은혜를 받는 사람들이 많아졌다. 그래서 남편과 헤어지려던 여자들이 자매의 말을 듣고 마음을 돌리기도 하고 자녀 문제를 해결하기도 했다.

자매는 어느새 큐티 선전원이 되어 있었다. 교회를 안 다니는 사람은 교회로 인도하고, 큐티를 안 하던 사람들에게는 큐티를 전했다. 큐티를 보급하기 위해 큐티노트를 가져오는 손님에게는 화장품을 할인해 주고 있다. 같이 일하는 직원들과도 매일 큐티를 나누며 말씀을 암송한다.

지금 그곳에 드나드는 고객이 예전의 몇 배가 되었다. 그만큼 영향력은 더 커진 것이다. 자매는 이제 피부만 관리하지 않는다. 그들의 영혼까지 관리하는 사람이 되었다. 사업장이 사역장이 된 것이다.

10년 가까이 월요일 저녁이면 큐티라이프 저녁 모임을 위해 자신의 사업장을 모임 장소로 제공하고 있고, 이를 위해서 때로는 영업 시간을 단축

할 때도 있다.

그뿐만 아니라 불교에 젖어 있는 친족들에게도 복음을 전했다. 복음이 들어갈 틈이 안 보였지만 믿음으로 전했다. 한국에 있는 남동생 부부에게 끊임없이 사랑을 베풀며 예수님을 거듭 전해서 그 동생 가족이 결국은 교회를 다니게 됐다.

일터 밖에서도 복음을 전하는 사람이 되었다. 자매에게 테니스를 가르쳐 주는 멕시코인 코치가 있는데, 그 코치가 어느 날 갑자기 뇌종양이 암으로 판명되어 수술을 받게 되었다. 자매는 수술이 있는 날 아침, 큐티 말씀을 들고 병원으로 그 코치를 찾아갔다. 그리고 큐티 말씀으로 예수님을 전했다. 서툰 영어로 전하는 말씀이었지만 코치는 수술받기 전의 긴박한 상태에서 복음을 받아들였다. 그 이후로 그는 진실한 크리스천이 되었다. 복음을 받았을 뿐만 아니라 가족과 친족에게도 전하는 자가 되었다.

그 자매는 지금은 미용 선교에 대한 비전도 갖게 되었다. 하나님이 "에디오피아 사람… 큰 권세가 있는 내시"처럼 사용하시는 것이다. 하나님이 영향력을 주신 그 자매를 통해 하나님의 일을 이루어 가시는 것이다. 그 자매는 앞으로 더 많은 영혼을 구원하려는 꿈을 키우고 있다.

4. 큐티는 하나님의 안목으로 반응하게 한다

큐티는 반응하는 자세를 바꾸어 준다. 문제 자체보다는 문제 뒤에 있는 하나님의 선하신 뜻을 보게 한다. 어려운 일을 '도리어' 복된 기회로 받아들이게 한다.

'매임'은 복음의 진보를 이끈다

1996년 4월에는 빌립보서를 큐티했는데, 주님은 특히 1장 12-18절을 통해 귀한 가르침을 주셨다. 그 가르침은 나를 매이게 하는 것에 대한 안목과 태도를 바꾸어 주었다. '도리어'의 신앙을 갖고 어려움을 오히려 복음을 전하는 기회로 사용하게 해 주었다.

"형제들아 나의 당한 일이 도리어 복음의 진보가 된 줄을 너희가 알기를 원하노라 이러므로 나의 매임이 그리스도 안에서 온 시위대 안과 기타 모든 사람에게 나타났으니 형제 중 다수가 나의 매임을 인하여 주 안에서 신뢰하므로 겁 없이 하나님의 말씀을 더욱 담대히 말하게 되었느니라… 그러면 무엇이뇨 외모로 하나 참으로 하나 무슨 방도로 하든지 전파되는 것은 그리스도니 이로써 내가 기뻐하고 또한 기뻐하리라"(빌립보서 1:12-14, 18).

"나의 당한 일이 도리어 복음의 진보가 된 줄을 너희가 알기를 원하노라" 하는 말씀이 나에게 강하게 다가왔다. 특히 '도리어'라는 단어가 더 그랬다. 그 말씀에 머물러 묵상을 했다. 떠오르는 질문과 그 질문으로 얻어지는 생각들을 쭉 적어 보았다.

바울이 '당한 일'은 무엇인가? 감옥에 갇힌 일이다. 바울은 그것을 '나의 매임'이라고 세 번(13절, 14절, 17절)이나 언급했다. 그는 로마에서 2년 정도 셋집에 구류되어 있었다(사도행전 28:30). 당시 로마법에 의하면 죄수와 간수를 하나로 묶도록 되어 있기 때문에 바울은 사슬에 매여 있었을 것이다. 에베소서 6장 20절에서 "내가 '쇠사슬에 매인' 사신"이라고 하는 것을 보면 사슬에 매여 있었던 것이 분명하다. 보통은 그렇게 갇히고 사슬에 매이면 사역을 할 수 없다. 복음을 전하기가 어렵다. 더군다나 기간이 길어지면 실의에 차고 좌절하기 쉽다.

그런데 그런 처지에서 어떻게 복음의 진보가 나타난 것일까? 14절에 의하면, 형제 중 다수가 바울의 매임을 인하여 주 안에서 신뢰하므로 더욱 담대히 복음을 전파했다고 한다. 어떤 의미인가? 갇혀 있으면서도 좌절하지 않고 적극적으로 복음을 전하는 바울을 보며, 믿음의 형제들이 용기를 얻어 더 복음을 전했다는 말이다. 그러니까 바울의 매임이 오히려 그들로 하여금 복음을 더 담대히 전하게 하는 요소가 된 셈이다.

그러자 또 다른 질문들이 생겼다. 바울 자신은 매여 있는 상태에서 어떻게 복음을 전했을까? 어떻게 '도리어' 복음의 진보가 되는 기회로 바꿀 수 있었을까? 그는 그런 상태에서 도대체 무슨 생각을 했을까? 어떻게 담대할 수 있었을까? 하나님께 어떤 음성을 들었을까? 감옥에 있는 사람들에게는 어떤 태도를 보였을까? 하나님은 왜 바울을 감옥에서 빨리 풀려나게 하지 않으셨을까?

질문에 대한 깨달음을 달라고 성령님께 기도하며 갇혀 있는 바울의 입장이 되어 생각해 보았다. 바울은 하나님을 신뢰하므로 '매임' 중에서도 시간을 헛되이 보내지 않았을 것이다. 하나님께 기도하며 그분의 선한 뜻을 헤아려 보았을 것이다. 그리고 깨달았을 것이다.

'아하! 그렇구나. 이곳은 밖에서는 쉽게 만날 수 없는 사람들을 만날 수 있는 특수한 장소구나. 간수들을 교대로 나와 매여 있게 하니, 한 사람 한 사람에게 집중적으로 복음을 전할 수 있겠구나. 나를 이곳에 오랫동안 매이게 하신 건 그들에게 복음을 전하게 하시려는 하나님의 특수 전략이구나. 사역을 막으신 것이 아니라 특별한 사역의 장을 마련하신 것이구나.'

그렇다. 그곳에서 만날 수 있는 사람들이 있었다. 온 시위대 사람들과 감옥에 있는 사람들이다. 시위대는 궁정 수비대로서, 그들은 돌아가면서 죄수를 감시한다. 천 명 단위로 아홉 개의 보병대로 구성되었다고 한다. 그러니까 로마의 사상과 정신으로 단단히 무장된 사람을 적어도 9천 명을 만날 수 있었다. 웬만해서는 정복할 수 없는 철옹성 같은 그 사람들을 대할 수 있었던 것이다.

주님은 바로 이 특정한 사람들에게 복음을 들려주시려고 바울을 보내셨다. 바울은 이런 하나님의 전략을 알아챘다. 그랬기에 담대히 그들에게 복음을 전하고 도리어 복음의 진보를 이룬 것이다.

어찌하든지 그리스도가 전파되는 것이 기쁨인 바울(18절)은 그 하나님의 뜻을 알고 전략을 알았기에 기뻤을 것이다. 그 특정한 사람들에게 그리스도를 전파한다고 생각하니 기쁨이 넘치고 힘이 솟았을 것이다. 그래서 어둡고 힘든 환경에서도 그의 얼굴은 밝게 빛났을 것이다. 세상에서 얻을 수 없는 기쁨이 얼굴에서 피어났을 것이다.

시위대 사람들은, 사슬에 매여 있으면서도 기쁨이 가득한 바울의 얼굴을 보며 자연히 그 비밀을 알고 싶었을 것이다. 그러다가 바울이 전하는 복음을 들으면서 그 비밀이 바로 그리스도에게서 온다는 것을 알게 되었을 것이다. 그럴 때, 복음은 그들의 열린 가슴으로 밀고 들어가 그들을 정복했을 것이다. 바울의 '매임'은 도리어 복음의 진보를 이루는 멋진 계기가 된 것이다.

'매임'을 도리어 복음의 진보 기회로 바꾸는 바울을 만나며, 또 그렇게 일하시는 하나님을 만나며, 나는 큰 감동과 도전을 받았다. 나는 어려운 일을 당할 때 어떻게 반응하는가 생각해 보았다. 의기소침해지고 낙심을 잘했다. 특히 사역을 매이게 하거나 방해하는 일이 있을 때 더 그랬다.

그런데 그날 주님은 나를 '매이게' 하는 것을 주님의 안목으로 다시 바라보게 하셨다. 하나님의 선하신 뜻이 있음을 찾게 하셨다. 언제 어디서나 예수 그리스도를 전파하는 것이 하나님의 뜻임을 잊지 않고 그 뜻을 이루는 기회로 바꾸게 하셨다.

당시 내게도 사역을 매이게 하는 것들이 있었는데, 맨 먼저 나를 매이게 하는 것은 허약한 체질이었다. 조금만 무리하면 쉽게 지치고 병이 나서 늘 무리하지 않도록 조심해야 했다. 음식이 조금만 맞지 않아도 금방 탈이 나서 어려움을 겪었다. 사역을 위해 여행을 할 때는 일단 먹는 양을 줄이고 아예 금식을 할 때도 많았다. 잘 먹지 못하니까 식사를 대접받아도 대접하는 분께 미안했다. 그렇다고 내 사정을 일일이 설명할 수도 없으니, 먹는 일이 큰 부담이었다. 그러다 보니 몸이 약한 것이 주님의 일을 하는데 큰 걸림돌로 여겨지고, 아무거나 잘 먹고 씩씩하게 다니는 것이 소원이었다.

그런데 주님의 안목으로 바라보니, 몸이 약한 것 때문에 누리는 유익이 크다는 것을 알 수 있었다. 내 약한 힘으로는 아무것도 할 수 없으니까 나는 날마다 하나님을 더 의지하고 기도로 매달렸다. 많은 분들도 중보기도로 동참해 주었다. 그랬기에 나는 하나님의 능력을 더 힘입을 수 있었다. 나에게 있어서 몸이 '약한' 것은, 더 기도하게 하고 주님의 힘으로 일하게 하시는 주님의 배려 깊은 선물이었다.

주님의 능력으로 사역을 했기 때문에 큰 은혜를 끼칠 수 있었다. 주변 사람들은, 내가 제대로 먹지도 못하면서 건강한 사람보다 더 많은 일을 감당하는 것을 보면 하나님께서 나를 통해 일하시는 것이 분명하다고 했다. 그래서 도전을 받게 되고 자신들도 할 수 있다는 자신감을 갖게 된다고 했다. 그러니 몸이 약한 것이 나를 매이게는 하지만 도리어 나와 주변 사람들에게 사역의 진보를 가져다 주는 감사 조건이었다.

그 후, 나는 약한 것 때문에 움츠러 들지 않았다. 주님을 더 의지하고 더 많은 힘을 공급받았다. 지금은 예전에 비해 훨씬 건강해져서 여러 곳을 다녀도 그전만큼 신경을 쓰지 않아도 된다.

방문객은 복음 전파의 대상

나의 사역을 매이게 하는 또 다른 요소는 손님이 여러 달 동안 우리 집에 머무는 것이었다. 며칠 정도 머무는 것이야 무슨 어려움이 있겠는가. 얼마든지 기쁜 마음으로 환대할 수 있다. 하지만 몇 달씩 넘어 가면 쉬운 일이 아니었다. 아침에 성경이 든 가방을 들고 큐티 모임을 인도하러 나가면 점심 시간이 지나야 집에 들어오는 것이 나의 일상이기 때문이었다. 주말에도 큐티 세미나나 사역으로 집을 비울 때가 많았다. 여자 손님이면 내가 집에 없어도 식사를 대충 해결할 수 있다. 하지만 남자 손님인 경우에는 때 맞추어 식사를 차려야 하는데, 그것이 여간 어려운 일이 아니었다.

요즘은 그렇지 않지만, 그때는 해마다 한국에서 손님이 오면 2~3개월씩 묵는 경우가 보통이었다. 하나님께서 내가 하는 사역을 일부러 방해하실 리는 없는데 왜 매년 2~3개월씩 손님을 보내실까 생각해 보았다. 곰곰이 생각해 보니 손님 중 대부분이 교회를 안 다니거나 교회를 다녀도 아직 구원의 확신이 없는 분들이었다.

그러고 보니 하나님의 특별한 계획이 있으셨다. 하나님께서 나에게 부담을 주신 것이 아니라, 복음을 전할 기회를 주신 것이다. 우리가 만나러 가기는 어려우니까, 그분들을 우리 집으로 보내 주신 것이다. 내 시간과 마음을 매이게 했지만 우리 집에서 오래 머무르는 동안 복음을 전할 수 있게 하신 것이다. 우리 부부를 통해 복음을 전하게 하는 하나님의 특수 전략이었다!

그런 방법으로 일하시는 주님의 뜻을 알고 나니까 큰 기대를 갖고 손님들을 맞이하게 되었다. 미리 기도로 준비하며 하나님께서 하실 일을 바라보았다.

1999년 초였다. 한국에 사는 시조카가 군복무를 마치고 대학에 복학하기 전에 바람도 쐴 겸 3~4개월 머물 예정으로 우리 집에 온다고 했다. 남편의 6남매 중 유일하게 교회를 안 다니는 시누이 댁의 아들이었다. 예수님에 대해서는 아주 생짜였다. 나를 '매이게' 할 것은 분명했지만 영혼 구원을 위해 하나님께서 허락하시는 기회라는 확신이 생겼다. 복음의 진보가 나타날 것을 기대하게 되었다. 기도로 준비하고 반갑게 맞이했다.

역시 교회 근처에도 가 보지 않았고 예수님에 대해서 별로 관심이 없는 청년이었다. 그런데 복학을 할 때 과연 어떤 길로 가야 할지 전공과목에 대해 고민하고 있었다. 인생의 방향을 놓고 고민하고 있는 모습이, 내 눈에는 예수님을 만날 가능성이 열려 있는 것처럼 보였다.

우리는 그 조카에게 처음부터 교회에 가자고 강요하지 않았다. 그저 우리 사는 모습을 보게 했다. 우리가 성경공부나 큐티 모임에 갈 때 혼자 집에 있으면 심심하니까 같이 가 보지 않겠느냐고 슬쩍 권해 보았다. 다행히 순순히 따라나서곤 했다. 아저씨·아줌마들의 모임인데도 관심을 갖고 참여하곤 했다. 그러더니 교회도 스스로 따라 나왔다. 책장에 있는 신앙 서적들을 한 권씩 읽어 가기 시작했다. 미국에 왔으니 여행이라도 한 번 다녀오라고 해도 듣지 않았다. 하루 종일 방에서 나오지 않고 신앙 서적들을 읽었다. 많은 분량의 책들을 읽어 냈다. 간증집 차원이 아닌 기독교에 대해 깊이 있고 딱딱한 책까지도 모두 읽었다. 그러면서 기독교에 대해 마음이 열리며 우리 교회 청년부에도 참석했고 청년들과 교제도 나눴다.

남편은 기도하는 가운데 영적 추수 때를 찾아 조카에게 복음을 제시했다. 조카는 기다렸다는 듯 주님을 자신의 구주와 주인으로 받아들였다. 어떤 인생을 살아야 할지 고민하며 전공을 바꾸려고 하던 때에 인생의 진정한 주인을 만나게 된 것이다.

주님과의 만남은 시조카의 인생의 궤도를 전격적으로 바꾸어 놓았다. 한국으로 돌아간 다음 신학교에 입학한 것이다. 처음에는 외삼촌 집에 가더니 예수쟁이가 되어서 왔다고 시누이 부부가 우리를 원망했다. 하지만 결국 그 조카를 통해 그 식구들이 모두 예수님을 영접하게 되었다. 그 조카는 나중에 목사 고시에 합격했다는 기쁘고 감격스런 소식을 전하며, 우리 집에 와서 복음을 접하고 복음을 위해 헌신하게 된 것에 감사한다고 했다.

역시 내 삶을 매이게 하는 것은 나를 묶어 두기 위해서 주님께서 허락하신 것이 아니다. 그리스도를 전파하도록 내게 주시는 기회였다. 주님의 특수 전략이다. 나의 사역을 '매이게' 하는 일에 불평하거나 원망하지 않고, '도리어' 복음 전파의 기회로 볼 때 복음의 진보가 되는 것이다. 돌이켜 보면 그렇게 실천하지 못한 경우도 있어서 마음이 아프다. 앞으로는 내 힘으로 할 수 없을 것 같은 '매임'이라도 하나님께서 힘 주실 것을 믿고 감당하겠다고 다짐해 본다.

직장은 특수 선교지

큐티 모임에 나오던 어떤 자매도 이 본문을 묵상하면서 자신을 '매이게' 하는 환경을 특수 사역지로 받아들이며 복음을 활발히 전하게 되었다.

그 자매는 미국에 30여 년 전에 와서 간호사로 오랫동안 일해 왔다. 어느 날, 큐티를 통해 주님의 은혜를 체험하고 나니까 복음을 위해 헌신하고 싶은 간절함이 생겼다. 하지만 병원에서 근무해야 하니 자유롭게 복음을 전하며 헌신할 수 없다고 생각했다. 자신에게 '매임'은 무엇인가 살펴보니 바로 자기의 직장이었다.

감옥에 매여 있는 바울이 도리어 복음의 진보가 되었다고 기뻐하는 모습을 보며 깊은 감동을 받았고, 그 순간 자신의 상황을 보는 안목이 달라졌다. 바울을 '매이게' 한 감옥이 바로 전도를 위한 특수 전략지인 것처럼, 자신을 ''매이게' 한다고 여겼던 병원도 특수 사역지가 될 수 있다고 믿게 된 것이다.

자매가 일하는 분만실에서 남미 계통의 산모가 아기를 낳았다. 마약과 술을 많이 했던 산모라 아기를 어렵게 낳았다. 자매는 언제나처럼 아기를 씻기는데, 그곳이 자신의 특수한 사역지라는 사실이 기억났다. 막 태어난 아기를 위해 무엇인가 해야겠다는 생각이 들었다. 그래서 그 아기를 씻기면서 예수 그리스도의 이름으로 축복하고, 그 아기가 예수님을 믿게 해 달라고 기도했다. 그 아기를 통해 험하게 살아온 그 엄마와 친족들도 다 예수님을 믿게 해 달라고 기도했다. 그리고 그동안 수없이 많은 신생아들을 씻기면서도 그렇게 기도하지 못한 것을 회개했다. 그 자매는 그 후 신생아들을 씻길 때마다 같은 내용의 기도를 계속 드리게 되었다.

병원에서 만나는 환자들에게도 복음을 전했다. 특히 한국 사람이 아기를 낳고 병실에 있게 될 때, 그 산모를 특별히 배려했다. 미국 병원이니까 산모에게 미역국을 주지 않는데 자기가 미역국을 끓여다 주었다. 그 외에도 특별한 도움을 주면서 돌보아 주곤 했다. 교회를 다니지 않는 사람이면 꼭 전도해서 교회로 인도했다.

늘 같이 지내는 사람들에게는 말보다 삶으로 보여 주는 것이 전도의 문을 여는 것임을 알기에 본이 되는 삶을 살려고 애썼다. 희생하고 양보하고 정직하게 행하는 삶을 살려고 더 노력했다. 그녀의 삶을 보고 감동받은 직장 동료들도 그 자매를 통해서 한두 사람씩 복음을 받아들였다.

이제 그 자매에게 병원이라는 일터는 더 이상 '매임'이 아니었다. 주님의 일을 마음껏 하는 데 걸림이 되는 곳이 아니었다. 당장 그만두고 싶어도 그럴 수 없는 상황 때문에 남편을 미워하고 불만을 가졌는데, 직장을 특수 사역지라고 보게 되면서 남편을 대하는 태도까지도 달라졌다. 날마다 기쁨으로 출근을 하게 되었다.

복음을 전하고 예수 그리스도의 이름으로 날마다 신생아들을 위해 축복기도를 하니까 보람 있는 일을 하고 있다는 자부심이 생겼다. 지금도 그 자매는 자기의 '매임'을 기쁨으로 감당하며 자신의 일터에 그리스도의 계절이 임하도록 복음의 통로 역할을 하고 있다.

큐티 모임에 나오는 자매들 중에 '매임'이 없는 사람은 거의 없는 것 같다. 재정, 직장, 건강, 남편, 시부모, 자녀 등 적어도 한 가지는 그들의 신앙생활의 발목을 잡고 있는 경우가 많다. 그러나 그 '매임'을 하나님의 특별한 계획으로 보게 된 다음 그들의 삶에 놀라운 변화가 일어나고 복음의 진보가 이루어지는 것을 보았다.

5. 큐티는 갈 길을 인도한다

큐티는 우리의 삶을 그날그날 하나님께서 원하시는 길로 인도해 준다. 출애굽한 이스라엘 백성을 광야 길에서 구름기둥과 불기둥으로 인도하셨던 것처럼, 하나님은 말씀으로 우리의 갈 길을 인도해 주고 지시해 주신다.

뿐만 아니라 주님께서 원하시는 길을 따라갈 수 있는 힘도 공급해 주신다. 큐티하며 가슴이 뜨거워지고 감동될 때 우리의 손과 발이 움직여지는 에너지를 공급받는다. 내 힘으로는 도저히 갈 수 없는 길도 주님께서 주시는 힘으로 걸어가는 것이다. "내가 너의 갈 길을 가르쳐 보이고 너를 주목하여 훈계하리로다"(시편 32:8). "주의 말씀은 내 발에 등이요 내 길에 빛이니이다"(시편 119:105). "내 양은 내 음성을 들으며 나는 저희를 알며 저희는 나를 따르느니라"(요한복음 10:27).

시아버님의 구원을 확인케 하시려고

2000년 5월에는 디모데전서를 큐티했다. 디모데전서 5장 8절 말씀과 마주치면서 하나님의 말씀은 살아서 움직이는 것을 다시 경험했다. 하나님은 말씀으로 내가 가야 할 길을 지시하고 가르쳐 주시며 나를 주목하고 훈계하신다는 것을 고백하게 되었다. 주신 말씀을 붙잡고 기도하며 움직일 때 하나님은 응답해 주신다는 것을 다시 한 번 알게 되었다.

"누구든지 자기 친족 특히 자기 가족을 돌아보지 아니하면 믿음을 배반한 자요 불신자보다 더 악한 자니라"(디모데전서 5:8). 이 말씀은 사도 바울을 통해 주시는 주님의 음성이었다. 내가 돌아보아야 할 친족과 가족이 누군가 살펴보게 하셨다. 깊이 생각하기도 전에 몇몇 얼굴들이 떠올랐다. 그중 가장 먼저 딱 떠오르는 얼굴이 있었다. 서울에 계신 시아버님이었다.

그때 팔순이 훨씬 넘은 시아버님은 건강하셨고 경제적으로도 아쉬운 것이 없어서 오히려 자식들을 도와주는 입장이셨다. 나는 시아버님이 큰아들 부부와 함께 사시니까 외롭지 않고 부족함이 없으실 거라 여겼다.

그러다 보니 멀리 떨어져 있는 막내며느리인 나는 아버님을 잘 돌보아 드리지 못했다. 다만 몇 년 전에 우리 집에 왔다 가실 때, 예수님이 안 믿어진다는 말씀을 하셔서 안타까운 마음으로 기도만 하고 있을 뿐이었다.

그런데 디모데전서 말씀은 그러한 나를 "믿음을 배반한 자요 불신자보다 더 악한 자"라고 호되게 질책하시는 것이었다. 아버님이 아무리 건강하셔도 연로하신 노인인데 구원 문제도 확인하지 않고 그냥 기도만 하면 되느냐고 책망하셨다. 내 마음에 깊은 찔림이 왔다.

아버님은 예수님을 잘 모르셨다. 칠십이 넘어서부터 어머님을 따라 교회를 나가셨지만 잘 믿어지지 않는다고 하셨다. 내가 결혼한 다음 교회를 나가기 시작하여 권사 직분까지 받으셨던 어머님은 어느 날 가벼운 수술을 받으신 후 뇌사 상태에 빠지셨다.

어머님이 그 상태에서 깨어나지 못하고 10여 일 만에 소천하시자 아버님은 하나님을 전적으로 부인하셨다. 자식들이 전심으로 기도했는데도 아내가 깨어나지 않았으니 하나님께서 안 계시다는 것이다. 전혀 예기치 않은 일로 어머니를 갑자기 잃으신 섭섭함과 외로움을 모두 하나님 탓으로 돌리셨다.

그런 아버님이 어머님을 잃은 슬픔을 잊어 보려고 어느 날 서울을 훌쩍 떠나 미국의 막내아들집, 그러니까 우리 집에 몇 개월 다니러 오셨다. 나는 그때도 큐티 모임과 성경공부 모임을 인도하느라 매일 아침마다 성경 가방을 들고 나가곤 했다. 불과 몇 개월이긴 하지만 사역을 감당하면서 아버님을 잘 모시는 것이 쉬운 일은 아니었다. 그래도 아버님의 영혼 구원을 위한 기회로 여기며 감사했다.

최선을 다해 잘해 드리려고 노력했다. 식사 시간을 정확히 지키시는 아버님의 점심을 차리기 위해 모임이 끝나자마자 숨차게 달려오곤 했다. 아버님의 믿음 성장을 위해, 아침부터 말씀을 들을 수 있도록 라디오 채널을 미주 복음방송으로 맞춰드렸다. 아침에 방송되는 〈묵상의 시간〉에는, 큐티가 무엇인지도 모르지만 며느리의 목소리가 들리니까 유심히 들으셨다. 그러고는 하루 종일 무료하셔서인지 방송에서 나오는 설교 말씀을 계속 들으셨다. 우리 부부도 틈만 있으면 하나님의 마음에 대해 말씀을 드렸다.

그렇게 3개월을 우리 집에 계시면서 점차 하나님에 대해 섭섭한 마음이 풀리셨다. 그리고 막내아들이 제시하는 복음을 받아들이고 예수님을 입으로 시인하며 영접하셨다.

서울로 가시는 날, 공항에서 다시 한 번 구원에 대해 여쭈어 보았다. 아버님은 마음으로는 정말 믿고 싶은데 솔직히 말하자면 여전히 안 믿어진다고 하셨다. 우리는 맥이 빠졌다. 아버님을 배웅하고 돌아오는 우리 부부의 마음은 한없이 무거웠다. 그때부터 아버님의 영혼 구원이 확실히 이루어지기를 기도하기 시작했다. 하지만 그 이후 기도만 했지 오랫동안 찾아 뵙지 못하고 있었다.

그래서인가. 그날 디모데전서 5장 8절 말씀은 나를 몹시 책망하시는 음성으로 들려왔다. 아버님을 한번 찾아뵙고 영육 간에 어떻게 지내시는지 돌아보라는 음성으로 생생하게 들려오는 것이었다. 생각해 보니, 아무리 아쉬운 것 없이 건강하게 지내신다고 해도 아흔이 다 된 연세인데 언제 하나님의 부르심을 받을지 모를 일이었다. 정신이 번쩍 들었다.

나는 큐티할 때 주신 이 말씀을 남편과 나누며, 될 수 있는 대로 빨리 한국에 나갈 계획을 세웠다. 그러나 두 사람이 당장 함께 나가기는 어려웠다. 우리는 의논을 하다가, 교회를 다니지 않는 친정남동생도 교회로 인도할 겸 내가 나가기로 했다.

아버님께 전화를 드렸다. 6월초에 큐티 모임들이 방학을 하자마자 아버님을 뵈러 한국에 가겠다고 말씀을 드렸다. 아버님은 무척 좋아하셨다. 그동안 예수님이 여전히 믿어지지 않았지만 어머님과 같이 나가시던 교회를 빠지지 않고 꼬박꼬박 나갔다고 하셨다. 그러시면서 그동안 적적하여 일주일에 한 번씩 만나는 여자 친구가 있는데 그분의 선물을 사 오라고 부탁하셨다. 다른 자식들에게는 알리지 말고 나만 알고 있으라고 당부까지 하셨다. 아마도 부인을 잃고 혼자 교회를 나오시는 아버님을 안쓰럽게 본 어떤 권사님이 그동안 친구를 해 드린 것 같았다.

부탁하신 선물을 들고 아버님의 영혼 구원이 확실하게 이루어지기를 간구하며 아버님을 찾아뵈었다. 아버님은 내가 오기를 손꼽아 기다렸다고 하며 어린아이처럼 좋아하고 반가워하셨다. 내가 하는 말을 귀담아 듣고 즐거워하셨다.

"너는 인생을 참 멋있게 사는구나!"

내가 말씀 사역하는 것을 격려해 주기도 하셨다. 그리고 내 손을 잡고 이름을 다정히 부르면서 먼저 말씀하셨다.

"은애야, 네가 나를 위해 기도를 좀 해 주렴."

나는 아버님의 두 손을 꼭 잡고 기도를 드렸다. 아버님은 나를 따라 구원을 위한 기도를 하셨다. 어린아이처럼 한 마디 한 마디 따라 하셨다. 기도를 따라 하신 아버님의 두 눈에는 어느새 눈물이 고여 주름진 얼굴 위로 흐르고 있었다. 그리고 말씀하셨다. 이제는 믿어진다고. 평생을 하나님 없이 살아온 것이 죄라는 것이 믿어지고 그런 자신을 위해 예수님이 돌아가셨다는 것, 그리고 이제 세상을 떠나면 천국에서 어머님을 다시 만나게 될 것이 믿어진다고 고백하셨다. 할렐루야!

이렇게 하시려고 주님은 내게 아버님을 생각나게 하는 말씀을 주셨던 것이다. 아버님을 찾아뵙지 못한 것을 악하다고까지 책망하며 내 등을 밀어 아버님께 보내신 것이었다. 아버님 마음을 다 준비시켜 주시고, 그 영혼이 하나님께 속했다는 것을 확인시켜 주신 것이다.

내가 떠나오는 날, 아버님은 문 밖에까지 나와 손을 흔들어 주셨다.

'이 세상에서 다시 뵐 수 있을까?'

생각하니 내 눈시울이 금방 뜨거워졌다. 뒤돌아보니 아버님은 여전히 손을 흔들고 계신데 눈물에 가려 아주 흐리게 보였다. 이 땅에서는 다시 못 뵙더라도 천국에서는 꼭 만날 수 있다는 위로를 가슴에 안고 돌아왔다.

아버님은 그 다음해 1월 7일 아침에 소천하셨다. 크게 편찮은 곳도 없이 화장실을 다녀온 후 방에 앉아 하나님의 부르심을 받으셨다. 아주 편안한 모습으로 이 세상을 떠나가셨다. 내가 한국에 가서 뵙고 구원의 확신을 드리고 온 지 6개월 만에 가신 것이다.

이 일을 통해, 하나님의 말씀은 내 발걸음을 인도하는 등불이요 내가 가야 할 길을 비춰 주시는 빛이라는 것을 다시금 경험했다. 하나님은 미리 아시고 말씀으로 나를 책망하며 아버님께 보내 주셨던 것이다. 아버님의 가시는 길을 예비하게 하신 것이다. 내가 만일 날마다 큐티하지 않았다면, 그저 기도만 하고 아버님 뵈러 가는 것을 생각하지 못했을 것이다. 그랬더라면 아버님이 돌아가셨다는 소식을 들었을 때 얼마나 당황하며 죄책감마저 들었겠는가.

그러나 큐티 말씀으로 인도함을 받았기에 한국으로 날아가 아버님을 미리 뵐 수 있었다. 아버님이 소천하셨다는 소식을 들어도 주님 품에 안기셨을 아버님을 생각하며 감사를 드릴 수 있었다. 말씀으로 인도하고 미리 예비케 하신 하나님께 다시 한 번 감사 드린다.

"도리어 복을 빌라"

적용은 말씀묵상 결과로 맺혀지는 열매다. 대개는 묵상을 할 때 그 말씀을 자신의 삶에 어떻게 적용해야 하는지를 찾을 수 있다. 그러나 당장 적용이 떠오르지 않더라도 염려할 것 없다. 그 말씀이 심령 속에 계속 살아 있으면, 언젠가 삶 속에서 그 말씀이 위력을 발휘하며 적용으로 이어질 수 있기 때문이다. 심령에 살아 있는 말씀은 삶의 현장에서 어떻게 반응해야 하는지 그 길을 가르쳐 주고 인도해 준다.

나도 그런 경우가 많았는데 특히 기억나는 말씀이 있다. "악을 악으로, 욕을 욕으로 갚지 말고 도리어 복을 빌라 이를 위하여 너희가 부르심을 입었으니 이는 복을 유업으로 받게 하려 하심이라"(베드로전서 3:9).

나에게 악하게 하고 욕한 사람에게 악이나 욕으로 되갚지 말라는 말씀이었다. 한 걸음 더 나아가 복까지 빌어 주기를 원하셨다. 우리로 복을 상속받게 하려고 주님께서 우리를 부르셨으니 더 그래야 한다는 말씀이었다.

나에게 악하게 하거나 욕한 사람이 누군가 곰곰이 생각해 보았다. 그때는 떠오르는 사람이 없어서, 그런 경우를 만나면 말씀을 따라 순종하겠노라고 주님께 막연히 올려 드렸다. 그런데 욕하는 사람에게 욕하지 않고 악하게 하는 사람에게 악하게 하지 않을 수는 있을 것 같은데, 그 사람을 축복하기는 정말 어려울 것 같았다. 그래서 그런 일이 생기면 내 힘으로는 할 수 없으니 축복할 수 있는 힘을 부어 달라고 간구 드렸다. 그러니까 구체적인 적용 대상과 방법을 찾지 못한 채 기도만 하고 큐티를 마친 셈이다.

아침 식사를 챙기고 아이의 등교 준비를 끝낸 후 신문을 가지러 밖으로 나갔다. 신문을 집어 올리려는데 바로 옆에 세워져 있는 우리 집 우편함이 찌그러져 있는 것이다. 며칠 전 새것을 설치했는데, 그날 보니 귀퉁이가 쑥 들어가 있었다. 순간 짜증이 올라왔다.

"아니, 도대체 누가 그런 거지?"

그때 새벽에 묵상한 말씀이 생각났다. 누가 그렇게 했는지, 고의적으로 그랬는지 지나가다가 실수로 그랬는지 모르지만 어떤 경우든지 그 사람에게 욕을 하고 짜증을 내지 말아야 할 것 같았다. 악을 악으로 갚지 말고 욕을 욕으로 갚지 말라고 하셨으니까. 그래서 일단 올라오는 불평을 꾹 눌렀다. 남편을 불러서 이것 좀 보라고 수선을 피우려던 생각도 떨쳐 버렸다.

그런데 그다음 말씀이 다시 생각나는 것이다. 도리어 복을 빌라고 하신 말씀이…. 나는 그렇게 할 힘이 없으니 복을 빌 수 있는 능력을 달라고 했던 기도가….

정말 하기 싫었다. 우체통을 찌그러트린 사람이 누군지도 모르는데 어떻게 무슨 복을 빌겠는가? 그래도 그날 말씀에 순종을 해야겠다는 마음으로 일단 우체통에 손을 얹고 주님께 기도했다.

"주님, 이 우체통을 찌그러트린 사람이 일부러 그랬는지 실수로 그랬는지 잘 모르겠습니다. 그렇지만 그 사람을 욕하지 않겠습니다. 그 사람이 앞으로 살아갈 때 이렇게 뭔가 찌그러트리는 인생이 되지 않게 하시고, 찌그러진 것도 펴게 하는 복된 인생이 되게 해 주세요. 그 사람의 손을 복된 손이 되게 해 주세요. 예수님 이름으로 기도합니다. 아멘."

그것이 내가 얼굴도 이름도 모르는 그 사람을 위해 드린 축복기도였다. 그렇게 기도를 하고 나니, 막 떠오른 아침 해가 나에게 밝게 인사를 하는 것 같았다. 하늘을 올려다보았다. 아침에 세수를 한 듯 맑은 하늘이 나를 내려다보았다.

큐티를 하고 나서부터 몇 가지 습관이 생겼다. 그중 하나가, 말씀에 순종하기 위해 하기 싫은 것을 억지로라도 실천하고 나면 하늘을 쳐다보는 것이다. 그럴 때 하늘의 하나님이 나를 내려다보고 웃어 주실 것 같아서다.

"너 참 잘했다. 장하다. 네가 정말 내 말을 사랑하고 나를 사랑하는구나!"

하나님이 나를 향해 칭찬해 주실 것 같아서 하늘을 본다.

그날도 그래서 어린애처럼 고개를 젖히고 아침 하늘을 올려다보았다. 주님께서 나를 향해 웃어 주시는 것 같았다. 기뻐하시는 것 같았다. 하늘 아버지가 기뻐하시는 모습을 그려 보니 어느새 내 마음속 저 깊은 곳에서도 기쁨이 올라오고 있었다.

"아버지, 기쁘시죠? 저도 기뻐요."

새벽 큐티를 통해 주님의 음성을 듣지 않았다면, 그날은 찌그러진 우체통을 본 순간부터 내 기분도 찌그러진 채 하루를 시작했을 텐데…. 주님은 벌써 다 알고 말씀으로 나를 준비시켜 주시다니…. 그런 날은 정말 주님께서 내 머리카락도 세고 있고 참새 한 마리도 그냥 땅에 떨어지지 않게 하신다는 말씀이 실감난다.

한 번 적용한 말씀은 한 번의 적용으로만 끝나지 않는다. 내 마음과 머리에 새겨진 말씀은 그와 비슷한 일과 다시 부딪칠 때 또다시 적용할 수 있게 한다. 베드로전서 3장 9절은 두고두고 내 삶 속에서 적용하는 말씀이다.

나에게 껄끄러운 사람이 생기면 나는 그 사람을 도리어 축복하기 시작했다. 처음에는 하기 싫은 데 억지로 했다. 다른 기도를 먼저 하고 마지못해 맨 마지막에 형식적으로 축복했다.

　그런데 그다음에는 의지적으로 그 사람의 이름을 기도 맨 첫머리에 올렸다. 기도를 시작하자마자 축복부터 했다. 그렇게 몇 번 했더니, 의례히 그런 일만 있으면 기도할 때 제일 처음 그 사람을 위해 축복기도를 하게 되었다. 그러다 보면 그 사람이 밉지 않고 오히려 긍휼한 마음이 들어 진심으로 축복하게 되었다.

　놀라운 것은 나를 오해하거나 나를 좋지 않은 태도로 대했던 사람들이 얼마 안 되어 스스로 풀어져서 다가오는 것이다.

6. 큐티는 하나님의 임재를 느끼게 한다

일상 속에서 느끼는 하나님의 임재

2001년 6월의 어느 월요일에, 출애굽기 33장 12-23절을 묵상했다. 그 내용은 이러했다. 언약을 깨뜨린 이스라엘 백성과 더 이상 동행하지 않겠다고 하시는 하나님께, 모세는 긍휼과 사랑을 베풀어 주님의 백성과 계속 동행해 주시기를 간청한다. 그러자 하나님은 모세의 애끓는 간청을 듣고 마음을 돌이키신다. 친히 함께하실 것을 말씀하고 긍휼을 베풀어 주신다. "여호와께서 가라사대 내가 친히 가리라 내가 너로 편케 하리라(My presence will go with you, and I will give you rest)" (출애굽기 33:14).

하나님께서 친히 가 주시겠다는 말씀이요 모세의 마음을 편하게 해 주시겠다는 말씀이다. 하나님께서 모세와 대화하는 장면을 그려 보았다. 하나님은 어떤 어조로 말씀하셨을까? 11절은 "사람이 그 친구와 이야기함같이 여호와께서는 모세와 대면하여 말씀하시며"라고 했다. 모세의 간청을 들으시고는 아주 따뜻하고 부드러운 음성으로 친밀하게 말씀하셨던 것이다. 친히 갈 뿐만 아니라 모세의 짐을 덜어 주고 휴식을 주시겠다고….

하나님께서 모세를 얼마나 아끼며 친근하게 대하시는지 눈에 보이는 듯했다. 모세의 하나님, 이스라엘의 하나님께서 나의 하나님으로 다가오셔서 나에게도 그렇게 친근하게 말씀하시는 것 같았다.

"내가 친히 가리라. 내가 너로 편케 하리라."

그날은 큐티 세미나를 준비하는데 이것저것 신경 쓸 일이 있었다. 특히 가고 싶지 않은 곳에 부득불 가야 했다. 그래서 그런지 이스라엘과 친히 가 주시는 주님이 나와도 친히 가 주신다니까 그렇게 좋을 수가 없었다. 그리고 내가 가기 싫은 곳에 가기 때문에 마음이 불편한 것을 아시고 '내가 너를 편케 해 주겠다.'고 하시는 것 같아서 얼마나 감사한지…. 나는 그날뿐만 아니라 내 남은 인생 여정에, 특히 사역의 여정에 늘 친히 가 주고 편케 해 주시겠다는 말씀으로 마음에 담았다.

아침에 그 말씀으로 힘을 얻고, 마음이 썩 내키지 않았지만 약속한 장소에 가서 일을 보고 돌아오는 길이었다. 고속도로를 달리고 있는데 갑자기 차의 뒷좌석 유리에 뭔가 '탁' 하고 세게 부딪치는 소리가 들렸다. 순식간에 창문의 유리가 깨지고 구멍이 뺑 뚫렸다. 달리는 차에서 너무 갑작스레 당한 일이라 놀라서 가슴이 막 뛰었다. 앞을 보니 큰 트럭이 달리고 있었다. 그 차에서 돌 같은 것이 튕겨 나오면서 내 차 뒷좌석 창문을 깬 것이다.

그 와중에도 아침에 주신 말씀을 생각해 보았다. 주님은 분명히 친히 가겠다고, 나를 편케 하겠다고 말씀하시지 않았는가. 나는 주님께 여쭈었다.

"주님, 주님께서 친히 가시는데 왜 이런 일이 있는 것이죠? 이게 편케 해 주시는 건가요?"

조금 불만스럽게 말했다. 그때 내 마음속 깊은 데서 주님의 음성이 들리는 듯했다.

"은애야, 너는 내가 지금 네 곁에 이렇게 친히 가고 있는데 모르겠니?"

나는 그 음성에 깜짝 놀랐다. 쿵쾅거리는 가슴을 진정시키면서 생각해 보았다. 만약 뒷좌석 창문에 부딪친 돌이 몇 초만 빨리 날아왔다면, 각도를 조금만 틀어서 차의 정면으로 왔다면, 그래서 앞 유리를 깼다면⋯. 모든 차들이 고속으로 달리는 고속도로에서 말이다.

주님이 안 계셔서 그런 일이 생긴 것이 아니라, 주님이 친히 보호하셨기 때문에 돌이 뒷좌석 창문에 부딪친 것이다. 주님이 나와 함께하셨기에 돌이 내 앞이나 옆으로 들어오지 않고 뒷좌석에 부딪치고 유리만 깨진 것이었다. 그렇게 깨닫는 순간 나는 주님이 나와 친히 함께하신다는 사실을 아주 강하게 느낄 수 있었다. 주님의 임재를 피부로 느끼며 이렇게 외쳤다.

"그러셨군요. 주님! 나와 함께하셨군요!"

운전을 하고 있는 나에게 주님은 계속 말씀하시는 것 같았다.

"은애야, 너는 내가 함께하면 돌도 안 날아온다고 생각했니? 내가 친히 함께해도 돌은 날아온다. 그렇지만 내가 네 방패가 되어 막아 준단다. 인생도 마찬가지다. 내가 너와 항상 함께하지만 그래도 돌은 날아오는 거란다. 하지만 겁내지 말아라. 내가 오늘처럼 너를 보호할 거니까."

그렇다. 주님은 인생이 쉬울 것이라고 약속하신 적은 없다. 그러나 함께해 주겠다고 약속하셨다. 돌이 날아와도 지켜 주고 보호하며 오히려 그런 일을 통해 주님께서 함께하심을 확신시켜 주시는 것이다. 예수님이 함께

탄 배에도 폭풍은 불어왔다. 성난 파도가 덮쳐 왔다. 그러나 예수님이 함께 하셨기에 어느덧 폭풍은 잠잠해질 수 있었다.

그날 아침에 그 말씀을 묵상하지 않으면 가기 싫은 곳에 갔더니 역시 별난 일을 다 당했다고 기분이 안 좋았을 것이다. 그러나 아침에 주신 말씀을 마음에 담고 나왔기에, 그런 상황에서도 주님의 임재를 느끼며 나를 보호해 주심에 감사할 수 있었다. 앞으로의 인생길에도 돌이 날아올 수 있다는 교훈도 배웠을 뿐만 아니라, 그럴 때에도 주님은 나와 함께하셔서 나를 지키고 보호하실 것이라는 믿음을 얻었다.

그 후 얼마 있다가 정말 내 인생에 돌이 날아오는 일이 있었다. 그때 나는 이 말씀과 더불어 자동차 창문이 깨졌던 일을 기억했다. 그래서 조금도 흔들림 없이 의연하게 대처할 수 있었다. 사역을 하면서 힘든 일을 만날 때마다 나를 편케 해 주시겠다는 주님의 음성을 되살려 듣는다. 그러면 이내 주님께서 주시는 평강으로 마음이 평온해진다.

나와 친히 가시는 주님, 나를 편케 해 주시는 주님께서 내 손을 꼭 잡고 앞서 가시니 나는 두려움 없이 감사함으로 오늘도 한걸음씩 나아간다.

"내가 하늘에 올라갈지라도"

2003년 8월 어느 날 아침, 나는 뉴저지를 향해 날아가는 비행기 안에서 큐티를 하게 되었다. 교재의 스케줄을 따라 시편 139편 1-12절을 묵상했다.

다윗은 주님께서 자신을 감찰하고 아셨다는 고백과 찬양으로 시를 시작했다. 나는 시편을 묵상할 때, 시인의 입장이 되어 하나님께 신앙고백도 하고 찬양과 간구도 드린다. 그러는 가운데 시인의 심정을 느끼게 되고 하나님을 나의 하나님으로 만나기도 한다.

그날도 나는 다윗의 심정이 되어 보았다. 그가 고백하는 하나님을 나의 하나님으로 여기며 나도 같은 고백을 드려 보았다. 그러면서 다윗을 향한 하나님의 사랑과 관심과 전지전능하신 능력을 느낄 수 있었다. 그 하나님은 나에게도 그런 분으로 다가오셨다. 그렇게 하기 위해 한 단어 또는 한 구절씩 음미하며 읽었다.

마침 창문 옆에 앉았기에, 창밖 구름을 바라보며 말씀 속으로 들어갔다. 한 절씩 읽어 가고 음미하는 가운데 7-8절에 이르렀다. "내가 주의 신을 떠나 어디로 가며 주의 앞에서 어디로 피하리이까 내가 하늘에 올라갈지라도 거기 계시며 음부에 내 자리를 펼지라도 거기 계시니이다."

다윗은 자기가 어디를 가더라도 하나님께서 자기와 함께하신다고 고백했다. 자기를 불꽃같은 눈동자로 지켜보신다는 말씀이었다. "내가 하늘에 올라갈지라도 거기 계시며" 하는 말씀을 대할 때, 그 시대에는 사람이 하늘에 올라갈 생각을 꿈에도 하지 않았을 텐데 그런 표현을 한 다윗이 새삼 놀라웠다. 더군다나 비행기를 타고 하늘에 올라가 있는 나에게는 그야말로 실감나는 고백이었다.

순간, 정말 주님께서 하늘에 올라간 나와 함께하신다는 친밀함을 강하게 느낄 수 있었다. 내가 탄 비행기 안에 주님의 임재가 가득한 감격이 몰려왔다. 얼마나 든든하고 행복하던지…. 내가 하늘에 올라가는 것을 아시고 바로 그 말씀을 주신 하나님께 감사드렸다. 전날 밤, 세미나 준비로 늦게 잔 데다 새벽 3시에 일어나느라 자는 둥 마는 둥 했는데, 비행기 안에서 나와 함께하시는 주님을 느끼니 피로도 말끔히 씻기는 것 같았다.

다윗은 자신이 하늘에 올라갈지라도 '거기' 계시다고 하고 음부에 가서 자리를 펼지라도 '거기' 계시다고 했다. 바다 끝 '거기'서도 주님의 손이 자기를 인도하며 자기를 붙든다고 확신했다. '거기'라는 단어가 세 번이나 반복되고 있다.

그 말씀은, LA가 아닌 뉴저지 '거기'서도 주님께서 함께하시고 나를 붙드실 것이라는 확신으로 내 마음에 왔다. 그곳에서도 큐티 세미나를 친히 인도하고 큰 은혜를 끼치게 해 주실 것이라는 믿음으로 다가왔다.

11-12절에선 "흑암이 정녕 나를 덮고 나를 두른 빛은 밤이 되리라 할지라도… 밤이 낮과 같이 비취나니"라고 한다. 주님께서 함께하시면 주님의 빛으로 흑암의 세력이 물러갈 것이라고 생각하니까 어두운 세력이 있다고 해도 겁이 나지 않았다. 어떤 일이 있어도 주님께서 몰아내 주실 것이 믿어졌기 때문이다.

뉴저지 교회에 갔더니 마침 담임목사님이 집회를 인도하러 한국에 나가고 안 계셨다. 목사님이 안 계신데도, 하나님은 교육부 주최로 열리는 큐티 세미나에 많은 분들을 하루 종일 불러 모아 주셨다. 두 번째 날도 밤늦은 시간까지 모두 참석해서 은혜를 경험하도록 인도하셨다. 내게 새 힘을 주셔서 오랜 시간 서서 말씀을 전했는데도 전혀 피곤치 않게 해 주셨다. 오히려 힘이 더 솟는 것을 느끼게 하셨다. 나는 언제 어디서나 나와 함께하고 역사해 주시는 하나님을 소리 높여 찬양했다.

7. 큐티는 풍성한 삶을 누리게 한다

날마다 큐티하는 사람은 인생의 가뭄이 오고 바람이 불어도 시들지 않고 늘 푸르다. "오직 여호와의 율법을 즐거워하며 그 율법을 주야로 묵상하는 자로다 저는 시냇가에 심은 나무가 시절을 좇아 과실을 맺으며 그 잎사귀가 마르지 아니함 같으니 그 행사가 다 형통하리로다"(시편 1:2-3). "그는 물가에 심기운 나무가 그 뿌리를 강변에 뻗치고 더위가 올지라도 두려워 아니하며 그 잎이 청청하며 가무는 해에도 걱정이 없고 결실이 그치지 아니함 같으리라"(예레미야 17:8).

환경의 지배를 받지 않고 오히려 환경을 극복한다. 주변의 사람들에게 예수님의 능력과 사랑을 나타낸다. 자기가 처한 자리에서 하나님의 뜻을 이루며 풍성한 삶을 산다.

내 주변의 많은 사람들이 큐티를 통해 풍성한 삶을 누리고 있다. 그중에서 내가 처음으로 큐티를 권했던 자매의 이야기와, 암과 싸우면서도 큐티의 끈을 놓지 않고 더 밝고 씩씩하게 살아가는 자매의 이야기를 나누고자 한다.

1990년에 내가 제일 처음으로 큐티를 소개했던 이는 우리 아들이 특별 활동을 하는 곳에서 만난 어떤 엄마였다. 아들을 기다리고 있는데, 얼굴도 예쁘고 옷차림도 화려한 여자가 벤츠에서 예쁜 두 딸을 데리고 사뿐히 내려 옆자리에 앉았다.

가까이에서 자세히 보니 왠지 그 마음에 빈터가 있는 것처럼 허전해 보였다. 나는 그때 그런 사람만 보면 큐티를 하라고 전할 때여서 먼저 말을 건넸다. 교회는 다니는데 아직 말씀을 가까이 하는 것 같지는 않았다. 내가 큐티를 통해 받는 은혜를 얘기하며 큐티 교재를 전했다. 그 자매도 마음을 열고 관심을 보였다. 그것이 계기가 되어 그 자매와 함께 큐티 모임을 처음 시작하게 되었다.

당시 그 자매는 골프장 옆에 크고 호화로운 저택을 짓고 막 이사를 했다. 그 부부는 미국에 와서 죽도록 열심히 일을 해서 돈을 많이 벌었다고 했다. 남편은 부인에게 그동안 고생 많이 했으니까 하고 싶은 것 다 하고 사고 싶은 것 다 사라고 하며 집에서 쉬게 했다.

그런데 자매는 공주처럼 집에서 쉬면서 하고 싶은 것 다 하는데도 마음이 공허했다. 하루 종일 전화기를 붙들고 있거나 쇼핑센터에 가서 돌아다니지 않으면 불안해서 혼자 있지를 못했다. 밥맛이 떨어지고 기운이 없어서 의사한테 갔더니 우울증 증세가 있다고 했다.

나중에 얘기를 들어 보니 그 자매는 학교를 남들만큼 다니지 못한 데서 온 열등감이 심했다. 미국에 와서 억척스레 돈을 벌었다. 남보다 돈이 많아 호화롭게 살면 열등감에서 해방될 줄 알았다. 그런데 돈을 많이 벌고 하고 싶은 것을 다 해도 그 문제가 해결되지 않자 허망해지면서 우울증이 찾아온 것이었다. 그러니 큐티를 통해 예전에 경험하지 못한 기쁨을 느끼며 은혜 속에 살고 있다는 나의 말에 귀가 솔깃하지 않을 수 없었을 것이다.

그런 갈급함 때문에, 자기 집까지 큐티 모임을 위해 오픈하며 큐티를 해보려 했다. 그런데 성경을 너무 몰라서 큐티하기를 어려워했다. 교회는 이삼 년 다녔지만 성경은 늘 자동차 트렁크에 실려 있다가 주일예배 때나 꺼내 보는 정도였다. 실제로, 마태복음이 어디 있는지도 잘 모르는 상태였다. 그렇지만 이 자매는 큐티 본문을 옮겨 적으면서 날마다 말씀을 읽었다. 게다가 자기 집에서 모임을 가지니까 빠지지 않고 참석할 수 있었다. 그러면서 조금씩 말씀을 이해하게 되고 자기에게 다가오는 말씀에 대해 느낀 점을 표현하게 되었다.

그 자매는 어디 가면 절대로 먼저 입을 열고 말을 하지 않았다고 한다. 가만있으면 아무도 모르는데 공연히 말을 해서 자기의 부족함이 드러날까봐 말을 안 했다고 한다. 그런데 큐티를 하면서 자기표현을 하기 시작했다. 예수님께서 나귀 타고 예루살렘에 입성하시는 말씀을 큐티한 후, 예수님과 자기 자신의 차이점에 대해 그 자매가 처음 나눈 것을 나는 지금도 기억한다.

"예수님은 나귀 새끼를 타고 들어오시네요. 나는 벤츠 타고 다니는데…. 예수님은 나귀 새끼를 타고도 당당하시네요. 나는 벤츠 타고도 날마다 기가 죽고 열등감에 시달리는데…."

그 후 자매는 자기의 내면을 조금씩 열어 보였다. 그리고 워낙에 성실하게 말씀에 매달리니까 말씀 보는 눈도 열렸다. 점차 우울증 증세가 사라졌다. 골프를 칠 때도 그날 말씀을 적어 주머니에 넣고 나가서 같이 치는 사람들에게 적용을 했다. 과거에는 자기만 알던 이기적인 사람이었는데, 이제는 다른 사람을 섬기게 되었다. 그 사람들은 대부분 교회를 안 다니던 사람들이었는데, 자매의 변화된 모습을 보면서 하나 둘 교회에 나오게 되었다.

자매의 남편도 교회만 왔다 갔다 했던 사람이었다. 그런데 자기 아내가 우울증 증세도 없어지고 표정이 밝아지고 많은 사람들을 계속 전도하는 것을 보면서 하나님 말씀에 관심을 갖게 되었다. 그래서 밤에는 그 집에서 남편들까지 큐티와 성경공부를 함께하는 모임을 하게 되었다. 그 집에서 내가 낮에 자매들 한 그룹을 인도하고 밤에도 다른 자매들 한 팀을 또 인도했다. 내 남편이 그 자매들의 남편들을 인도했다. 그러니까 그 집에서 일주일에 한 번씩 세 팀이 모임을 가진 셈이다. 그렇게 8년 가까이 그 집에서 모임을 계속했다.

그 자매는 말씀을 잘 깨닫지 못해도 말씀을 알아들으면 그 말씀을 꼭 적용해서 주변 사람들에게 많은 영향을 끼쳤다. 불상을 모셔 놓았던 시누이 부부도 전도해서 세례까지 받게 했다. 사람들 앞에서 자기 부족한 것이 드러날까 봐 말을 잘 안 하던 사람이 성경 말씀을 인용하며 말씀을 잘 전하는 사람이 되었다.

그러는 중에 4·29 LA 폭동이 일어났다. 그때부터 남편의 사업이 기울더니 좀처럼 회복되지 않고 점점 더 어려워졌다. 인생의 가뭄이 갑자기 찾아와 떠나지를 않았다. 자신의 자존심이었던 큰 집을 팔고 작은 집으로 이사하게 되었다. 작은 집으로 이사하고도 큐티 모임을 위해 여전히 자기 집을 오픈했다. 경제적으로 조여 오는데도 자매는 낙심하지 않았고 씩씩했고 웃음을 잃지 않았다. 힘들고 어려워도 큐티를 거르지 않고 날마다 했다. 큐티 말씀에 순종하기 위해 자기보다 형편이 좋지 않은 사람들을 돌보았다.

남편의 짐을 덜어 주려고 남편 공장에서 일도 하고 시장에 나가 물건도 팔았다. 골프 카트를 끌고 다니면서 골프를 쳤던 자매가 화장품 카트를 끌고 다니면서 화장품을 팔게 된 것이다. LA에 있는 자바시장에서 화장품을 팔다가 남편 친구를 만나게 되었다. 그전 같으면 창피해서 쥐구멍이라도 찾았을 텐데, 당당하게 웃으면서 화장품을 팔았다. 그 시장에서 전도지까지 돌렸다. 벤츠를 타고도 열등감에 시달리던 사람이 골프 카트 대신 화장품 카트를 끌고 다니면서도 당당한 여자가 된 것이다.

그 자매의 딸이 갑자기 기울어진 가정 형편에 적응을 못해 좋지 않은 친구들과 어울리더니 심각한 문제를 일으켰다. 공부도 잘하고 신앙도 좋았던 아이였는데 그만 학교에서 정규 수업을 받을 수 없게 되었다. 경제적 어려움 앞에서는 의연하던 자매가 기대를 걸었던 딸에게 크게 어려움이 생기니까 잠시 휘청했다.

그렇지만 그때 큐티 스케줄을 따라 창세기 말씀을 묵상하면서 아브라함이 이삭을 바치듯 딸을 하나님께 올려 드렸다. 날마다 말씀에서 힘을 얻으며, 낙심하고 방황하는 딸을 위해 기도하고 위로했다. 딸은 그때의 어려운 시기를 잘 극복했고, 다시 학업에 힘써 좋은 대학도 졸업하고 영육 간에 성숙하고 아름다운 여인이 되었다.

이 자매는 지금도 남편을 도와서 일해야 하는 입장이다. 그렇지만 불평과 원망 없이 감사로 채워진 넉넉한 마음이 되어 일하는 것을 즐기며 살아간다. 큰 집에서 세상 것 다 누릴 때도 열등감을 극복하지 못하고 우울증까지 걸렸는데, 지금은 조그만 집에 살고 경제적으로 넉넉하지는 않지만 천국에서 사는 것 같다고 한다. 바쁜 중에도 시간을 내어 리더로 큐티라이프 모임을 계속 섬기고 있다. 얼마 전부터는 자기 교회에 새로 생긴 큐티팀을 맡아서 인도하고 있다.

이렇게 큐티를 통해 변화되고 풍성한 삶을 사는 이야기는 계속 이어지고 있다. 암과 씨름하고 있는 한 자매도, 육신의 힘은 기진했지만, 날마다 말씀과 함께하기에 그 누구보다도 기쁘고 감사하게 지내고 있다. 그 이야기를 들어 보자.

저는 불교 집안에서 자랐지만, 오래전 미국에 간호원으로 왔을 때 친구를 따라 교회를 나가기 시작했습니다. 외로움을 달래고 한국 사람들을 만나고 싶어서였지요. 그러나 교회를 드나드는 것이 부처님께 너무 죄송해서, 교회를 갈 때는 꼭 염주를 핸드백에 넣고 다녔습니다.

그래서 예배 시간에도 설교를 듣지 않고 속으로 '관세음보살…' 하며 부처를 생각하곤 했지요. 그런데 하나님은 그런 저를 밀어내지 않고 하나님 자녀로 삼아 주셨습니다. 뿐만 아니라 선교에 대한 비전도 주셔서 남편과 함께 같은 꿈을 키워 왔고, 지금은 남편이 선교사로 나가기 위해 안수를 받고 준비하고 있습니다.

그렇게 신앙생활을 해 오면서 제가 큐티를 시작한 것은 10여 년이 넘었습니다. 그동안 형식적으로 할 때도 있고 며칠씩 거른 적도 있습니다. 그래도 큐티를 아주 포기하지 않고 꾸준히 하다 보니까, 저도 모르게 믿음의 뿌리가 견고해졌습니다. 삶에서 일어나는 많은 일들을 주님의 안목으로 보고 반응하는 능력도 키워진 것 같습니다.

자녀양육 문제로 갈등을 겪었을 때도 말씀을 통해 자녀를 새롭게 바라보는 눈을 갖게 되었고, 몇 년 전 신경쇠약으로 고통당할 때도 말씀의 힘으로 다시 일어설 수 있었습니다.

얼마 전부터는 육신의 질병으로 사망의 음침한 골짜기를 통과하게 되었습니다. 그러나 "왜 접니까?" 하고 주님을 원망하거나 좌절하지 않습니다. 주님 안에서 이루어지는 것은 모두 선하고 복되다고 믿으며 그날그날 주시는 말씀으로 주님과 동행할 수 있어서 감사할 수 있습니다. 2004년 9월부터 육신의 질병으로 어려움을 겪는 저를, 주님께서 말씀으로 어떻게 만나 주고 붙들어 주셨는지 나누겠습니다.

2004년 9월 어느 날, 점점 커져 가는 자궁근종 때문에 자궁절제 수술을 받기로 되어 있는 날이었습니다. 그날 아침 수술을 앞두고 긴장된 마음으로 큐티를 했습니다. 하박국 2장 2절부터 시작했습니다. "여호와께서 내게 대답하여 가라사대 너는 이 묵시를 기록하여 판에 명백히 새기되 달려가면서도 읽을 수 있게 하라."

"기록하여… 새기되… 달려가면서도 읽을 수 있게 하라" 이 말씀이 다가왔습니다. 수술을 앞둔 저에게 어떤 의미가 있는지, 왜 오늘 이런 말씀을 주시는지 질문해 보았습니다. 제가 수술을 받고 병원에 있는 동안에, 몸이 힘들어도 큐티 말씀을 적고 묵상하며 마음 판에 새기라고 미리 준비시켜 주시는 것 같았습니다. 그렇게 하리라 다짐했습니다.

그다음 2장 4절은 "의인은 그 믿음으로 말미암아 살리라"는 말씀이었습니다. 수술을 받는 입장이어서 그런지 "살리라"는 말씀이 제게 주시는 약속의 말씀으로 들려왔습니다. 예수님을 믿는 믿음으로 말미암아 죽어도 살게 된다는 영생에 대한 소망이 제 마음을 가득 채웠습니다. 그 순간, 수술에 대한 두려움이 깨끗하게 사라지고 하나님께서 주시는 평안이 임하는 것을 느낄 수 있었습니다. 그래서 아주 편안한 마음으로 수술을 받았습니다.

그런데 수술이 끝난 다음, 남편으로부터 수술 도중에 부인과 암 전문의가 들어갔다는 말을 들었습니다.

'그러면 내가 암이란 말인가?'

순간 불길한 생각이 스쳤습니다. 불안해지려는 그때, 저는 아침에 묵상하고 마음에 새겼던 "의인은 그 믿음으로 말미암아 살리라"는 말씀을 되새기며 영생에 대한 소망을 붙잡았습니다. 마음의 흔들림 없이, 평안을 지킬 수 있었습니다.

수술 다음날, 의사는 근종 때문에 자궁을 절제하려고 막상 열고 보니 암이었다고, 암이 많이 자랐고 요관까지 번져 있었다고 했습니다. 저는 그 의사의 말을 들으면서도, 계속 수술하는 날 주셨던 "살리라"는 말씀을 떠올렸습니다. 속으로 이렇게 생각했습니다.

'내가 비록 암으로 죽게 된다고 해도 나는 예수님을 믿으므로 영원히 살 것이다.'

말씀 때문에, 저는 암이라는 선고 앞에서도 크게 요동하지 않고 죽고 사는 것에 초연할 수 있었습니다.

저는 의사가 다녀간 후, 전날 주신 "이 묵시를 기록하여 판에 명백히 새기되 달려가면서도 읽을 수 있게 하라"는 말씀을 적용하기 위해 일어나 앉기가 힘들었지만 침대에 기대고 앉아서 말씀을 폈습니다. 암 선고를 받은 나에게 어떤 말씀을 주실지 궁금한 마음으로 말씀을 읽어 내려갔습니다. "민족들이 불탈 것으로 수고하는 것과 열국이 헛된 일로 곤비하게 되는 것이 만군의 여호와께로 서 말미암음이 아니냐 대저 물이 바다를 덮음같이 여호와의 영광을 인정하는 것이 세상에 가득하리라"(하박국 2:13-14).

여기서, "만군의 여호와께로서 말미암음이 아니냐"라는 말씀은 제게 하시는 말씀이었습니다. 이 세상에서 일어나는 일들이 모두 만군의 여호와께로서 말 미암음이라면 내가 암에 걸린 것도 결국은 만군의 주님께서 하시는 일이라는 것을 인정했습니다. 내 질병을 통해서도 여호와의 영광을 인정하는 것이 내 삶 가운데 가득해질 것을 바라보았습니다.

저는 그 다음날도, 또 그 다음날도 침대 위에서 성경을 펴 말씀을 묵상하고 깨 달은 것을 기록하며 나에게 주시는 하나님의 음성을 마음에 새겼습니다. 이틀 후에 주신 말씀은 하박국 3장 17-18절 말씀이었습니다. "비록 무화과나무가 무 성치 못하며 포도나무에 열매가 없으며 감람나무에 소출이 없으며 밭에 식물 이 없으며 우리에 양이 없으며 외양간에 소가 없을지라도 나는 여호와를 인하 여 즐거워하며 나의 구원의 하나님을 인하여 기뻐하리로다."

"없으며… 없으며… 없으며… 없을지라도"라는 단어가 거듭 언급되는 것이 눈에 띄었습니다. 현재 나에게 있는 것은 무엇이고 없는 것은 무엇인가? 저 자 신을 살펴보았습니다. 비록 모든 것이 없을지라도 여호와를 인하여 즐거워하 고 기뻐하겠다는 하박국의 고백은 저에게 도전으로 다가왔습니다. 저 자신에 게 질문해 보았습니다.

'지금까지는 그래도 하나님께서 내가 원하는 것을 어느 정도 주셨기 때문에, 제게 무엇인가가 있어서 하나님을 즐거워하고 기뻐한 것이 아니었을까? 앞으 로 모든 것을 다 가져가신다 해도, 암으로 생명까지 가져가신다 해도, 오직 하나님 한 분만으로 즐거워하며 기뻐할 수 있을까?

극심한 궁핍의 때에도, 여호와께서 의로운 백성들을 구원하실 것을 믿고 그 믿음으로 인해 영혼의 즐거움과 기쁨을 놓치지 않는 하박국처럼, 저도 암으로 모든 것을 다 잃는다고 해도, 결국에는 구원의 길로 인도하시는 하나님을 신뢰하고 그 믿음으로 인해 내 영혼의 즐거움과 기쁨을 놓치지 않으리라 결단했습니다.

"저는 '그러므로'가 아니라 '그럼에도' 기뻐하겠습니다. 주님은 나의 힘이십니다. '나의 발을 사슴과 같게 하사 나로 나의 높은 곳으로 다니게 하'(하박국 3:19)실 것을 믿습니다."

이렇게 믿음의 고백을 계속하면서 병실에서 은혜의 시간을 가질 수 있었습니다. 일단 퇴원한 후 암 전문의를 만나러 가던 날의 말씀은 사무엘상 3장 15-21절 말씀이었습니다. 엘리 제사장은 사무엘로부터 하나님께서 자기 집에 심판을 내리실 것이란 말을 듣고 나서 "이는 여호와시니 선하신 소견대로 하실 것이니라"(사무엘상 3:18)고 대답합니다. 여호와께서 자기 집에 심판을 내리신다고 하는데도 여호와를 인정하면서 선하신 소견대로 하실 것이라고 하는 엘리를 보면서, 그날 의사가 무슨 말을 하든지 나의 선한 목자되신 주님께서 그분의 선하신 소견대로 하시는 것으로 받아들이기로 마음을 먹었습니다.

의사가 조직 검사 결과를 알려 주는데, 암세포가 혈관과 임파선까지 심하게 침범해서 생존율이 20%밖에 안 되고, 6주의 방사선 치료와 키모테라피(chemotherapy)를 받아야 한다고 했습니다. 저는 그 모든 것을, 하나님께서 선하신 소견대로 하시는 일로 받아들였습니다.

하나님께서 하시는 일로 받아들이고 나니 저에게 붙은 새로운 이름, '암 환자'

라는 낯설기만 한 그 이름도 그대로 받아들일 수 있었습니다. 그 이름 때문에 불행해지지 말고 행복하게 살기로 마음을 정했습니다. 암에 걸렸든지 안 걸렸든지 한 치 앞을 내다볼 수 없는 것이 우리 인생들의 모습인데, 하나님께서 주신 현재라는 선물을 감사하며 웃으면서 살자고 제 스스로에게 말했습니다. 범사에 감사하고 항상 기뻐하리라 다짐했습니다. 암이 저를 공격하고 있지만, 저는 이미 예수님 안에서 영생과 천국을 소유한 사람이요 승리가 보장된 사람이라는 믿음으로 이겨 나갈 자세를 가졌습니다.

가나안 땅을 정탐할 때 그들을 밥으로 보았던 믿음의 사람 갈렙과 여호수아처럼, 작은 조약돌 다섯 개와 물매를 가지고 여호와의 이름으로 블레셋의 거인 장군 골리앗을 물리쳤던 소년 다윗처럼, 나를 침범한 암세포들을 두려워하지 않고 여호와의 이름으로 물리치리라 결심했습니다. 그러고 나니, 암이라는 것이 그렇게 큰 문제로 여겨지지 않았습니다. 사실 하나님께는 감기나 암이나 문제가 아니니까요.

그 후 2005년이 시작되고 창세기를 큐티하고 있을 때, 약물 치료를 받을 준비를 하게 되었습니다. 키모테라피는 하도 독성이 강하다고 해서 시작하기 전부터 큰 부담을 가졌습니다. 키모테라피를 할 의사를 만나서 자세한 설명을 듣고 온 다음날의 말씀은 창세기 12장 1절 말씀으로 시작했습니다. "여호와께서 아브람에게 이르시되 너는 너의 본토 친척 아비 집을 떠나 내가 네게 지시할 땅으로 가라" 그리고 4절 말씀인 "이에 아브람이 여호와의 말씀을 좇아갔고"라는 말씀이 저에게 다가왔습니다.

경험해 보지 못한 미지의 세계에 오직 하나님의 말씀만 의지하며 사랑하는 아내 사라, 조카 롯, 종들과 가축들을 데리고 떠나면서 아브람의 마음은 어땠을까? 상상해 보았습니다. 염려하려고 하면 한두 가지가 아니었을 텐데도 하나님만을 의지하고 길을 떠나는 아브람처럼 저도 경험해 보지 못한 암 치료의 길로 들어서기로 했습니다. 사랑하는 남편과 아이들에 대한 모든 염려도 하나님께 맡기고 하나님만을 의지하고 말이죠.

드디어 암 치료를 받는 길로 들어섰을 때, 누구나 어렵다는 키모테라피를 주님과 함께 믿음으로 통과하기 위해 그 과정 속에서 만나는 장소나 기구에 의미 있는 이름을 붙여 보았습니다. 항암 약물 치료를 받기 위해 심장 근처 혈관까지 튜브를 꽂게 되었습니다. 약물이 몸에 들어가도록 통로 역할을 하는 튜브를, 우리를 하나님께 나아가게 하는 통로요 다리가 되어 주셨던 예수님을 생각하며 '브리지'라는 이름을 붙였습니다.

키모를 받게 될 방은 하나님께서 치료를 통해 암을 죽이고 건강을 회복시켜 주실 것을 믿는 믿음으로 '승리의 방'이라는 이름을 붙였습니다. 제가 치료를 받는 동안 누워 있게 될 큰 안락의자에는 힘이 다 빠져 로뎀나무 아래 그늘에 누워 있던 엘리야 선지자를 생각하며 '로뎀나무 그늘'이라는 이름을 붙여 보았습니다. 그렇게 이름을 짓고 의미를 붙이다 보니 희극드라마를 보는 것처럼 재미있기도 했습니다.

그래도 키모를 받을 생각을 하면 두려움이 몰려올 때가 있었습니다. 이어지는 창세기 18장 말씀에서, 사라가 자신에게 아들이 있을 것이라는 말을 장막 문 뒤에서 듣고 웃었을 때, 하나님께서 사라가 웃는 것을 지적하시면서 "여호와께 능치 못할 일이 있겠느냐"(창세기 18:14)고 하신 말씀을 묵상했습니다. 그때, 하나님은 제 마음에 키모에 대한 두려움이 있는 것을 아시고 저에게 말씀하시는 것 같았습니다.

"너는 왜 두려워하느냐? 내가 능치 못할 것이 있겠느냐?"

저의 마음에 있는 두려움을 아시는 하나님을 만나니 그만 눈물이 왈칵 솟았습니다. 능치 못할 것이 없는 여호와께서 함께하시고, 키모를 받을 때의 어려움에서 지키실 것이라는 강한 믿음이 저를 다시 평안케 해 주었습니다.

저도 소년 다윗이 만군의 여호와의 이름으로 골리앗을 향하여 나가며 정면 돌파했던 것처럼, 하나님을 의지하고 정면으로 뛰어들어 치료를 받아 암을 이기겠다고 다시 마음을 굳게 먹었습니다. 항암 치료를 위한 구호를 하나 만들었습니다.

"여호와의 이름으로 정면 돌파, 초전 박살!"

그렇게 큐티를 통해 날마다 힘을 얻고 주님께서 저와 함께하시며 친히 싸워 주셔서 비교적 쉽게 항암 치료를 마쳤습니다. 그동안 직장에 다시 돌아가서 일도 시작했고 빠졌던 머리카락도 다시 자라나서 가발도 벗었습니다. 그러나 재발될 가능성이 높기 때문에 3개월마다 검사를 계속 받아야 했습니다.

그러다가 2005년 12월 말 무렵 암이 폐에 퍼진 것을 발견하게 되었습니다. 암이 폐로 전이되었다는 말을 들었을 때 저는 온몸에서 힘이 다 빠지는 것 같았습니다. 밤에 잠이 오지 않았습니다. 남편과 딸들을 붙잡고 울기도 했습니다. 그런 가운데 저는 그 다음날인 12월 30일 큐티 말씀을 폈습니다.

잠언 16장 9절의 "사람이 마음으로 자기의 길을 계획할지라도 그 걸음을 인도하는 자는 여호와시니라" 하는 말씀을 대하면서 저의 마음은 다시 평안을 찾을 수 있었습니다. 저의 걸음을 인도하는 분은 여호와 그분이시니까요. 요즘, 저는 하나님께서 제 걸음을 어떻게 인도하실지 큰 기대를 하면서 키모를 다시 받을 마음의 준비를 합니다. 제2라운드를 주님과 함께 다시 뛸 것입니다.

암은 제 생명을 위협하고 있지만, 저는 그 암과 싸우면서 하나님의 특별하신 사랑을 경험할 수 있었습니다. 무엇보다 저의 모든 것을 알고 그때마다 저에게 필요한 말씀을 주시는 하나님을 그 어느 때보다 더 가까이 만나고 교제하는 복된 시간이었습니다. 제 영혼이 주님 안에서 정결해지고 겸손해질 수 있는 귀한 시간이었습니다. 질병으로 고통당하는 분들의 외로움과 두려움을 이해할 수 있는 기회였습니다.

또다시 키모테라피를 받는 일이 결코 쉬운 건 아니지만 저는 하나님께서 날마다 주시는 말씀이 있기 때문에 주님께서 인도하시는 길을 갈 수 있을 것입니다.

이 자매는 간증을 한 후에도 점점 더 번져 가는 암과 싸우며 키모테라피를 여러 차례 받았다. 그러나 그 영혼은 날로 새로워졌다. 복음을 전하고 어려운 사람을 돕는 일에 더욱 힘쓰며 밝은 나날을 보냈다. 최근에는 호흡하기도 어려운 지경에 이른 적도 있다. 그러나 그 고통 가운데서도 "하나님의 은혜가 크다."고 거듭 고백하고 있다.

위의 두 자매들의 삶을 보면, 시편 1편 3절의 묵상하는 사람의 형통이 무엇인지를 보는 것 같다. 물론 모든 것이 다 잘되는 것이 형통함이다. 하지만 그럴 때 웃고 기뻐하는 것은 누구든지 다 한다.

그런데 환경이 어렵고 잘 풀리지 않을 때, 인생에 가뭄이 오거나 겨울이 와서 벌거벗은 모습이 되어도 웃을 수 있고 기뻐할 수 있는 것, 그때도 감사할 수 있는 것, 그것이 묵상의 능력이요 묵상하는 사람의 형통함이다

과실나무가 가을에 열매를 주렁주렁 맺은 모습이 형통함이다. 겨울나

무의 벌거벗은 모습은 형통함과 거리가 멀어 보일 것이다. 하지만 죽은 것 같은 겨울나무 안에서 생명력이 더 왕성하다고 한다. 왜냐하면 봄을 준비하기 때문이다.

인생의 겨울을 지나는 사람도 마찬가지다. 겉모습은 벌거벗은 모습이라도 그 안에 생명력이 더 약동할 수 있다. 내면에 그 생명력을 공급하는 것이 지속적인 큐티다. 그래서 주야로 말씀을 묵상하는 사람은 인생의 겨울에도 환경의 지배를 받지 않는다. 낙심하지 않는다. 오히려 어려운 환경을 지배한다. 그안에서 약동하는 주님의 생명력을 나타내는 열매를 맺는다.

겨울일 때도 웃을 수 있고 소망을 품을 수 있는 능력, 고난을 유익이라고 하며 화를 복이라고 할 수 있는 능력, 이것이 바로 큐티의 능력이다. 큐티로 맺혀지는 열매다.

환경이 어렵고 잘 풀리지 않을 때, 인생이 가뭄일 때, 겨울나무처럼 벌거벗은 모습일 때, 그래도 웃을 수 있고 기뻐할 수 있는 것, 그래도 감사할 수 있는 것, 주님의 생명을 나타내고 주님의 뜻을 이루어 드리는 것, 이것이 큐티하는 사람의 형통함이다.

큐티 라이프

PART 3. 큐티 가이드

1. 다시 짚어 보는 큐티론

큐티의 정의

큐티(QT, Quiet Time)는 명상의 시간, 경건의 시간, 조용한 시간 등으로 다양하게 불리는데 최근에 '큐티' 또는 '말씀묵상의 시간'으로 비교적 통일되어 지칭되고 있다.

큐티란 성령님 안에서 말씀을 통해 하나님과 일대일로 인격적인 교제(만남, 동행)를 하는 것이다. 말씀을 통해서 교제한다는 것은, 말씀 속으로 들어가 말씀에서 들려오는 하나님의 음성을 먼저 듣고 그 말씀을 따라 기도를 올려 드리는 것이다. 성령님 안에서 말씀과 기도로 대화하며 깊은 교제에 들어가는 것이다. 말씀을 통한 교제이기 때문에 큐티를 '말씀묵상'이라고도 한다.

방법론적으로는 조용한 시간에 30분 정도 하나님과 교제하는 것이다. 하지만 실제 생활 속에서도 하나님에 대한 생각을 계속해야 하며, 말씀이 생각의 흐름 속에 하루 종일 지속되어야 한다. 그럴 때 비로소 말씀을 통한 하나님과의 만남이 동행으로 이어지면서 인격과 삶에 변화와 성숙이 이루어지게 된다. 시편 1편으로 말씀묵상에 대해 다시 한 번 살펴보자.

말씀묵상은 복 있는 사람의 기본이요 필수다

"복 있는 사람은… 오직 여호와의 율법을 즐거워하여 그 율법을 주야로 묵상하는 자로다 저는 시냇가에 심은 나무가 시절을 좇아 과실을 맺으며 그 잎사귀가 마르지 아니함 같으니 그 행사가 다 형통하리로다"(시편 1:1-3).

시편 150편 전체의 문을 여는 1편, 그 1편을 처음 시작하는 단어는 '복 있는 사람'이다. 왜 하나님은 '복'이라는 단어로 시편 전체를 열기 시작하셨을까? '복'이라는 말로 시편을 시작하신 하나님의 마음을 헤아려 보니 우리가 '복 있는 사람'이 되기를 우리보다 더 원하시는 하나님의 마음, 그 간절한 마음을 느낄 수 있다.

하나님은 우리가 '복 있는 사람'이 되기를 원하실 뿐만 아니라 과연 어떤 삶이 복된 삶인가를 3절에서 생생한 그림으로 보여 주신다. 어떻게 하면 복 있는 사람이 될 수 있는지 2절에서 그 길도 제시해 주신다.

3절의 '저'는 1절의 '복 있는 사람'을 가리킨다. 따라서 '복 있는 사람'의 삶은 3절에서 말씀하고 있는 '시냇가에 심은 나무'와 같은 삶이다. '시냇가에 심은 나무'는 가뭄이나 더위에도 항상 푸를 수 있고 제철이 되면 과실을 풍성히 맺는다. 늘 푸르고 열매 맺을 수 있는 것은 그 나무가 시냇가에 심겨져 있기 때문이다. 그 뿌리를 시냇물에 뻗치고 물과 접촉하고 물을 흡수하기 때문이다. 복 있는 사람도 시냇가에 심은 나무처럼 푸르고 열매 맺으며 모든 행사가 다 형통하다. 그 비결은 시냇가의 나무처럼 생수에 뿌리를 내리고 흡수하는 것이다.

그러면 사람에게 물은 무엇을 의미하는 것일까? 사람은 그 물을 어떻게 흡수하는 것일까? 2절에서 그 답을 주신다. "오직 여호와의 율법을 즐거워하여 그 율법을 주야로 묵상하는 자로다." 이 말씀으로 견주어 볼 때, 물은 하나님의 말씀이요 그 말씀을 흡수할 수 있는 길은 바로 묵상이라는 것을 알 수 있다. 따라서 말씀묵상은 푸르고 열매 맺는 풍성한 삶을 살기 위해 우리가 반드시 택해야 하는 유일한 길이다. 필수이다. 선택의 여지가 없다. '복 있는 사람'의 기본 요소가 말씀을 묵상하는 것이다. 말씀묵상은 우리가 '복 있는 사람'으로 살도록 하나님께서 마련해 주신 은혜의 수단이다.

새 생명(구원)은 은혜로 말미암아 믿음으로 값없이 얻는다. 그런데 환경을 뛰어넘는 늘 푸르른 삶, 주님께서 기뻐하시는 열매를 풍성히 맺는 삶, 형통한 삶은 하나님께서 거저 일회적으로 주지 않으신다. 보따리째 한꺼번에 주지 않으신다. 그런 삶을 누리기 위해서는 우리가 날마다 주님의 말씀에 영혼의 뿌리를 내리고 말씀의 생명력을 흡수해야 한다.

그런 면에서 말씀묵상은 우물에서 스스로 물을 길어 올리는 성스러운 일이다. 아무리 우물이 있고 두레박이 있어도 내가 그 두레박을 우물에 내리고 길어 올리지 않으면 그 물을 맛볼 수 없다. 19세기 후반의 유명한 설교자였던 프레드릭 마이어는 말했다. "우리 영혼이 누릴 수 있는 가장 위대한 축복 가운데 하나는 우물을 파서 스스로 물을 긷는 습관을 기르는 데 있다. 남이 길어 놓은 물을 마시려는 사람은 많지만 스스로 물을 긷는 성스러운 기술을 습득하려는 사람은 극히 드물다."

나는 오랫동안 우물을 곁에 두고도 스스로 물을 길어 올리지 못해 목마름이 심했던 어리석은 사람이었다. 늦게나마 1990년부터 말씀의 샘에 두레박을 내리고 깊은 물을 길어 올리기 시작했을 때, 삭막했던 인생이 조금씩 푸르러지며 점점 열매를 맺는 풍성한 삶이 되었다.

다시 한 번 말하고 싶다. 큐티는 교회의 많은 프로그램에 더해진 또 하나의 프로그램이 아니다. 하나님 백성을 더 피곤하고 힘들게 만드는 높은 문턱이 아니다. 일부 특별한 사람만 하는 고차원적 신앙 행위가 아니다. 하나님께서 그분의 백성을 복 있는 사람으로 살도록 마련하신 축복의 통로다. 하나님의 은혜를 누리는 축복의 수단이고 특권이며 기본이다.

프로는 기본을 날마다 다진다는 말이 있다. 형식적으로 교회를 다니며 대강대강 살려는 사람은 할 수 없지만, 프로급 크리스천으로 주님과 동행하며 생명력이 넘치는 삶을 살기 원한다면 기본을 날마다 다져야 한다. 푸르른 삶, 열매 맺는 삶, 풍성한 삶의 기본이 바로 말씀묵상이요 큐티다. 아무리 무너졌던 영성도 기본으로 돌아가 차근차근 기본을 익혀 가면 다시 회복할 수 있다. 푸르고 풍성한 삶을 누리며 주님께 영광을 돌려드릴 수 있다.

말씀묵상은 하나님과 인격적으로 만나는 것이다

그러면 묵상한다는 것이 무엇인가? 어떻게 묵상을 하는가? 나무에게 뿌리를 주어서 물을 흡수하게 하시는 하나님은 하나님의 형상대로 빚어진 사람에게 하나님의 생명력을 흡수하도록 뿌리를 주셨다. 그 영혼의 뿌리를 짐 다우님은 《묵상》이라는 책에서 '지·정·의'라고 말하고 있다. 나도 짐 다우닝의 말에 동의한다. 지성과 감정과 의지를 우리는 인격이라고도 말한다. '지·정·의'라는 영혼의 뿌리를 하나님의 말씀에 내리고 하나님을 인격적으로 일대일로 만나는 것이 바로 말씀묵상이요 큐티다.

예수님은 "내가 너희에게 이른 말이 영이요 생명이라"(요한복음 6:63)고 하셨다. 따라서 말씀은 영이요 생명이다. 그러므로 큐티는 문자와의 만남이 아니라 영이신 하나님과의 거룩한 만남이다. 만남은 접촉이다. 접촉하면 흡수된다. 접촉하면 알게 되고 닮게 된다. 젖어들고 스며든다. 지속적으로 매일 만나게 될 때 점점 더 흠뻑 흡수되고 젖어든다. 물들게 된다. 친밀해지고 사랑이 깊어진다.

그러므로 '지·정·의'라는 뿌리를 통해 말씀과 만나면 말씀이 우리 인격 속으로 흡수된다. 우리 전 존재에 스며든다. 우리의 혈액과 생각 속에 흐르게 된다. 우리의 마음에 새겨지게 된다. 우리도 모르는 사이에 인생의 색깔이 주님의 생명력으로 물들어 푸르게 된다. 생명력이 넘쳐서 열매로 맺혀진다. 우리의 언어가 주님의 언어로 달라지고, 눈빛이 주님의 눈빛으로 변한다. 우리의 가치관이 주님의 것으로 물들게 된다. 우리의 성품이 거룩한 주님의 성품으로 닮아 간다. 주님과 친해지고 주님의 마음을 품고 주님께서 기뻐하시는 일을 이루어 드리게 된다.

나도 시들고 메말랐던 나무였지만 날마다 내 영혼의 뿌리를 생수의 근원되시는 말씀에 내리고 마음껏 마시기 시작했을 때, 내 영혼이 소성하며 푸르러졌다. 주님과 점점 가까워지고 친밀해졌다. 열매가 풍성해졌다.

말씀을 즐거워해야 주야로 묵상한다

시편 1편 1-2절을 다시 보자. "복 있는 사람은… 오직 여호와의 율법을 즐거워하여 그 율법을 주야로 묵상하는 자로다." 이 말씀에서 골자만 추린다면 '복 있는 사람은… 여호와의 율법을 묵상하는 자'가 될 것이다. 하지만 복 있는 사람이 되는 열쇠 역할을 하는 단어가 있다. 바로 수식어로 쓰이고 있는 '즐거워하여'와 '주야로'라는 말이다.

왜냐하면 성경은 단지 '복 있는 사람은 여호와의 율법을 묵상하는 자로다.' 그러지 않았다. 분명히 '즐거워하여', '주야로' 묵상하는 자라고 되어 있다. 그렇다면 일주일에 한두 번 말씀을 묵상하는 것으로는 복 있는 사람이 되기 어렵다는 의미가 아닐까? 심지어 하루에 한 번, 30분 정도 묵상하는 것만으로는 어렵다는 뜻이 아닐까? 그래서 '날마다'라고 하지 않고 '주야로'라고 한 것이 아닐까?

그러면 '주야'로 묵상한다는 것은 무엇을 의미하는 것일까? 24시간 성경을 펴놓고 묵상만 하라는 의미는 아니다. 그러면 무슨 의미일까? 비록 아침에 한 30분 정도만 묵상했다고 해도 그 말씀을 하루 종일 '되새김질'

하는 것이다. 그 말씀을 심령에 계속 살아 있게 하고 생각의 흐름으로 이어지게 하는 것이다. 하루 종일 의식이 있는 동안 영혼의 뿌리가 말씀에 내려져 있어야 한다. 그렇게 할 수 있는 비결은 바로 말씀을 '즐거워하는 것'임을 말해 주고 있다.

'즐거워한다'는 것을 영어로 보면 'delight'이다. '기뻐하다', 감정적으로 그 대상을 '깊이 사모하고 사랑한다'는 뜻이다. 마치 남자와 여자가 서로 사모하듯이 말이다. 사람을 사랑하게 되면 그 사람과 같이 있고 싶다. 사랑하는 사람들은 결코 데이트를 지겨워하지 않는다. 하루 종일 있어도 몇 시간밖에 안 지난 것 같다. 같이 못 있게 하면 고문이 따로 없다.

말씀을 진정으로 사랑하고 사모한다면 하루 30분 묵상의 시간을 갖는 것으로 그치지 않는다. 성경을 덮고 세상으로 나가도 그 말씀과 동행하게 된다. 말씀을 되새기며 마음에 간직하게 된다. 사랑하면 사랑하는 대상에게 집중한다. 잊어버리지 않는다. 그래서 말씀을 사랑하는 것이 주야로 묵상할 수 있는 비결이다. 시편 기자는 시편 119편 97절에서 "내가 주의 법을 어찌 그리 사랑하는지요 내가 그것을 종일 묵상하나이다"라고 했다.

큐티를 오래 하면서도 변화가 없고 인격과 삶에 열매가 없는 경우가 있다. 그 원인을 깊이 들여다보면, 큐티가 주님과의 동행으로 이어지지 못하고 잠깐 동안의 만남으로만 끝나기 때문이다. 그렇게 잠시만 만나고 금방 잊게 되는 이유는, 많은 경우 만남의 대상인 주님을 기뻐하지 않고 즐거워하지 않기 때문이다. 그저 무엇인가 얻어 내고 건져 내는 데만 치중하기 때문이다. 그럴 경우는 큐티할 때 말씀을 받아도 말씀이 심령 속에 계속 살아 있지 못하고 거하지 못한다. 그러니 열매로 나타나지 못하는 것이다.

요한복음 15장 4절에서 예수님은 열매를 맺을 수 있는 비결을 이렇게 말씀하신다. "내 안에 거하라 나도 너희 안에 거하리라 가지가 포도나무에 붙어 있지 아니하면 절로 과실을 맺을 수 없음같이 너희도 내 안에 있지 아니하면 그러하리라" 5절에서도 이어서 다시 강조하신다. "나는 포도나무요 너희는 가지니 저가 내 안에, 내가 저 안에 있으면 이 사람은 과실을 많이 맺나니 나를 떠나서는 너희가 아무것도 할 수 없음이라"

말씀을 즐거워하여 주야로 묵상할 때, 말씀이 내 안에 거하고 내가 주님 안에 거하게 된다. 그럴 때 비로소 말씀의 생명력이 영적 세포에 충분히 스며들어 에너지를 만든다. 삶 가운데서 나 자신을 이기고 세상을 이기는 적용을 열매로 만들어 낸다. 하나님의 성품을 나타내는 열매와 하나님께서 기뻐하시는 사역의 열매를 맺을 수 있게 된다.

누가복음 8장 15절에도 "좋은 땅에 있다는 것은 착하고 좋은 마음으로 말씀을 듣고 지키어 인내로 결실하는 자니라"고 했다. 결실하려면 말씀을 받는 마음도 중요하고 듣는 귀도 귀하다.

그러나 말씀을 지키지(retain, keep) 못하면, 즉 마음에 담지 못하면 결실을 이루는 데까지 가지 못한다. 그래서 묵상을 하루 종일 지속하는 것이 중요하며, 그럴 때 풍성하게 열매 맺는 삶으로 인도된다.

물론 큐티를 처음 시작하는 사람은 잠깐 묵상하는 것부터 시작해야 한다. 처음엔 15분에서 30분 정도로 시작하는 것이 좋다. 비록 10분이라도 결코 무시할 수 없는 시간이다. 그 시간에 하나님을 정말 만났다면, 한 말씀이라도 마음에 심겨졌다면 그런 시간들이 매일매일 쌓일 때 묵상의 능력을 경험하게 된다.

비록 그 말씀을 계속 마음에 담고 있지 못한다고 해도 하루 한 번 잠깐이라도 하는 것이 안 하는 것보다 훨씬 유익하다. 잠깐씩이라도 지속적으로 하다 보면 자신도 모르게 점차 변화되어 간다. 콩나물시루에 물을 부을 때 물은 다 빠져나간 것 같아도 콩나물이 자라는 것과 같다.

하지만 늘 푸르른 삶, 열매 맺는 삶, 풍성한 삶을 누리기 원한다면 만남이 동행으로 연결되어야 한다. 큐티를 하는 15분이나 30분뿐만 아니라 하루 종일 큐티 정신(QT Spirit)으로 살아야 한다. 온 종일 큐티하는 마음으로 지내야 한다는 것이다. 그래야 늘 말씀 안에 거하는 삶이 이루어진다. 그래서 큐티를 처음 시작할 때부터 그 시간만 숙제하듯이 하는 태도를 피해야 한다. 나머지 시간도 큐티하는 마음으로 살려고 하는 자세를 몸에 익히도록 해야 한다. 그것이 큐티하는 삶의 축복을 충분히 누릴 수 있는 길임을 알고 시작하는 것이 좋다.

특히 큐티를 오래 해 온 사람들은 나머지 시간을 어떻게 말씀과 동행하는가를 나름대로 살피고 구체적 작전을 세워 실천해 보라. 즐거이 묵상할 수 있도록, 주야로 묵상할 수 있도록 좀 더 다각적으로 접근해 보라. 그것이 몸에 배게 하는 방법을 모색하고 실천해 보라. 놀라운 결과를 경험하게 될 것이다.

훈련: 원하는 것을 즐겁게 할 수 있는 열쇠

문제는 누구나 말씀을 즐거워하기를 원하고 주야로 묵상하기를 원하지만 실제로는 잘 안 된다는 것이다. 쉽지 않다는 것이다. 하지만 자신이 '원하는(Desire)' 것을 '즐거워하며(Delight)' 할 수 있도록 길을 열어 주는 열쇠가 있다. 쉽지는 않지만 얼마든지 할 수 있다. 그것은 바로 '훈련(Discipline)'이다. 바울도 "경건에 이르기를 연습하라"(디모데전서 4:7)고 했다. 훈련은 연습이고 반복이다.

처음부터 즐겁게 할 수 있는 것은 많지 않다. 특히 영적이고 우리에게 유익한 것일수록 더욱 그렇다. 그렇지만 반복하고 연습하면 서툰 것도 조금씩 익숙해지고 정이 든다. 점점 즐거워하게 된다. 사랑하게 된다. 말씀을 사랑하면 주야로 묵상하게 된다. 주야로 묵상하면 더욱 친밀해지고 더 깊이 사랑하게 된다.

훈련 1: 오늘 아침의 말씀이 뭐였지?

나 역시 큐티 초보 시절에는 그날 아침에 큐티한 말씀을 잘 잊어버리는 것이 고민이었다. 분명히 아침에 삼사십 분 은혜와 감동으로 큐티하면서 기록도 했지만 그 시간이 지나고 오후쯤 되면 말씀을 까맣게 잊고 지낼 때가 많았다. 처음에는 내가 머리가 나빠서 기억을 못한다고만 생각했다.

그런데 누가복음 8장에 기록된 씨 뿌리는 자의 비유를 통해, 사람의 마음에서 말씀을 빼앗아 가는 사탄의 세력이 있다는 것을 알게 되었다. 내가 잊어버리는 부분도 있지만 말씀을 빼앗기기 때문인 것이다. 그다음부터는 말씀을 빼앗기지 않으려고 목숨을 걸고 싸웠다.

우선은 하루에 세 번 식사를 할 때마다 아침에 내가 먹은 영의 양식이 무엇이었는지 의식적으로 기억해 보곤 했다. 남편은 시계에 알람을 1시간마다 울리게 하고 그때마다 오늘 아침 말씀을 떠올리며 말씀과 함께 가는 훈련을 하기도 했다.

말씀이 내 안에 머무를 수 있는 공간을 만들기 위해 생각을 정리했다. 보는 것, 듣는 것을 절제했다. 큐티를 시작한 후 나는 가끔씩 내가 무슨 생각을 하고 있는지 생각의 내용을 점검하곤 했다. 어느 날은 부엌에서 설거지를 하다가 지금 내가 무슨 생각을 하고 있나 살피고는 깜짝 놀랐다. 전날 텔레비전에서 본 드라마를 묵상하고 있는 것이 아닌가. 주인공이 한 말을 되새기기도 하고 또 그다음 사건이 어떻게 전개될 것인가 상상의 나래를 펴기도 하면서 말이다. 그것은 내가 기억하려고 작정하거나 결심한 적도 없는데 나도 모르게 내 생각 속으로 스며들어 와 나를 점령하고 있었다. 반면에 큐티했던 말씀은 아무리 기억하려고 애를 써도 잘 잊어버렸다. 너무나도 고민스러웠다.

왜 그럴까, 원인을 살펴보았다. 그 이유는 내가 오랫동안 교회를 다녔어도 내 영혼의 뿌리는 말씀이 아닌 세상으로 뻗쳐져 있기 때문이었다. 내가 세상 정보에 무방비 상태로 노출되어 있기 때문이었다. 교회에서는 하나님 생각을 하고 말씀도 듣지만 예배당을 나와서는 눈에 보이지 않는 하나님보다 육신의 눈에 보이고 귀에 들리는 것을 접촉하며 흡수했기 때문이었다. 세상에서 보고 듣는 것들이 나의 생각과 마음을 채우고 있기 때문이었다. 사도 바울이 "경건에 이르기를 연습하라"고 말씀하기에 앞서 "망령되고 허탄한 신화를 버리고"(디모데전서 4:7)라고 하며, 먼저 '버리기'를 권하는 이유를 알 것 같았다.

그 후 나는 비우고 버리는 작업을 시작했다. 모든 생각을 사로잡아 그리스도께 복종케 하기 위해 나의 내면으로 들어오는 잡다한 것들, 그러니까 보는 것과 듣는 것을 관리하기로 했다. 텔레비전을 끄고 신문도 큰 제목만 읽었다. 거의 15년 동안 텔레비전 켜는 것을 잊고 살았다. '그렇게까지 해야 하는가?' 하고 반문하는 분도 있을 것이다. 하지만 그때 내 안에는 세상이 가득해서 묵상한 말씀이 머무를 장소가 없었다. 마음과 생각의 찌꺼기를 청소하는 것이 절실했다. 일단 내 안에 자리한 가치 없는 세상의 사조와 정보, 사탄이 주는 염려와 걱정, 부정적 생각들을 몰아내는 것이 필요했다. 다시 들어오지 못하도록 차단하는 것이 필요했다. 그런 면에서 큐티는 나에게 '결별'을 의미했다. 세상 것에서 떠남이요 비움이었다.

그렇게 내 안에 있는 것을 비우는 것과 동시에 말씀 쌓는 일을 일상 속에서도 적극적으로 해 나갔다. 큐티는 비움이 시작이지만 채움이 목적이기 때문이다. 하나님의 말씀으로 채우는 것이기 때문이다. 집안일을 할 때나 운전할 때, 회사에서 잠시 쉬는 시간에, 공항에서 비행기를 기다릴 때, 심지어 물건을 사며 줄을 서거나 미장원에서 차례를 기다릴 때도 우두커니 있지 않았다. 짧은 시간이라도 그날의 큐티 말씀을 기억해 보았다. 단순한 일을 할 때나 한가할 때 의례껏 찾아와서 나를 사로잡곤 하는 걱정과 염려에게도 문을 열어 주지 않았다. 대신 그날 아침의 말씀으로 돌아가서 그 말씀으로 내 마음과 생각을 채웠다.

그렇게 하기 위해 내 핸드백 안에는 늘 큐티 교재가 들어 있었다. 마음에 다가오는 한두 구절을 수첩에 적어 가지고 다니며 수시로 들여다보기도 했다. 오래 기다려야 할 때는 암송했던 말씀을 중얼거리며 다시금 외워보기도 했다. 일주일 분의 큐티를 하루하루 다시 짚어 가면서 새로 쌓는 작업을 하기도 했다.

그러면서 차차 내가 말씀으로 돌아가려고 애쓰지 않아도 말씀이 먼저 나를 찾아와 내 마음의 문을 두드렸다. 내 안에 들어와 머물고 나와 동행해 주었다. 그날 말씀뿐만 아니라 매일매일 묵상한 말씀들이 곳간에 쌓이듯 내 안에 쌓여 갔다. 주님께서 나와 함께하신다는 임재의식이 강해졌다. 때때로 내 안에 들어오는 생각들을 점검해서 '아! 이건 하나님께서 주시는 생각이 아니다.' 싶으면 빨리 내보내고, 즉시 하나님의 말씀으로 바꿀 수 있는 실력도 키워졌다.

선한 말씀이 내 안에 쌓이니까 선한 생각을 하고 선한 말을 하며 선한 것을 선택하는 삶으로 이어졌다. "선한 사람은 그 쌓은 선에서 선한 것을 내고 악한 사람은 그 쌓은 악에서 악한 것을 내느니라"(마태복음 12:35). 큐티할 때에는 적용할 것이 없다가도 막상 삶의 현장에서는 말씀이 연결되어 적용이 이루어졌다. 하나님께서 기뻐하시지 않는 세상의 사조나 유행, 정보들을 마음에서 비워 가니까 악인의 꾀를 좇지 않는 삶이 저절로 이루어졌다.

최근에는 사람들과 대화가 막히지 않기 위해, 세상의 흐름을 알기 위해 가끔씩은 한국 드라마를 보기도 한다. 그러나 그 주인공이나 줄거리가 나를 계속 따라다니지 않도록 빨리 헤어진다. 마음에서 내보내는 작업을 게을리 하지 않는다.

훈련 2: 네 속에 보존하며 네 입술에 있게 하라!

아침 큐티 말씀으로 자주 돌아가기 위해 이런 훈련도 했다. 묵상한 말씀이 기억나지 않을 때는 그때마다 큐티 본문을 다시 펴보았고, 어디서나 말씀을 접할 수 있도록 아예 집안 여기저기에 성경책을 펼쳐 놓기도 했다. 요절이나 암송 구절을 메모지에 써서 차 안이나 화장실 거울에도 붙였다. 그러고는 오며 가며 그날 말씀과 자주 만났다. 특히 전화기 옆에도 그날의 본문을 늘 펴놓았다. 통화를 할 때 꼭 그날의 말씀 중 한 단어라도 사용해 보았다. "이 율법 책을 네 입에서 떠나지 말게 하며"(여호수아 1:8)라는 말씀을 적용하기 위해 그날 말씀에서 깨달은 것을 나누기도 하고 어떤 경우는 말씀 그 자체를 읽어 주기도 했다. 심방을 가거나 기도를 해도 그날 말씀을 중심으로 나누었다. 어쩌다 말씀을 나눌 기회가 없이 하루가 가는 날은, 집에서 키우는 강아지에게라도 그날 큐티 말씀을 들려주었다.

그러다 보니 같은 말씀을 하루에 여러 번 나누게 되었다. 여러 번 내 말로 표현한 말씀은 잊혀지지 않았다. 내 입술로 증거되는 말씀을 나 스스로도 듣게 되어 그 말씀이 나에게 스며들었다.

점점 말씀이 마음에 새겨지고 암송되며 내가 사용하는 언어의 색깔이 달라지기 시작했다. 전에 나의 언어는 부정적이고 어두운 빛을 많이 띠었는데, 성경 말씀을 자주 나누다 보니 감사의 입술이 되고 언어의 색깔이 밝아지는 것을 느꼈다. "너는 귀를 기울여 지혜 있는 자의 말씀을 들으며 내 지식에 마음을 둘지어다 이것을 네 속에 보존하며 네 입술에 있게 함이 아름다우니라"(잠언 22:17-18).

다시 한 번 강조하고 싶다. '원하는(Desire)' 것을 '즐거워하며(Delight)'하기 위해서 '훈련(Discipline)'이 필요하다는 것을 말이다. 3D를 기억하자.

2. 큐티를 위해 필요한 요소

시간

큐티는 하나님과의 만남을 위해 조용한 시간을 먼저 내어 놓는 데서 시작한다. 나는 그동안 너무 바쁘다는 이유로 큐티를 시작하지 못하는 분들을 많이 보아 왔다. 그리고 같은 이유로 도중에 포기하는 분들도 만났다. 너무 바빠서 큐티를 할 수 없다는 것은 하나님 만나는 것을 그 바쁜 일들보다 덜 중요하게 여긴다는 뜻이다. 그렇다면 너무 바쁘다고 하나님 만나는 일을 피해 가는 그 사람을, 하나님도 피해 가실지 모른다.

하나님을 우리의 주인으로 인정한다면 그분을 만나는 일을 우선으로 해야 한다. 하루의 가장 귀한 시간을 주님과 만나는 시간으로 먼저 드릴 때, 우리는 비로소 나머지 시간을 더 지혜롭게 사용할 수 있을 것이다. 바쁜 일에 쫓기는 삶이 아니라, 시간을 다스리는 알찬 삶이 될 것이다. 그렇기에 바쁠수록 더 주님과의 만남을 위해 조용한 시간을 떼어놓기 바란다.

그러면 언제 주님을 만나는 것이 좋을까? 모세에게 하신 하나님의 말씀을 보면 "아침 전에 예비하고 아침에 시내 산에 올라와 산꼭대기에서 내게 보이되"(출애굽기 34:2)라고 하셨다. 하나님은 하루를 시작하기 전 '아침'에 모세가 산에 올라오기를 원하신 것이다. 우리의 모델이 되시는 예수님도 '새벽 오히려 미명에 일어나'(마가복음 1:35) 하나님 아버지를 홀로 만나셨다.

하루를 시작하는 아침 첫 시간에 하나님을 만나는 것이 가장 바람직하다. 사람들을 만나기 전에, 사람들의 음성을 듣기 전에, 하나님을 만나 그분의 음성으로 하루를 출발하는 것이 가장 좋을 것이다. 그러나 밤일을 하거나 아침 시간을 도저히 낼 수 없는 사람은, 어떤 시간이든 하루 중에 규칙적으로 낼 수 있는 시간을 정하는 것이 좋다. 그렇지만 다 쓰고 남은 시간이나 자투리 시간에 주님을 만나려 하면 거의 만날 수 없을 것이다.

나는 큐티를 시작하면서 주님을 내 인생의 가장 귀한 분으로 대우해 드리고 싶었다. 그래서 큐티하는 시간도, 하루의 가장 귀한 시간인 새벽으로 정했다. 하지만 워낙 올빼미 체질이어서 아침에 일찍 일어나는 것이 결코 쉽지 않았다. 자명종을 두세 개 차례로 장치해 놓아도 일어나 끄고는 다시 잠들 때가 많았다. 남편은 반대로 일찍 자고 일찍 일어나는 편이어서 새벽에 쉽게 일어났다. 그래서 일찍 일어나는 남편에게 나를 침대에서 밀어 떨어뜨려 달라고 부탁한 적도 있었다.

그렇게 애를 쓰던 어느 날, 주님께서 먼저 큐티하는 장소에 오셔서 나를 기다리시는 것을 느꼈다. 주님을 번번이 기다리시게 했다는 것에 마음이 찔렸다. 그다음부터 주님께서 기다리시는 것을 생각하면 정신이 번쩍 들어 잠자리를 박차고 일어날 수 있었다.

점점 일찍 일어나는 습관이 들면서 체질도 바뀌었다. 밤늦게 자도 새벽 5시 전에 일어난다. 하루를 시작할 때 주님을 일등으로 먼저 만난다는 우리 집의 원칙은 지금도 여전하다.

No QT No Breakfast(영의 양식을 먹기 전에는 아침밥을 먹지 않기),

No QT No Make up(영적인 단장을 하기 전에는 화장을 하지 않기),

No QT No Newspaper(하나님의 말씀을 보기 전에는 신문을 보지 않기),

No QT No Computer(하나님의 메일을 읽기 전에는 사람의 메일을 먼저 읽지 않기).

장소

어디서 주님을 만나는 것이 좋을까? 예수님도 "일어나 나가 한적한 곳으로 가사 거기서"(마가복음 1:35) 하나님을 만나셨다. 다른 사람에게 방해받지 않고 홀로 주님을 만날 수 있는 한적한 곳이 좋다. 하나님 앞에 진솔하게 앉아 울고 싶거나 죄를 고백하고 싶을 때 인기척이 있으면 곧 긴장이 되고 마음이 닫히기도 한다.

방해받지 않는 장소를 따로 마련하면 좋겠지만, 그렇지 못하다면 부엌의 식탁도 좋고, 침대 밑이나 옷장이라도 좋다. 아무도 출근하지 않은 사무실이나 교실, 자동차 안도 방해받지 않는 좋은 장소가 될 수 있다.

하나님을 한적한 곳에서 조용한 시간에 홀로 만난다고 하니까 조용히 앉아서 마음을 비우고 명상을 하는 것으로 오해하는 분도 있다. 그러나 기독교의 묵상은 범신론적 초월 명상이 아니다. 기독교의 묵상은 일단 마음을 비우지만 그것으로 끝이 아니라 하나님의 말씀으로 가득 채우는 시간이다. 조용한 시간에 한적한 곳에서 이뤄지지만 아주 역동적 움직임이 일어날 수 있다.

조용한 시간과 함께 한적한 장소를 확보하는 것은 큐티를 시작하는 데 필수다. 만약 큐티를 처음 하고자 하는 분이 있다면, 지금 당장 주님을 만날 시간과 장소를 정하고 시작하기 바란다. 그동안 큐티를 하다가 잠시 쉬고 있는 분이 있다면, 지금 주님 앞에서 시간과 장소를 약속드리고 다시 시작하기를 바란다. 지속성과 규칙성이 큐티 성장의 필수인 것을 다시 한 번 기억하라.

성경 말씀

큐티는 기록된 말씀을 통해 하나님을 만나는 것이다. 그 시간에 하나님은 성경을 통해 말씀하신다. 그러므로 큐티 교재는 성경이다. 다른 어떤 경건 서적으로도 성경을 대치할 수 없다. 그리고 하나님의 음성을 좀 더 잘 듣기 위해 개역성경 외에 현대어로 된 다른 번역본이나, 특히 영어성경을 참고하면 좋다.

성경 본문은 가급적 다른 사람이 세운 계획표에 따라 택하는 것이 좋다. 큐티 교재를 이용하면 날짜별로 본문이 나와 있어 편리하고, 말씀을 편식하지 않고 골고루 묵상할 수 있어서 유익하다. 요즘엔 좋은 교재들이 시중에 많이 나와 있어서 자기에게 맞는 것을 택하면 된다. 그러나 될 수 있으면 자기가 속한 공동체와 같은 교재를 사용하는 것이 같은 흐름으로 가기 때문에 좋다. 나는 처음에 《생명의 삶》으로 시작했다가 방송을 하는 동안 《매일성경》을 오래 사용했다. 몇 년 전부터는 다시 《생명의 삶》으로 하고 있다.

큐티 교재를 사용할 때, 본문을 붙잡고 묵상하기보다 자칫 본문 해설을 먼저 읽기 쉽다. 때문에 본문 묵상을 소홀히 할 수 있다. 그러나 큐티는 성경 말씀 자체와의 만남이라는 것을 늘 기억하기 바란다.

본문이 너무 어려워 어쩔 수 없어 해설을 읽는다면 해설을 읽는 것으로 그치지 말고 본문으로 다시 돌아가라. 해설을 통해 이해한 본문에서 자기에게 주시는 음성을 다시 들어보라. 그래야 말씀을 통해 하나님의 음성을 듣는 귀가 자란다.

기도

큐티는 하나님께서 성경으로 먼저 말씀하시면 우리는 그 말씀을 듣고 그 말씀에 기도로 응답하며 서로 대화하는 시간이다. 말씀을 문자로 만나는 시간이 아니고 영으로 만나는 것이다. 인격으로 만나는 것이다. 그러기에 우리는 듣는 것만 아니고 말씀에 대해 자연스럽게 반응하게 된다. 질문할 수도 있고 아멘으로 화답할 수도 있다. 믿음을 고백하고 나의 결단을 알려 드릴 수도 있다. 자신의 복잡한 심정을 내놓을 수도 있다. 그날 말씀에 순종하기 위해 어떻게 해야 할지 의논드릴 수도 있다. 주신 말씀대로 순종할 수 있는 힘을 간구하기도 한다. 큐티는 성령님 안에서 말씀을 듣고 기도하며 주님과 교제하는 시간이므로 기도는 필수 요소다.

3. 큐티에도 순서가 있다

찬양과 기도

본문과 관련된 찬양이나 성령님을 초청하는 찬양을 드리며 하나님께 나아간다. 마음을 활짝 열고 나아간다. 마음속에 있는 염려, 불안, 세속적 생각, 조급함 등을 하나님 앞에 다 내려놓는다. 빈 마음을 준비한다. 큐티를 규칙적으로 하는 사람은 이 과정을 짧게 끝낼 수 있다. 하지만 큐티를 오랜만에 하는 사람이나 처음 하는 사람은 이 과정에서 하나님과의 관계를 잘 정립해야 한다.

그다음, 성령님의 조명으로 말씀을 듣고 볼 수 있게 도와주실 것을 간절히 구한다.

본문 읽기

본문 말씀을 천천히 3번 정도 읽으면서 내용을 파악한다.

특별하게 마음에 와 닿거나 깨달아지는 말씀, 또는 의문이 생기는 말씀이 있으면 밑줄을 긋는다. 그 말씀을 오늘 나에게 주시는 말씀으로 받아 적는다.

'5. 묵상, 이렇게 하면 잘할 수 있다'의 '묵상을 위한 본문 읽기'에서 더 자세하게 설명할 것이다.

묵상하기

오늘 하나님께서 주신 말씀에 머물러 묵상을 시작한다. 하나님께서 어떤 분이신가 찾으면서 하나님께 초점을 맞추고 묵상한다. 관주를 찾거나 상상력을 동원해서, 질문을 하면서 하나님께서 어떤 분이신지, 왜 그 말씀을 주셨는지, 무엇을 원하시는지를 묵상한다. 묵상하며 주님과 대화하는 내용을 노트에 기록한다.

'5. 묵상, 이렇게 하면 잘할 수 있다'의 '묵상하기'에서 좀 더 자세하게 살펴보자.

적용하기

묵상을 통해 하나님께서 무엇을 원하시는지 알았으면 자신의 삶에서 구체적으로 무엇을 어떻게 할 것인가 찾아 적는다. 기록한 말씀을 순종한다. 적용이 없는 큐티는 영적으로 무기력하게 만든다.

'5. 묵상, 이렇게 하면 잘할 수 있다'의 '적용하기'에서 좀 더 자세하게 다룬다.

기도하기

주신 말씀을 따라 구체적으로 기도한다. 큐티 기록을 보면서, 주신 말씀에 응답해서 대화하는 느낌으로 기도하는 것이 유익하다.

말씀에 대해 어떻게 할 것인지 자신의 결단을 말씀드린다. 다시 말하면, '~을 해 주세요.'라는 기도보다 '제가 오늘 말씀을 따라 ~을 하겠습니다.'라는 결단을 하는 것이다.

그다음 그렇게 실천할 수 있도록 도와주실 것을 간구한다.

그 외 평소에 늘 하는 기도나 그날 큐티 내용과 관계가 없는 기도는 큐티를 끝낸 후에 하는 것이 좋다.

나눔하기

큐티 나눔은 하나님께 받은 말씀과 그 말씀으로 적용한 내용을 다른 사람들과 나누는 것이다. 나눔을 통해 큐티하는 것을 실제적으로 배우기도 하고, 하나님께서 하시는 일을 서로 목격함으로써 넘치는 은혜를 경험할 수 있다.

4. 큐티를 열어 주는 열쇠

큐티를 하기 위해서는 기본적인 방법을 익히는 것이 중요하다. 그러나 큐티의 열쇠는 방법보다는 태도와 자세라고 할 수 있다. 즉 어떤 태도로 말씀 앞에 나아가는지, 어떤 마음으로 말씀을 대하는지가 더 중요하다. 묵상에 대한 올바른 자세가 깊고 풍성한 묵상의 문을 열어 준다. 그러면 어떤 태도가 필요한가?

성령님과 함께

큐티를 몇 번 시도해 본 사람들의 공통된 반응은 어렵다는 것이다. 그러나 내가 내 힘으로 하나님의 말씀을 보고 듣고 깨달으려 하면 어려운 정도가 아니라 불가능하다는 것을 받아들여야 한다. 사람이 어떻게 영이신 하나님의 말씀을 알아듣고 깨닫겠는가. 오직 성령님이 보여 주시고 깨닫게 해 주셔야 가능하다. 그래야 나를 향하신 하나님의 계획과 섭리도 알고, 깊은 마음과 속사정, 그리고 오묘한 뜻도 알 수 있다.

성령님이 조명해 주셔야 우리가 보고 듣기 때문에, 성령님의 도우심을 간구하는 기도는 필수이다. 시편 기자가 기도한 것같이 우리도 열어 주시고 보여 주시고 깨달아 알게 해 달라고 간절히 구해야 한다. "내 눈을 열어서 주의 법의 기이한 것을 보게 하소서"(시편 119:18), "나는 주의 종이오니 깨닫게 하사 주의 증거를 알게 하소서"(시편 119:125).

따라서 성령님 안에서 이루어지는 묵상은 어렵지 않다. 그분이 듣고 보게 하시기 때문에 그렇다. 성령님을 빼놓고 내가 뭔가 건져 내려고 하기에 문자와 씨름을 하게 되고 어렵게 느껴지는 것이다. 내 힘으로 적용을 하려고 하기에 실패할 수밖에 없다. 이제 큐티가 어렵다는 생각을 떨쳐 버리자. 성령님과 함께 성령님의 도우심으로 말씀을 깨닫고 말씀대로 살자.

묵상의 주체는 성령님이시다. 성령님께서 하나님은 어떤 분이신지 알게 하신다. 하나님의 말씀을 나에게 가르쳐 주고 깨닫게 하신다. 그 말씀대로 살 수 있도록 나를 움직여 주신다.

성령님에 대해 예수님이 직접 하신 말씀을 기억해 보자. "보혜사 곧 아버지께서 내 이름으로 보내실 성령 그가 너희에게 모든 것을 가르치고 내가 너희에게 말한 모든 것을 생각나게 하시리라"(요한복음 14:26), "그러하나 진리의 성령이 오시면 그가 너희를 모든 진리 가운데로 인도하시리니 그가 자의로 말하지 않고 오직 듣는 것을 말하시며 장래 일을 너희에게 알리시리라"(요한복음 16:13). 사도 바울은 또 이렇게 말했다. "성령은 모든 것 곧 하나님의 깊은 것이라도 통달하시느니라"(고린도전서 2:10).

큐티가 어렵다고 느껴질 때마다 이 말씀들을 마음에 다시 새기자. 성령님께 도와달라고 겸손하게 간구하자. 성령님이 가르쳐 주고 생각나게 하며 하나님의 깊은 것까지 통달하게 해 주실 것을 믿자. 그럴 때 큐티는 쉽게 다가온다. 성령님과 함께하는 큐티는 정말 쉬워지고 즐거워진다.

겸손

묵상할 때 꼭 필요한 태도는 겸손이다. 앞에서 말한 대로, 나는 하나님의 말씀을 스스로 들을 수도, 볼 수도 없는 존재임을 고백하는 겸손이 필요하다. 성령님을 전적으로 의지하는 겸손이 필요하다.

큰 덩어리의 깨달음을 주시지 않아도, 크고 기이한 비밀을 단번에 보여 주시지 않아도, 그저 부스러기라도 얻기를 기다리는 겸손이다. 하나님의 생명이 묻어 있는 것이면 부스러기라도 감격하는 겸손이다. 하나님의 말씀을 먹어야 사는 존재라고 고백하며 엎드리는 겸손한 자를 하나님은 결코 물리치지 않으신다. 생명의 떡을 주고 깨달음의 복을 부어 주신다.

나는 늘 '부스러기라도' 하며 주님 앞에 나아가 주님께서 주시는 말씀을 기다렸다. 깨달음을 쉽게 주시지 않는 날은 수로보니게 여인을 다루신 주님을 생각하며 끝까지 매달렸다. 성령님께서 깨우쳐 주고 가르쳐 주실 것을 믿으며 겸손하게, 그러나 끈질기게 매달려 간구했다. 그럴 때마다 부스러기가 아니라 큰 덩어리를 안겨 주시는 주님을 만날 때가 많았다.

하나님을 왕으로 아버지로 주인으로 높이고, 나를 그분의 백성이요 자녀요 종으로 고백하는 겸손한 태도가 그 무엇보다도 중요하다. 이 겸손에서 하나님의 말씀을 경청하는 자세가 나온다. 그리고 "주의 계집종이오니 말씀대로 내게 이루어지이다"(누가복음 1:38)라는 마리아의 순종이 가능해진다.

하나님을 만나고자 하는 갈망

큐티의 핵심은 하나님을 만나고 그분을 바라보며 그분을 알아 가는 것이다. 따라서 큐티할 때 하나님을 만나고자 하는 갈망과 사모함이 필요하다. 열린 마음이 중요하다. 하나님께 무엇을 얻어 내는 데 관심이 있는 것이 아니라 그분의 얼굴을 구하는 순전한 갈망이 있어야 한다.

하나님은 말씀하신다. "너희가 전심으로 나를 찾고 찾으면 나를 만나리라"(예레미야 29:13). 그러기에 누구든지 전심으로 주님을 찾으면 주님을 만날 수 있다. 잠언 기자도 이렇게 말했다. "은을 구하는 것같이 그것을 구하며 감추인 보배를 찾는 것같이 그것을 찾으면 여호와 경외하기를 깨달으며 하나님을 알게 되리니"(잠언 2:4-5).

갈망하는 마음, 열린 마음으로 날마다 말씀 앞에 나아가 주님을 찾고 만나자. 성경 인물의 하나님이 아니라, 자기 자신의 하나님을 만나자. 주님의 눈빛과 마주치고 따스한 손길을 경험하자. 고쳐 주시는 능력을 힘입자.

신뢰

하나님께서 우리를 만나 주실 것을 신뢰해야 한다. 나를 나보다 더 잘 아시는 분이 오늘 나에게 꼭 필요한 말씀을 주신다는 것을 신뢰해야 한다. 성령님께서 보여 주고 들려주고 깨닫게 해 주실 것을 신뢰해야 한다.

예수님은 십자가 죽음을 향해 가는 길에도 소경이요 거지인 바디매오의 부르짖음을 들어주셨다. 그 부르짖음을 외면하지 않고 머물러 서 주셨다. 그의 원대로 보게 해 주셨다. 그 주님께서 보기를 원하는 우리의 부르짖음도 듣고 머물러 서 주실 것을 믿어야 한다. 우리의 눈을 열어 주의 법의 기이한 것을 보게 하실 것을 신뢰해야 한다.

그래야 주님을 만나려고 할 때 방해하는 장애물을 극복할 수 있다. 주님 만나기 위해 필요한 대가를 치를 수 있다. 귀가 열리고 눈이 열리는 과정을 소망으로 인내할 수 있다. 사실 처음에는 성경을 펴고 세미한 하나님의 음성을 들으려 할 때 잘못 알아들을 수도 있다. 기이한 주의 법이 잘 안 보여서 본문과 동떨어진 엉뚱한 생각을 할 수도 있다. 그러나 성령님께서 가르쳐 주고 진리로 인도해 주실 것을 신뢰하기에 계속할 수 있는 것이다.

무엇보다 필요한 것은 말씀의 능력을 절대적으로 100% 신뢰하는 것이다. 우리를 가장 선한 길로 인도하는 분이심을 신뢰하는 것이다. 늘 좋은 것으로 주는 분이심을 신뢰하는 것이다. 그래야 주시는 말씀이 우리 뜻과 달라도 그 말씀을 따라갈 수 있다.

사랑

묵상의 또 다른 핵심은 사랑이다. 우리를 그토록 사랑하시는 하나님을 우리도 목이 메도록 사랑하며 나아가는 만남을 추구해야 한다. 우리는 하나님의 사랑을 알고 느낄 때 그 하나님을 목숨 바쳐 사랑하게 된다. 큐티를 통해 날마다 하나님의 사랑을 느끼고 경험하면 하나님에 대한 우리의 사랑도 싹트고 점점 자란다.

뿐만 아니라 주님의 사랑을 날마다 먹기 때문에 강하고 당당해진다. 하나님의 사랑받는 자녀라는 정체성이 분명해진다. 그 사랑을 힘입어 세상과 구별된 삶을 살 수 있게 된다.

주님과 친밀해지고 사랑이 무르익을수록 주님의 관심이 내 관심이 되고, 주님의 소원이 내 소원이 된다. 주님께서 원하시는 것을 즐겁고 기쁜 마음으로, 자원하는 마음으로 행한다. 따라서 주님의 성품이 내적 열매로, 주님께서 기뻐하시는 사역의 열매가 외적 열매로 풍성히 맺히게 된다.

큐티를 통해 주님과 친해지고 사랑하는 사이가 되는 것을 놓치면 주님을 만나고 말씀을 따라 사는 것이 율법이 되고 짐이 된다. 나는 지금 어떤 자세로 큐티를 하고 있는가? 나는 무엇 때문에 큐티를 하는가? 점검해 보기 바란다.

순종

묵상의 목적은 성경을 연구하고 분석하는 것이 아니다. 지식을 쌓는 작업이 아니다. 주님께서 주신 말씀을 받고 순종하는 것이다.

따라서 알아들은 것만큼 살겠다는 헌신과 순종의 자세가 필요하다. 이해할 수 없고 내 뜻과 다른 말씀이라도 나를 위한 말씀이라고 신뢰하며 순종해야 한다. 주님은 나의 주인이요 아버지이기에 그 뜻을 따르는 것이다. 나를 사랑하는 분이요 내가 사랑하는 분이기에 그 말씀에 순종하는 것이다. 내 원이 아니라 그분의 원대로 따라가야 한다. 그래서 때로는 나를 쳐서 복종시켜야 하는 것이다.

신뢰, 겸손, 사랑, 순종은 서로 떼어 놓을 수 없는 사이요 모두 같이 다니는 친구다. 이런 모든 태도들은 묵상의 문을 열어 묵상의 깊은 세계로 인도해 주며, 열매 맺는 묵상으로 이끌어 준다.

5. 묵상, 이렇게 하면 잘할 수 있다

묵상을 위한 본문 읽기

듣는 자세로 읽는다

묵상은 기록된 말씀을 읽는 것이 시작이다. 그러나 말씀을 읽을 때, 활자화된 문자로 읽지 말고 살아 계신 하나님의 말씀으로 들어야 한다. 기록된 말 그 자체는 죽은 말이다. 아무런 생명이 없다. 문자는 사람을 죽인다고 바울은 말했다. "문자는 죽이는 것이요"(고린도후서 3:6, 우리말성경).

예수님은 "내가 너희에게 이른 말이 영이요 생명이라"(요한복음 6:63)고 하셨다. 그러므로 '기록된 말씀(written words)'을 '살아 있는 하나님께서 하시는 말씀으로(living words)'으로 듣는 것이 중요하다. 죽은 말이 아니라 살아 있는 말씀이요, 문자가 아니라 영이라는 것을 잊으면 안 된다.

그러므로 육신의 눈으로 읽지만, 마음의 귀로는 영으로 말씀하시는 하나님의 음성을 들어야 한다. 살아 계신 하나님이 바로 내 앞에서 하시는 말씀으로 경청해야 한다. 살아 계신 하나님의 음성으로 들을 때 그 말씀의 생명력이 나를 움직인다. "말씀하옵소서 주의 종이 듣겠나이다"(사무엘상 3:10).

반복해서 자세히 읽는다

성경을 여러 번 잘 읽기만 해도 묵상의 반을 했다고 할 정도로 반복해서 읽는 것이 중요하다. 서둘러서 한두 번 읽고 뭔가를 찾으려고 하는 조급함을 버려야 한다. 천천히 소리 내어 읽고, 눈으로 읽고, 마음으로 읽는다. 그렇게 최소한 세 번은 읽는다.

쭉쭉 읽어 가는 것이 아니라 자세히 살피며 읽는다. 단어 하나하나에 귀를 기울이며 읽되 한 문장을 읽은 후에 잠시 사이를 띄었다가 읽는다. 말씀 앞에 자주 머물러 서서 말씀을 주신 하나님을 생각하며 읽는다.

읽는 도중에 마음에 다가온 구절이 있을 때, 큰 깨달음이나 감정을 느끼지 못해도 그 말씀을 열 번 이상 소리 내어 반복해 보라. 그 말씀이 자신의 내면으로 스며드는 것을 경험할 수 있을 것이다.

사랑하는 사람이 보낸 편지라고 여기며 읽는다

사랑하는 사람에게서 온 편지를 어떻게 읽는가? 신문이나 잡지를 보는 태도와는 전혀 다를 것이다. 단숨에 읽지만 단어 하나하나를 놓칠세라 꼼꼼하게 읽을 것이다. 기대하고 설레는 마음으로 읽고 또 읽을 것이다. 분석하지 않고 말 그대로를 받아들일 것이다. 한마디 한마디를 음미하며 그 사람의 마음을 느낄 것이다. 글을 쓴 의도를 파악할 것이다. 다 읽은 후에도 그 말들이 마음에 계속 남아 있을 것이다. 그 말을 생각하며 때로는 혼자 웃기도 하고 행복해 하기도 할 것이다.

성경은 하나님께서 나에게 보내신 '연애편지'다. 설레는 마음으로 하나님의 사랑을 느끼며 말씀을 읽자. 그 사랑의 씨앗이 내 마음에서 싹트고 자라게 하자.

처음 읽는 것처럼 읽는다

큐티를 잘 못하는 두 부류가 있다. 한 부류는 교회를 다닌 지 얼마 안 되어 성경을 너무 모르는 사람들로, 성경의 언어가 너무 생소하고 배경 지식이 전혀 없으니까 당연하다. 그런데 안타깝게도 다른 한 부류는 신앙생활을 오래 하고 성경을 많이 아는 사람들이다. 이런 사람들은 성경에 대한 지식이 많기 때문에 어느 본문이든지 내용과 핵심을 빨리 파악한다. 그러나 자신에게 다가오거나 마음에 느껴지는 말씀이 없어 답답해 하는 경우가 있다. 본문의 내용을 이미 안다고 생각하고 거기서 들려오는 음성을 기대하지 않기 때문이다. 너무 익숙하니까 하나님 말씀을 신선하게 받아들이지 못하기 때문이다.

따라서 묵상할 때는 말씀을 늘 처음 대하는 것처럼 읽는 자세가 필요하다. 사실 똑같은 본문이라도 10년 전에 묵상할 때와 1년 전, 오늘과 내일이 달라야 한다. 왜 그럴까? 내 형편과 처지가 10년 전과 어제와 오늘이 다르기 때문이다. 같은 본문이라도 그때마다 주시는 음성은 다르다.

될 수 있으면 여백에 메모를 하지 않은 성경을 사용하기를 권한다. 메모해 놓은 것을 먼저 보면 본문에 대한 선입견이 들어가서 하나님께서 새롭게 주시는 음성이 잘 안 들린다.

시편 기자는 왜 그저 노래로 주님을 찬양하라고 하지 않고 '새 노래'로 찬양하라고 했을까? 늘 다른 노래를 부르라는 것일까? 그렇지 않다. 같은 노래라도 늘 새로운 마음으로 처음의 감격으로 부르라는 의미일 것이다. 말씀을 통해 주님을 만날 때도 새 마음으로, 처음 대하듯, 신선한 자세로 대해야 오늘 나에게 주시는 하나님의 음성이 들린다.

깊고 풍성한 묵상을 위하여

관주를 찾으라

본문의 의미와 직접적으로 관련이 있는 구절들을 다른 성경에서 찾아보며 묵상하는 방법이다. 성구 사전에서 중심 단어를 찾아보면 그 단어가 있는 다른 성경 말씀을 알 수 있다.

켄 가이어는 《묵상하는 삶》이란 책에서 "관주를 찾아보는 것은 장면에 살을 입히는 좋은 길이다."라고 말했다. 좀 더 포괄적 의미나 상황을 파악할 수 있기 때문이다. 더 풍성한 묵상으로 인도해 주기 때문이다. 또한 성경이 성경을 풀어 주거나 내용을 더해 주기 때문에 가장 확실하고 안전한 방법이기도 하다.

이 책 앞부분에서 언급했던 마가복음 1장 40-42절의 말씀을 가지고 관주를 어떻게 찾았는지, 그 유익함이 무엇이었는지, 예를 들어 보겠다.

본문은 "한 문둥병자가 예수께 와서 꿇어 엎드리어 간구하여"라고 되어 있다. 문둥병이 얼마나 심한 사람인지 언급하지 않고 있다. 문둥병자가 어떤 어려움을 겪으면서 예수님 앞에 나왔는지 배경을 알 수 없다.

그런데 같은 사건을 다루고 있는 상관 구절을 찾아볼 때, 마가복음에서는 알 수 없었던 배경을 알 수 있다. 누가복음 5장 12절은 이렇게 기록하고 있다. "예수께서 한 동네에 계실 때에 온몸에 문둥병 들린 사람이 있어" 마태복음 8장 1절은 이렇다. "예수께서 산에서 내려오시니 허다한 무리가 좇으니라"

이 두 구절은, 그가 온몸에 문둥병 들린 아주 중환자라는 것과, 그 사람이 예수님 앞에 나올 때 허다한 무리가 예수님 주변에 있었다는 것을 알게해 준다. 그 사실은 그가 예수님 앞으로 나오려고 할 때 많은 사람들이 돌을 던지며 물러가라고 소리를 지르는 장면을 그려볼 수 있게 한다. 그가 예수님 앞에 나오기가 얼마나 어려웠나를 알게 해 주는 것이다. 문둥병이 온몸에 퍼졌으니 그의 심정이 얼마나 괴롭고 절박했는지를 알게 해 주었다.

상관 구절을 이미 알고 있으면, 그 내용을 본문과 연결하므로 묵상할 때그 깊이를 더할 수 있다. 동일한 본문에서 "예수께서 민망히 여기사 손을 내밀어 저에게 대시며"라고 한 구절을 예로 들어 보자. 예수님께서 그를 만지신 것을, 그저 '문둥병자를 만지며 고쳐 주셨구나.' 하고 평범하게 생각할 수도 있다.

그러나 나는 레위기 13장을 통해 이스라엘에서는 문둥병자를 부정하게취급해서 진 밖에 혼자 살게 했고, 그를 만지면 부정하게 여긴다는 것을 알고 있었다. 그랬으니 예수님께서 문둥병자를 만진 것은 보통 일이 아니라고 보게 된 것이다. 예수님의 행동은, 율법을 무시한 행동이라고 사람들에게 꼬투리 잡힐 수도 있는 일이었다.

그렇다면 말씀 한마디로도 고칠 수 있는 분이 왜 구태여 부정한 문둥병자를 만지셨을까? 궁금해졌다. 그래서 주님께 왜 그러셨는지 질문했고 그 의도를 깨닫게 되었다. 이러한 과정을 통해, 율법을 뛰어넘는 예수님의 사랑을 뜨겁게 느낄 수 있었던 것이다.

관주를 찾거나 자신이 알고 있는 말씀을 다 동원해서 연결할 때, 이렇듯 상황을 좀 더 파악할 수 있고 묵상이 깊어지며 풍성해진다. 성경을 전체적으로 보는 안목이 넓어지는 유익함도 있다.

말씀에 집중이 안 되고 잡념만 생길 때도, 관주를 찾아 적어 보면 잡념도 물리치고 말씀에 집중할 수 있어 도움이 된다. 그날 본문에서는 안 들리던 주님의 음성이 관련된 다른 말씀을 통해 들릴 수도 있다.

특히 이야기가 들어 있지 않은 본문을 묵상할 때, 단어의 뜻을 풀어 주기도 하고 배경을 알 수 있게 해 주므로 큰 도움이 된다.

질문을 사용하라

왜 질문을 하는가? 질문을 한다고 하니까, 어떤 분은 그냥 믿으면 되지 뭘 그렇게 자꾸 캐묻느냐고 도전하는 분도 있다. 그런데 질문을 하는 이유는 의심하고 믿어지지 않아서가 아니다. 내가 믿고 사랑하는 하나님을 좀 더 알고 싶고, 그분과 좀 더 깊이 친해지고 싶어서 하는 것이다. 하나님의 깊은 마음과 뜻을 알고 싶어서, 그 비밀을 알고 동참하고 싶어서 드리는 질문이다. 애정이 담긴 관심이다. 아마도 일일이 여쭈어 보고 알고 싶어 하는 것을 주님은 더 기뻐하실 것 같다.

또 어떤 분은 성령님이 가르쳐 주실 때까지 기다리면 되지 왜 질문을 하고 답을 생각하느냐고 반문하시는 분도 있다. 그런데 성령님이 가르쳐 주시는 것을 기다리는 것이 그저 멍하니 앉아 있는 것을 의미하지는 않는다. 멍하니 앉아 있으면 멍하다. 성령님이 가르쳐 주실 것을 믿기 때문에 우리는 우리에게 주신 영혼의 뿌리, 지·정·의를 사용해서 질문하고 생각하고 느끼며 묵상을 한다. 그럴 때 성령님이 더욱 역사하시며 하늘의 문을 열어 영감을 보내 주실 때가 많다.

어떤 질문을 하는가? 육하원칙의 질문(누가? 언제? 어디서? 무엇을? 어떻게? 왜?)을 갖고 본문을 읽으면 내용을 쉽게 파악할 수 있다. 본문을 정확하게 관찰할 수 있다. 그중에서도 '어떻게?'와 '왜?'라는 질문은 의미와 의도를 생각하게 하므로 더 깊은 묵상으로 이끌어 준다. '그러면 나는?', '그래서 나는?' 하고 질문하는 것은 묵상에서 적용으로 넘어가는 다리 역할을 한다.

묵상하다가 본문 내용이나 하나님, 등장인물에 대해 궁금한 것들이 떠오르면, 그 질문들을 그대로 주님께 가져가 여쭙는다. 그리고 나서 주님께서 주시는 음성을 기다린다. 떠오르는 질문들을 노트에 적고 주님의 음성을 기다리면서 생각의 흐름을 적는 것이 좋다. 그럴 때 성령님이 주시는 신비로운 깨달음이 임하는 것을 경험할 수 있다.

그 과정 속에서 한 가지 질문이 또 다른 질문을 불러오는 경우가 많다. 질문들을 길게 연결해 보면 진리로 인도하는 통로가 되는 것을 알 수 있다. 좀 더 깊은 뜻을 발견하도록 연결 고리가 되어 주는 것이다. 로버트 루이스 스티븐슨은 질문의 효과를 일찍이 이렇게 말했다. "당신이 질문을 한 가지 하는 것은 마치 돌을 굴리기 시작하는 것과 같다. 당신이 언덕 위에 조용히 앉아 있어도 돌은 굴러가면서 또 다른 돌들을 굴러가게 만든다."

앞부분에서 나의 묵상 과정을 눈여겨 본 분은 내가 늘 질문으로 시작하는 것을 알아챘을 것이다. 질문을 하면서 말씀을 살펴보면 뜻밖의 단어를 통해 주님의 음성을 들을 때가 있다. 또 많은 경우 질문을 통해 주님과 대화하며 말씀에 깊이 들어가는 길을 발견한다. 겉에 표현되어 있는 주님뿐만 아니라 문자 뒤에 숨어 있거나 행간에 서 계신 주님을 만나기도 한다. 주님의 속사정을 알고 깊은 뜻을 헤아릴 때도 있다. 성경 인물의 마음과 만나고 그 심정을 느끼기도 한다. 나 자신을 향한 질문은 나를 찾아나서는 길잡이가 되기도 한다. 질문은 묵상을 깊고 풍성하게 하고, 적용을 좀 더 구체화하는 귀한 도구이다.

상상력을 동원하라

상상력이란 과연 무엇인가? 상상력을 사용하는 것은 묵상에 어떤 도움을 주는가? 장경철 목사는 그의 저서 《금방 까먹을 것은 읽지도 마라》에서 상상력에 대해 이렇게 말한다. "상상력이란 곧 이미지(image)를 만드는 능력입니다. 상상력으로 자료를 접할 수 있다면 우리는 표면을 보는 가운데 이면을 볼 수 있으며, 소리를 듣는 가운데 마음을 파악할 수 있고, 문자 속에서 영을 발견할 수 있습니다."

그렇다. 상상력을 동원하면 성경을 읽으면서도 표면을 보는 가운데 이면을 볼 수 있으며, 등장인물의 음성을 들으면서 그 마음을 파악할 수 있고, 문자로만 보이던 성경 속에서 하나님의 영을 만날 수 있다.

한때 '개념'을 중요시하던 알리스터 맥그래스(제임스 패커의 제자)의 말도 한 번 들어보자. 그는 《예수님을 경험하는 영성 훈련》이라는 책에서 묵상과 상상의 관계를 이렇게 말한다. "묵상이란 마음의 모든 정서적 힘과 사랑의 관심과 지속적 기쁨을 동원해서 성경의 내용을 상상 속에 펼쳐 보는 것이다." 또한 '상상'의 유익에 대해 이렇게 말한다. "성경과 만날 때 최고의 유익을 누리려면 우리의 지성과 가슴과 '상상'이 하나로 모아져야 한다. 상상력은 우리를 그 현장으로 데려다 준다. 성경 지식에 기초해서 갈보리 사건을 상상해 보았을 때, 나는 그리스도의 구속의 죽음이라는 사무치는 격정과 고통을, 난해하고 애매한 신학 서적을 읽을 때보다 더 강하고 실감나게 맛볼 수 있었다."

상상력을 동원해서 묵상하는 것은 성경 속으로 들어가 그 현장을 눈으로 보듯 시각화하는 것이다. 영화의 한 장면처럼 상황을 설정하고 성경 인물들의 얼굴 표정을 그려 보는 것이다. 말소리를 들을 때 그 억양과 음색을 직접 상상으로 듣는 것이다. 당시의 색채와 표정이 되살아나면서 무리들의 웅성거리는 소리와 애절한 외침과 웃음소리를 듣는 것이다. 그 표정과 소리에서 안타까운 감정을 또는 기쁜 감정을 느끼는 것이다. 불쌍히 여기시는 주님의 마음을 느끼며 주님을 만나게 되는 것이다.

상상력은 이렇듯 성경 속으로 들어가는 문을 열어 준다. 현장에서 주님을 만나고, 성경 인물들의 내면세계를 이해하고 감정을 느끼도록 안내해 준다. 주님의 살아 있는 음성을 듣고 반응하게 해 준다. 주님의 고치시는 능력과 접촉하고, 치유받는 경험을 하게 해 준다.

그러나 유진 피터슨은 '상상'을 '공상'이나 '환상'과 혼돈해서는 안 된다고 우려의 말을 하기도 한다. 하나님의 크고 광대한 계시의 세계를 받아들이기에는 인간의 세계가 작고 비좁기 때문에 우리의 상상력을 개조해야 한다고 지적한다.

그렇기 때문에 우리는 성령님 안에서 상상의 날개를 편다. 성령님은 우리의 상상력을 성화시켜 거룩한 상상으로 이끌어 주신다. 깊고 광대한 하나님의 세계를 바라보게 하신다. 하나님의 얼굴을 바라보게 하시고 그 영광을 바라보게 하신다.

나는 상황이 묘사된 본문을 묵상할 때, 오감을 다 열고 거룩한 상상력을 동원해서 말씀 속에 들어간다. 본문을 영화의 한 장면처럼 재구성하고 그 분위기를 느낀다. 성경 인물이 되어 그의 자리에서 주님을 바라본다. 주님의 눈빛과 마주쳐 본다. 주님의 음성의 색깔과 억양을 들어 본다. 주님께서 만져 주심을 느껴 본다. 그러면서 주님과의 순전한 만남이 이루어진다. 주님께서 실제로 나를 터치하고 나에게 말씀하시는 경험을 하게 된다.

나는 시몬 베드로에게 자신을 따르라고 부르시는 예수님을 묵상할 때, 그분 음성의 색깔과 어조와 크기를 상상해 보다가 그 음성에서 거부할 수 없는 단호하고 강한 카리스마를 느낄 수 있었다. 그 눈빛을 상상해 보다가 온화하지만 강렬하게 사람을 끌어당기는 흡인력을 느낄 수 있었다. 나를 바라보시는 예수님의 눈빛과 마주치고 나를 부르시는 음성을 듣게 되었다. 그 음성에 사로잡혀 나도 베드로처럼 그물을 놓고 주님을 따라나설 수 있었다.

성경 인물을 밀쳐 내라

묵상하는 사람은 말씀을 객관적으로 관찰만 하는 사람이 아니다. 그 말씀을 개별화하고 주관화하며 능동적으로 참여하는 사람이다. 또한 시공간을 초월하시는 하나님께서 지금도 여전히 살아 계신다는 것을 잊으면 안 된다. 성경의 사건이 현재 자신도 체험할 수 있는 살아 있는 사건임을 기억해야 한다. 그럴 때 성경 속의 인물을 밀쳐 내고 자신이 그 주인공이 될 수 있다. 그 인물의 하나님을 자기의 하나님으로 만나고 경험할 수 있다.

큐티 모임에 나오는 어떤 자매는 마태복음 15장을 묵상하다가 등장인물인 가나안 여인을 밀쳐 냈다. 자신이 그 자리에 들어가 예수님께 부르짖었을 때 마침내 가나안 여인이 만났던 주님을 경험했다.

가나안 여인은 예수님 앞에 나와서 "주 다윗의 자손이여 나를 불쌍히 여기소서 내 딸이 흉악히 귀신 들렸나이다"(마태복음 15:22)라고 말했다. 딸이 귀신 들렸으면 딸을 불쌍히 여겨 달라고 하지 왜 자신을 불쌍히 여겨 달라고 했을까, 그 자매는 궁금했다. 생각해 보니 몹쓸 병으로 고생하는 딸을 옆에서 지켜보는 엄마는 그 마음이 더 아프다는 사실을 절감할 수 있었다. 자매도 아들이 아파서 마음고생이 심했기 때문이다.

그 자매의 아들은 너덧 살 때부터 주일학교에서 선생님 말에 귀를 기울이지 않고 딴청을 피운다는 지적을 많이 받았다. 엄마는 애가 어려서 그러려니 하고 대수롭지 않게 여겼다. 그런데 유치원에 다니면서부터 엄마의 눈에도 조금씩 이상한 점이 눈에 띄었다.

초등학교를 들어가서는 학업에 전혀 집중하지 못하는 것이 확연해졌다. 보통 아이들이 책 한 권을 읽을 때 아들은 한 장을 넘기는 것도 힘들어했고, 10분이면 끝낼 과제를 몇 시간 앉아 있어도 스스로 하지 못했다. 수업 시간에는 책도 꺼내 놓지 않고 멍하니 앉아 있어서 선생님이 할 일들을 종이에 적어서 책상에 붙여 주고 계속해서 재촉해야 했다. 방과 후 숙제를 할 때도 책 한 줄을 읽고 멍하니 있기 일쑤였다. 엄마가 곁에서 함께 앉아 서너 시간씩 잔소리해야 겨우 해냈다. 타일러도 보고 협박도 해 보고 벌도 줘 보고 할 수 있는 방법을 다 했지만 아이는 달라지지 않았다.

해결 방법을 찾으려고 자녀교육에 대한 자료들을 읽다가 엄마는 아들애의 증세가 '주의력 결여장애(Attention Deficit Disorder)' 와 같다는 것을 발견했다. 그렇지만 아들애를 병자 취급하고 싶지 않아서 전문가에게 확인하지 않았다.

자신의 힘으로 아들을 고쳐 보려고 몇 년 동안 애를 쓰면서 자기도 병들어 갔다. 얼굴은 아들 걱정으로 항상 수심에 차 있고 언제부터인가는 심한 두통에 시달리기 시작했다.

그 무렵에 바로 이 본문을 큐티하게 되었고, 가나안 여인의 호소를 들은 것이다. 예수님께 "나를 불쌍히 여기소서!" 하는 그 여인을 보니 자기도 예수님께 그렇게 호소하고 싶은 마음이 들었다.

그 여인이 경험한 예수님을 자신도 경험하리라 결심했다. 예수님께서 냉정하게 대하고 개처럼 취급하는 데도 끝까지 매달린 여인처럼, 자기도 포기하지 않고 강청하기로 했다. 믿음으로 딸을 고친 여인처럼, 자신도 믿음으로 아들을 고쳐 보리라 결단했다. 가나안 여인을 성경 속에서 '밀쳐 내고' 자신이 그 자리로 들어가서 주님 앞에서 부르짖기 시작했다.

그전에도 물론 아들을 위해 기도했지만, 이때부터는 가나안 여인처럼 부르짖어 기도했다. 자신도 병들었으니 자신을 불쌍히 여겨 달라고 부르짖었다. 아들애를 정상 아이로 고쳐 달라고 부르짖었다. 주님을 부를 때도, "가나안 여인의 믿음을 보고 흉악히 귀신 들린 딸을 고쳐 주신 예수님"이라고 구체적으로 불렀다. 주님께서 들은 척하지 않아도 낙심하지 않았다. 자신의 믿음을 시험하려고 그러시는 것을 알기에 포기하지 않았다. 아들에게 아무런 변화가 없어도 계속해서 믿음으로 부르짖었다.

그런데 어느 날부터 아들이 조금씩 달라지기 시작했다. 산만한 태도에 변화가 일어나기 시작했다. 멍하니 앉아 있는 시간이 점점 줄더니 숙제하는 시간도 단축되었다. 시간이 좀 더 흐르니 정상 아이와 다를 바 없을 뿐아니라, 오히려 탁월한 아이가 되었다.

가나안 여인을 밀쳐 내고 그 자리에 자기가 들어가더니, 그 자매는 결국 가나안 여인의 주님을 자신의 주님으로 경험하게 된 것이다!

어제나 오늘이나 동일하신 하나님은 지금도 살아서 동일하게 역사하신다. 성경에서 주인공을 밀쳐 내고 그 안에 들어가라. 그 주인공이 만났던 하나님을 바로 오늘 나의 하나님으로 만나고 경험할 수 있다.

묵상하기

초점을 하나님께 맞추고, 하나님은 어떤 분이신지를 찾는다

묵상에서 가장 중요한 것이 무엇일까? 하나님을 만나서 교제하는 것이고, 하나님을 아는 것이다. 때문에 본문에서 하나님을 찾아야 한다. 켄 가이어는 말했다. "하나님은 나와 단순히 인격적 관계만 원하시는 것이 아니라 친밀한 관계를 원하신다. 그래서 나는 성경을 읽을 때 그분을 찾아 읽는다."

본문에 나오는 표현 그대로 찾는다.

본문에서 하나님(성부, 성자, 성령)에 대해 표현한 말씀을 찾아서 그분을 어떻게 묘사하고 있는가를 살펴본다. 하나님의 모습, 의도, 뜻, 생각, 섭리, 심정 등을 생각해 본다. 하나님이 자기 자신에 대해 직접 밝히신 부분도 있고, 하나님께서 하시는 말씀이나 일을 통해서, 등장인물들의 고백을 통해서 찾을 수 있다.

간접적인 표현이나 전후 문맥을 살피면서 하나님을 찾는다.

하나님이라는 단어가 나오지 않은 본문에도 하나님께서 계시다는 것을 기억하고 하나님은 어떤 분이신지를 찾는다. 물론 너무 억지로 찾을 필요는 없지만, 묵상할 때는 항상 본문에 하나님께서 계시고 내가 있다는 사실을 잊지 않아야 한다.

예를 들면, 에스더서에는 하나님이라는 단어가 한 번도 나오지 않지만 그 말씀 속에서 우리는 하나님께서 살아 역사하고 계심을 볼 수 있다. 에스더의 하나님, 모르드개의 하나님, 이스라엘 백성의 하나님을 만날 수 있다. 이러한 읽기를 거쳐서 물론 나의 하나님을 만나는 것이 목적이다.

본문에서 만난 하나님께서 오늘 나에게 하시는 말씀을 잘 경청하며 기록한다.

의미 있게 다가오는 말씀에 주의를 기울인다

처음으로 부딪치는 말씀이나, 마음에 깨달아지는 말씀, 의문이 생기는 말씀이 있으면 오늘 주시는 말씀으로 받는다. 그 말씀을 중심으로 묵상할 수도 있다.

적용하기

적용은 묵상으로 마음에 온 감동을 인격과 생활에서 순종하는 과정이다. 때문에 묵상할 때 마음에 '감동'받는 것이 중요하다.

하나님께 초점을 맞추고 묵상하다 보면 하나님에 대한 인식이 구체화되거나 새삼 강해지면서 은혜를 체험하고 감동과 감격이 일어난다. 그렇게 내면세계에 영향을 받고 변화가 일어나는 것을 내적 적용이라고 할 수 있다. 죄를 깨닫는다든지, 두려움이 사라지고 평강이 임한다든지, 좌절했던 마음에 용기가 생긴다든지, 자신이 하나님의 사랑받는 자녀라는 인식이 강해진다든지, 믿음이 견고해진다든지, 내적 치유가 일어난다든지 하는 것들은 내적으로 적용이 이루어진 것이다.

더 나아가, 하나님의 뜻과 인도하심을 발견하고 감사와 회개, 결단과 실행 등으로 발전한다면 외적 적용이라고 할 수 있다. 외적 적용은, 성경에 나타난 과거의 사건이나 진리가 현재 나의 현실에서 무엇을 의미하는가를 찾고, 그것을 통해 나타난 하나님 뜻에 순종하는 과정이라고도 할 수 있다.

적용은 묵상의 목적이요, 적용이 없는 묵상은 열매 없는 나무와 같다. 적용이 안 되면 영적으로 허탈해지고 힘이 빠진다. 따라서 묵상은 내적이나 외적인 적용으로 이어져야 한다. 그중에서도 내면의 변화를 뜻하는 내적 적용이 더 우선되어야 한다. 곁 가지를 정리하는 것도 중요하지만, 뿌리를 튼튼하게 하는 것이 더 중요하기 때문이다.

큐티를 처음 할 때만 해도 나는 걱정과 염려의 명수였다. 때문에 많은 경우 나의 적용은 걱정과 염려를 하지 않겠다는 결단이었다. 그렇지만 그렇게 결심을 해도 염려와 걱정을 여전히 달고 다녔다.

그런데 큐티를 지속적으로 하던 어느 날, 예전 같으면 당연히 놀라고 근심거리가 될 큰일 앞에서도 걱정하지 않는 나를 발견하게 되었다. 묵상을 계속하면서 하나님에 대한 인식이 강해졌기 때문이었다. 주님께서 나의 문제를 해결해 주실 것이라는 믿음으로 이어졌기 때문에 결심하지 않아도 웬만한 일에는 걱정하지 않는 사람으로 바뀌게 된 것이다.

내 결심으로 처리하지 못했던 부분이 하나님에 대한 인식이 강해질 때 저절로 해결되는 것을 경험하면서, 외적 적용을 기계적으로 찾는 것보다 하나님과의 만남이 중요하며 내면의 변화가 더 우선되어야 함을 깨달았다.

그렇다고 외적 적용을 소홀히 해도 된다는 말은 절대 아니다. 다만 내적 변화 없이 외적인 것만 말끔하게 처리하는 차원의 적용을 피하라는 뜻이다. 내적 적용이 중요한 만큼 손과 발을 움직이는 외적 적용 역시 당연히 중요하다.

묵상이 잘 익으면 적용은 열매로 나타난다. 제일 바람직한 것은 묵상이 잘 익어서 눈빛과 언어와 삶에 구체적으로 열매가 맺히는 것이다. 하지만 묵상을 푹 익히지 못할 때가 있다. 묵상을 했는데도 마음에 아무런 감동이나 깨달음이 없을 때가 있다. 큐티를 처음 시작하면 더욱 그렇다. 그럼, 묵상이 잘 익을 때까지 기다리기만 해야 하나? 감동이 없으니까 적용을 안 해도 되나? 그렇지 않다.

먼저 의지적으로 말씀에 순종하는 것이 필요하다. 그러면 그다음에 감정과 지식의 변화가 따라오는 것을 경험할 수 있다. 의지적으로 적용을 먼저 하면 그다음에 기쁨이 따라온다. 적용한 말씀은 결코 잊히지 않는 말씀이 된다. 작은 것부터 적용하면, 적용이 모여 삶의 변화를 경험하고 큐티의 맛을 알게 된다. 그러면서 큰일도 적용할 수 있는 힘이 길러진다.

적용이 중요하다고 너무 적용만을 강조하거나, 적용을 위한 적용은 바람직하지 않다. 말씀을 자기 상황에만 맞게 아전인수 격으로 적용해도 안 된다. 또 너무 '해야 한다. 하지 말아야 한다.'에 얽매여도 안 된다. 내가 내 힘으로 순종하려고 해도 안 된다.

말씀뿐만 아니라 그 말씀에 순종할 수 있는 힘도 하나님께 공급받아야 한다. 적용은 자기 기쁨이나 만족을 위해서 하는 것이 아니다. 윤리적·도덕적으로 삶을 깔끔하게 정리하는 것이 아니다. 하나님께서 원하고 기뻐하시는 모습으로 바꾸어 나가는 것이다. 그래서 적용은 나에게서 비롯되는 것이 아니고 하나님 기준에서 비롯되어야 한다.

적용할 때 실천하는 것도 어렵지만, 몇천 년 전의 성경 사건이 오늘을 사는 나의 삶과 무슨 관계가 있는지 그 적용점을 찾기가 어렵다는 사람도 많다. 말씀과 삶을 연결하는 적용점을 찾기가 어려운 이유는 여러 가지가 있다. 그중 가장 큰 이유는 삶을 살아가는 태도다. 삶의 순간마다 의미를 두지 않고 그저 바쁘게만 달려가는 자세 때문에 그렇다. 하루 종일 바쁘기는 했는데, 무엇 때문에 바빴는지 일일이 기억도 하지 못한 채 지날 때가 많다. 그러니 말씀을 깨닫기는 해도 내 삶의 어느 부분을 말씀하시는지, 어느 부분과 연결되는지 발견하기가 쉽지 않은 것이다.

그런 문제를 해결하기 위해서는, 삶을 촘촘하게 쪼개 보아야 한다. 구석구석 살펴보아야 한다. 나는 지금도 그날의 말씀과 내 삶이 연결되지 않을 때 하는 작업이 있다. 전날의 일과를 한 시간이나 30분 간격으로 다시 살피며 내가 갔던 장소, 했던 일들, 만난 사람들, 또한 그들과의 대화, 내가 목격한 사건, 내 마음속에 일어났던 생각, 느낌 등을 쭉 적으며 살펴보는 것이다. 그럴 때, 사건이나 사람을 통해서 하나님께서 내 삶에서 하시는 일을 다시 발견할 수도 있고, 의식하지 못했던 내 감정이나 실수 등도 다시 볼 수 있다. 성경의 사건이 오늘날 나의 사건으로 다가오며 말씀이 내 삶과 연결되는 것을 발견하기도 한다.

삶을 촘촘히 볼 뿐만 아니라, 일상에서 순간마다 하나님의 뜻을 찾으며 사는 습관을 키우는 것이 중요하다. 그런 의미에서 잠언 기자의 자세와 지혜를 배울 필요가 있다. "내가 증왕에 게으른 자의 밭과 지혜 없는 자의 포도원을 지나며 본즉 가시덤불이 퍼졌으며 거친 풀이 지면에 덮였고 돌담이 무너졌기로 내가 보고 생각이 깊었고 내가 보고 훈계를 받았었노라 네가 좀 더 자자, 좀 더 졸자, 손을 모으고 좀 더 눕자 하니 네 빈궁이 강도같이 오며 네 곤핍이 군사같이 이르리라"(잠언 24:30-34). 잠언 기자는 지나는 길에 가시덤불과 거친 풀이 지면에 덮이고 포도원 돌담이 무너진 것을 보았다. 그런데 그저 보고 지나치거나 포도원 주인을 게으르다고 흉보며 가지 않았다. 그는 보고 생각했다. 그리고 또 보았다.

그뿐만 아니라 그 본 것이 자기에게 어떤 교훈을 주는지 생각했다. 그는 일상에서 세심하게 관찰하는 지혜가 있었다. 생각이 깊었다. 그럴 때 길을 가면서 본 한 장면을 통해 훈계를 받았다. 그 교훈은 이미 잠언 6장 10절에 있는 말씀과 꼭 같은 내용이다. 무엇을 말해 주는가? 그는 삶에서 목격한 한 장면과 자기가 알고 있는 교훈을 생각하고 연결한 것이다. 자기에게 주는 훈계로 자기에게 적용한 것이다.

우리도 삶 속에서 '보는' 자세(관찰)와 '생각' 하는 자세를 키워 가면 말씀과 삶을 더 잘 연결할 수 있다. 사건을 통해서 주시는 하나님의 음성도 더 잘 들을 수 있다.

아침 큐티 시간에 그날에 적용할 모든 것을 다 파악하고 다 연결하지 않아도 된다. 일상 속에서도 말씀을 심령에 살아 있게 하면, 보는 자세와 생각하는 자세로 지내면, 그날 삶 속에서 일어나는 사건에 그 말씀이 부딪치고 적용될 때가 있다.

적용을 위해서는 3P를 기억해야 한다. 개인적이고(Personal), 구체적이고(Practical), 가능성(Possible) 있는 것으로 적용해야 한다.

많이 알려진 'SPACE' 방법으로 나에게 주시는 말씀과 적용점을 찾을 수도 있다.

S-내가 자백해야 할 죄(Sins to confess)는 무엇인가?

P-내가 붙잡아야 할 약속(Promises to claim)은 무엇인가?

A-내가 피해야 할 행동(Actions to avoid)은 무엇인가?

C-내가 순종해야 할 명령(Commands to obey)은 무엇인가?

E-내가 따라야 할 모범(Examples to follow)은 무엇인가?

이쯤에서 묵상과 적용의 과정을 다시 정리해 보자.

하나님을 찾으며 묵상하는 방법

· 본문을 묵상 읽기의 원리를 따라 거듭 읽는다.
· 본문에서 하나님을 묵상한다.
· 본문의 하나님을 나의 하나님으로 개별화한다.

  ('본문의 하나님은 나에게 어떤 분이신가?' 라는 질문으로)

· 그 하나님으로 인해 자신의 내면에 일어난 변화를 살펴본다.

  ('하나님은 나에게 어떤 영향을 끼치셨나?' 라는 질문으로)

· 하나님께서 직접 주시거나 사건이나 인물을 통해서 주시는 약속, 권고, 위로, 명령, 책망, 교훈 등의 음성을 듣는다.

  ('하나님은 내가 어떻게 하기를 원하시나?' 라는 질문으로)

· 하나님 음성에 적절히 반응하며, 자신의 상황과 문제와 연결해서 실천한다.

위에서 언급한 묵상과 적용 과정을 다음 3가지 질문으로 좀 더 간단하게 정리할 수 있다.

· 본문의 하나님은 나에게 어떤 분이신가?
· 하나님은 나에게 어떤 영향을 끼치셨나?
· 하나님은 내가 어떻게 하기를 원하시나?

한 단어를 중심으로 묵상하는 방법

· 묵상 읽기의 원리를 따라 거듭 읽는다.
· 마음에 특별히 다가오는 한 가지 단어나 구절이 있으면 그 말씀을 중

심으로 집중하여 생각하되 하나님의 임재와 감동을 느끼며 묵상하고 동일한 원리로 적용한다.

묵상과 적용의 실습

사실 이 책의 내용은 모두 묵상과 적용의 실제이다. 그러나 이제까지 소개한 이론을 가지고 다시 한 번 묵상과 적용의 과정을 살펴보자. 보통은 하루에 10절 내지 15절의 말씀을 묵상하지만, 여기서는 더 짧은 말씀을 가지고 '예수님은 어떤 분이신가?'를 찾고 만나는 묵상과 적용을 실습해 보기로 하자.

"회당에서 나와 곧 야고보와 요한과 함께 시몬과 안드레의 집에 들어가시니 시몬의 장모가 열병으로 누웠는지라 사람들이 곧 그의 일로 예수께 여짜온대 나아가사 그 손을 잡아 일으키시니 열병이 떠나고 여자가 저희에게 수종드니라"(마가복음 1:29-31).

분문에서 예수님에 대한 표현을 구체적으로 찾아보자. 이 본문에는 예수님이라는 단어는 나오지 않았다. 바로 위의 문장을 보면 주어가 예수님과 제자들이다. 따라서 29절에서는 '회당에서 나와 야고보와 요한과 함께 시몬과 안드레의 집에 들어가신 예수님'을 찾을 수 있다. 예수님이 제자의 집에 심방 가신 것이다. 이렇게 요즘 우리가 쓰는 말로 바꾸어 보면 좀 더 실감이 나고 나에게 가깝게 다가오는 것을 느끼게 된다. 31절에서는 시몬의 장모의 열병을 고쳐 주시는 예수님을 찾을 수 있다.

큐티를 처음 시작하는 사람은 29절의 '심방하시는 예수님'이나 31절의 '열병을 떠나게 하시는 예수님'을 통해서 자기 마음에 와 닿는 부분을 간단하게 묵상하고 적용할 수 있다.

묵상과 적용 사례1: "주님, 우리 집에도 심방 와 주세요"
예수님은 사역하시면서 제자의 집을 심방하셔서 장모의 병도 고쳐 주셨다. 예수님께서 우리 집도 심방해 주시면 좋겠다. 우리 집에도 아픈 사람이 있는데 오셔서 고쳐 주시면 좋겠다. ○○○ 문제가 있는데 해결해 주시면 좋겠다.
"주님, 우리 집도 심방해 주세요. 누구누구를 고쳐 주세요. 그리고 ○○○ 문제도 해결해 주세요."

묵상과 적용 사례2: "주님, 저도 그 집사님 댁을 심방 가겠습니다"
예수님은 바쁜 사역 중에도 제자의 집을 심방하셔서 장모의 열병을 고쳐 주셨다. 바쁜 가운데도 심방하시는 예수님을 뵈니, K 집사님 댁에 심방을 가겠다고 하고는 바빠서 미뤄 왔던 것이 마음에 찔린다. 바쁘다는 것이 핑계라는 것을 알게 하신다. 오늘은 바빠도 몇 주째 교회를 나오지 못하고 있는 그 집사님을 심방하라고 주님께서 말씀하시는 것 같다. 아무리 바빠도 시간을 내서 그 집에 가 보라고 하신다.
"주님, 그런데 오늘은 도저히 그 시간을 낼 수 없는데, 어떻게 하죠? 내일 가야 할 것 같은데요."
그런데도 계속 오늘 가라는 주님의 강권하심이 느껴진다. 아무래도 다른 일을 취소하고 스케줄을 다시 조정해서 그 집사님 댁을 가야 할 것 같다.

"주님, 오늘 그 집사님 댁을 심방하겠습니다. 만약 그 가정에 어려운 일이 있으면 주님께 해결해 달라고 기도하겠습니다. 주님께서 역사해 주실 것을 믿습니다."

이제는 질문과 상상력을 동원해서 좀 더 깊이 들어가 보자.

질문과 상상력으로 묵상하기

· 예수님은 어디서 나오셨나?
· 거기서 무엇을 하셨나?
· 그 일은 예수님께 어떤 영향을 끼쳤을까?

예수님은 회당에서 권세 있는 가르침으로 사람들을 놀라게 하셨다. 그분을 알아보는 귀신을 쫓아내셨다. 가르치고 귀신을 쫓는 일은 영적 에너지가 많이 소비된다. 육신적으로도 지칠 수 있다. 그런데도 예수님은 쉬지 않고 두 제자들을 데리고 시몬과 안드레의 집을 심방하셨다.

이렇게 회당에서 무슨 일을 하셨는지 회당에서 나오실 때는 육신적으로 어떤 상태셨는지 예수님의 입장이 되어 보니, 회당에서 나오자마자 심방하신 일이 쉬운 일이 아니었음을 깨닫게 된다. 그럴 때, 간단하게 적으며 묵상할 때보다 더 감동을 받게 된다. 그 감동의 힘으로 나도 바쁜 일정을 무릅쓰고 심방을 할 수 있고, 우리 집에도 심방을 해 주시라고 간구할 수도 있다.
더 많은 질문이 이어질 수 있다.

· 예수님은 왜 바쁜 일정에 시몬의 집을 심방하신 것일까?
· 왜 하필 시몬의 집일까?
· 그물을 놓고 예수님을 따라나선 시몬은 장모가 열병을 앓고 있을 때 마음이 어땠을까?
· 예수님께서 심방 오셔서 장모의 열병을 고쳐 주셨을 때는 어땠을까?
· 그러면 시몬에게 예수님은 어떤 분인가?

시몬이 그물을 던지고 가족들을 남겨 둔 채 예수님을 따라가는 것도 쉬운 일이 아닌데, 장모까지 열병으로 누워 있었으니 마음이 편치 않았을 것이다. 우리가 선교를 떠난다고 해 보자. 그럴 때 아이나 배우자가 아프다면, 집안의 어른이 편찮으시다면 떠나는 마음이 어떻겠는가? 시몬의 입장이 되어 보니 그 마음이 어땠을까 짐작이 간다.

예수님은 시몬의 그 무거운 마음을 아신 것 같다. 그래서 공생애를 시작하셔서 바쁜 일정 속에서도 일부러 시몬의 집을 심방하신 것 같다. '그렇구나! 예수님은 그분을 따라나선 시몬의 형편도 알고 그 심정도 아시는구나! 문제를 해결해서 제자의 마음을 편케 해 주는 분이시구나!' 하고 깨달아진다. 그럴 때 잔잔한 감동이 밀려오는 걸 느낄 수 있다.

베드로의 감격이 어떠했을지 알 것 같다. 우리는 자신의 사정과 마음만 알아주어도 위로를 받는다. 그런데 친히 심방해 주고 장모의 열병을 고쳐 문제를 해결해 주셨으니 얼마나 기뻤겠는가? 더구나 장모가 예수님의 능력과 사랑을 경험하고 예수님을 수종들게 되었으니 얼마나 더 감사했겠는가? (그런데 시몬의 장모는 왜 열병이 났을까? 사위가 밥벌이도 안 하고 자신의 딸과 손자들을 버려둔 채 예수님을 따라나서서 열병이 난 것은 아니었을까?)

그러면 베드로의 입장에서 예수님은 어떤 분이신가를 보자.

· 자신을 따라나선 제자의 형편과 무거운 마음을 아시는 예수님
· 제자의 주변 문제를 해결해 주고 평안을 주시는 예수님
· 제자의 가족을 치유할 뿐만 아니라 인격적으로 만나 주고 주님께 수
  종들게 하시는 예수님

이런 베드로의 예수님을 만날 때 그 예수님이 나의 예수님으로 다가올 수 있다. '내가 예수님을 따라나설 때도 내 문제를 다 알고 해결해 주시겠구나.' 만약 자신은 좀 더 헌신적으로 주님을 섬기고 싶은데 믿지 않는 배우자 때문에 마음에 부담이 많은 사람이 있다면, '이 주님께서 내 배우자도 만나 주고 불신의 영을 떠나게 해 주시겠구나. 주님께 수종드는 사람이 되게 해 주시겠구나.' 하고 믿음이 생길 수도 있다. 그래서 더욱 예수님을 따라나설 용기가 솟아나기도 한다. 내적 적용이 이루어지는 것이다. 그럴 때, 자기 문제를 내놓고 믿음으로 기도한다든지 예수님을 따라나설 결단을 할 수 있다. 그 믿음대로 이루어지는 것을 경험할 수 있다.

나는 이 말씀을 10여 년 전에 묵상하면서 시몬 베드로의 예수님을 나의 예수님으로 만났다. 그때 우리 부부는 사역 때문에 아들만 집에 두고 외출

할 때가 많았다. 그 애가 중학생 때니까 집에 혼자 있을 수는 있었다. 그러나 가끔씩 사춘기 증세가 보일 때는 혼자 두고 다니는 것이 우리 마음에 걸렸다. 그 무렵 예수님께서 그분을 따라나선 시몬의 입장을 아신다고 생각하니 그렇게 위로가 될 수 없었다. 그 주님이 우리의 마음도 아신다고 믿어졌다. 베드로의 장모를 열병에서 일어나게 하시는 것을 보니, 그분을 따라나선 우리 부부도 기억하고 우리 아이도 책임져 주시리라 믿어졌다.

나는 그때 주님을 이렇게 부르며 믿음으로 기도했다.

"시몬이 주님을 따라나설 때 그 장모의 열병을 고쳐 주신 예수님, 우리 부부도 주님을 따라나섰는데 혼자 집에 두고 다니는 아들을 책임져 주실 것을 믿습니다. 가끔씩 사춘기 열병을 앓기도 하는데 그 열병도 떠나게 하실 것을 믿습니다. 그리고 저희 애도 주님을 경험하고 수종드는 사람이 될 것을 믿습니다."

그럴 때는 '책임져 주세요. 낫게 해 주세요.'라고 간구하지 않고 그렇게 해 주실 것을 믿고 고백한다. 그러면 주님께서 그 믿음의 고백대로 일해 주시는 것을 경험할 수 있다. 주님은 우리 애가 혼자 있는 많은 시간을 지켜 주시고, 주님을 섬기는 아이로 키워 주셨다.

이번에는 예수님께서 시몬의 장모의 열병을 고치시는 장면을 상상하며 떠오르는 질문을 해 보자.

· 예수님은 언제 그 장모의 열병을 고치셨나?

본문을 다시 보니, 예수님은 사람들이 시몬의 장모가 아프다고 하는 말을 듣고 나서야 움직이셨다. 그러면 예수님은 그 여인이 아픈 것을 모르셨나? 사람들이 말해서야 아신 건가? 그렇지 않다. 우리가 아는 예수님은 전지전능한 분이시다. 예수님은 이미 다 아셨다. 그 장모가 열병 걸린 것을 알고 오셨다고 본다. 그렇다면 알고 계셔도 사람들이 여쭐 때, 중보기도 할 때 일하시는 예수님이다. 주님이 역사하시는 방법은 때마다 일마다 다르다. 어떤 경우는 우리가 간구하지 않아도 먼저 일하실 때가 있다. 그러나 이 본문에서 만나는 예수님은 '중보기도를 듣고 역사하시는 예수님'이다.

· 그러면 그 예수님은 오늘 내가 어떻게 하기를 원하실까?

그 사람들처럼 누군가를 위해 중보기도 하라는 주님의 음성을 들을 수가 있다. 그 중보기도 하는 사람들을 통해 교훈을 받는 셈이다. 그들이 중보기도 했을 때 예수님께서 일하신 것처럼, 나의 진심어린 중보기도도 듣고 일하실 것이라는 믿음이 생기게 된다.

· 그럼 구체적인 적용은?

나는 오늘 누구를 위해 주님께 여쭐 것인지 찾아보고 그를 위해 기도하는 것이다. 막연한 중보기도가 아니고 본문과 맥을 같이 하도록 일차적으로 열병 든 장모처럼 아픈 사람, 시몬처럼 사역을 하는 사람의 가족이나 친족들을 생각해 볼 수 있다. 아니면 그날 성령님께서 떠올려 주시는 특정한 사람이 될 수도 있다. 생각이 안 나면 주님께 중보기도 할 사람을 생각나게 해 달라고 기도할 수도 있다.

· '예수님께서 그의 장모를 어떻게 고쳐 주셨나?'

그저 '시몬의 장모의 열병을 고쳐 주시는 예수님'이나 또는 더 줄여서
'치유의 예수님'이라고 적었다면, 예수님께서 장모의 손을 잡아 일으켜서
열병을 떠나게 하셨다는 사실을 발견할 수 없을 것이다. 구체적인 질문은
예수님을 구체적으로 알게 한다.
　　예수님께서 누워 있는 장모의 손을 잡아 일으키는 장면을 상상해 본다.
예수님께서 허리를 굽히고 그 여인의 손을 잡는다.

· 예수님은 어떤 자세로 그 여인의 손을 잡고 일으키셨을까?

아마도 한 손으로는 여인의 손을 잡고, 다른 한 손으로는 그 여인의 등
을 받쳐서 조심스레 일으키셨을 것이다. NIV성경으로 보면 그렇게 하신
것을 분명히 알 수 있다. "He went to her, took her hand and
helped her up."

· 예수님의 시선은 어디를 향하고 있었을까?
· 그 눈빛은 어땠을까?
· 예수님께서 손을 잡아 일으켜 주실 때, 그 장모는 무엇을 느꼈을까?
· 예수님은 말씀 한마디로도 고치실 수 있는 분인데 왜 그 장모의 손을

잡아 일으켜 주신 걸까?

· 이것은 예수님에 대해 무엇을 말해 주는가?

· 그 여인은 어떤 예수님을 만났나?

이때, 성경 속에 들어가 그 여인이 되어 본다. 예수님의 따스한 눈빛이 보이고 느껴진다. 그리고 예수님께서 손을 잡을 때 따뜻한 사랑이 느껴진다. 그러면서 '아하! 예수님은 치유만 하는 분이 아니고 따스하고 자상한 사랑의 주님이시구나!' 하고 느낄 수 있다. 그 여인의 자리에서 '병을 떠나게 하시는 능력의 주님'일 뿐만 아니라 '따스하고 자상한 사랑의 주님', '인격적으로 만나 주시는 주님'을 만나게 된다.

이때, 시몬의 장모의 손을 잡아 일으켜 주시는 예수님의 자상한 눈빛을 바라보다가, 또 주님의 손을 잡아 보다가, 자기 병도 낫겠다는 믿음이 생길 수 있다. 그럴 때 그 믿음으로 주님의 손을 잡고 일어나는 경험을 할 수도 있다.

14살 때 경련을 일으키며 정신을 잃었던 경험 때문에 15년이 넘도록 약을 먹어 온 자매가 있다. 자신의 병을 사람들이 간질이라고 손가락질 하는 것을 괴로워하며, 그 병이 재발할까 봐 늘 두려워했다. 그래서 결혼을 하고도 약을 끊지 못했다. 의사는 아기를 갖기 위해서는 그 약을 끊어야 하고, 이제는 약을 먹지 않아도 재발의 가능성이 없다고 안심하라고 했다. 하지만 그 자매는 약을 끊지 못하고 있었다.

그런데 큐티 세미나에서 이 말씀으로 워크숍을 하는 도중 시몬의 장모의 손을 잡아 일으켜 주시는 사랑의 주님, 치유의 주님을 자신의 주님으로 만났다. 그 주님께서 자기 손도 잡아 주고 일으켜 주시는 것을 느꼈다. 약을 먹지 않아도 나을 거라는 믿음이 마음에 들어왔다. 그 병이 자기에게서 완전히 떠났다는 믿음으로 약병을 던져 버렸더니 두려움도 떠나갔다.

· 열병이 떠난 그 장모는 그 후에 어떻게 반응했나?
· 왜 그렇게 했을까?
· 무엇을 말해 주나?

그 여인은 누가 시키지 않았는데도 자원해서 수종든다. 비록 그동안 예수님을 좋게 여기지 않았다고 해도 치유의 능력과 사랑으로 가득한 예수님을 직접 만나고 경험했으니 얼마나 감사했겠는가? 이 여인의 이런 반응은, 주님을 만나고 경험한 사람은 주님을 기꺼이 섬긴다는 교훈을 준다.

· 그럼 적용은?
· 나도 이렇게 주님을 만난 경험이 있는가?
· 주님을 만난 감격으로 지금도 수종드는가?
· 그렇지 않다면 그 이유가 무엇인가?
· 어떻게 회복할 것인가?
· 내가 수종들 대상은 구체적으로 누구인가?
· 언제 어떻게 할 것인가?

이런 질문들을 통해 적용점을 찾을 수 있을 것이다.
지금까지 마가복음 1장 29-31절에서 어떤 예수님을 찾고 만날 수 있는

지 묵상하는 실습을 해 보았다. 글로 표현되어 있는 예수님부터 표현되지 않은 예수님까지 찾으며 묵상해 보았다. 그 예수님께서 나에게 어떤 영향을 끼치고 무엇을 원하시는지 적용점도 찾아보았다.

그런데 보통 큐티를 할 때는 본문 전체를 이런 식으로 다 묵상하지 않는다. 자기에게 다가오는 예수님을 중심으로, 또는 마음에 부딪히는 말씀을 중심으로 한두 가지만 묵상하고 적용하면 된다.

주어진 본문 전체를 파악하고 전체를 다 묵상하기보다는 그날 자신에게 주신 말씀 한두 가지를 깊이 묵상하는 것이 좋다. 중요한 것은 본문을 끝까지 가기보다 깊이 들어가는 것이다.

특히 큐티를 처음 하는 분이나 아주 짧은 시간에 묵상을 끝내야 하는 분에겐, 처음에 부딪힌 한 말씀을 중심으로 쉽게 하는 묵상 방법을 추천한다. 처음 다가온 한 말씀을 주께서 주신 말씀으로 받아 그날의 주제로 삼는다. 하루 종일 그 단어를 기억하고 그 주제로 삶을 살려고 노력하면 말씀과 삶이 연결되는 훈련이 된다. 한 단어의 말씀이지만, 말씀이 지배하는 삶을 경험하게 된다.

예를 들어, 큐티 본문을 읽는데 그날 본문에서 '겸손'이라는 단어가 마음에 다가왔다고 하자. 그날은 무슨 일을 하든지 누구를 만나든지 겸손을 기억하고 겸손한 자세를 가져 보는 것이다. 자기가 계획하고 이끌어 온 일에 대해 누가 칭찬해 주었다고 치자. 그럴 때 자칫 우쭐대는 마음이 올라올 수도 있다. 하지만 겸손이 주제인 날이니 만큼, 이내 '겸손'을 떠올리는 것이다. 그 단어를 통해서 그럴 때일수록 '겸손'하라고 하는 주님의 음성을 듣는 것이다. 고개를 내밀려 하는 교만을 누르고 겸손한 마음으로 바꾸는 것이다.

이번에는 묵상을 실습했던 앞의 본문에서 예를 들어보자. '수종드니라' 하는 단어가 마음에 다가왔다면, 그날은 '수종드는' 자세로 살라는 주님의 음성으로 말씀을 받는다. 그리고 하루 종일 '수종드는' 자세를 주제로 살아가는 것이나. '수종드니라'가 주제이기 때문에 혹시 섬김 받고 싶은 마음이 들었다 해도 그날의 주제로 돌아가는 것이다.

이런 식으로, 한 단어를 중심으로 주제를 세워 사는 연습을 한다면, 처음에 묵상이 서툴러도 얼마든지 말씀으로 인도받는 삶을 살 수 있다. 그렇게 익히다 보면 묵상도 점차 깊어지고 말씀에서 주님을 만나는 기쁨도 누리게 될 것이다

큐티하는 방법을 익히는 것은 필요하다. 그러나 너무 서두르거나 방법론에 매이면 안 된다는 것을 기억해야 한다. 큐티가 이론만으로 되는 것이 아니고 삶에서 이루어져야 하기 때문에 그렇다. 오랜 시간의 훈련이 쌓이면서 점차 익숙해지고 자기 나름대로의 방법이 만들어져 간다. 중요한 것은 말씀을 통해서 하나님을 만나고 그분을 닮아가는 것임을 잊지 않는 것이다.

6. 큐티노트 샘플

큐티 방법과 마찬가지로 큐티노트를 쓰는 데도 꼭 이렇게 해야 한다는 법칙이 있는 것은 아니다. 어떤 형식이든 말씀을 통해 주님을 만나고 음성을 들으며 그 내용을 적으면 된다. 나 자신도 어떤 날은 네다섯 쪽을 적을 때도 있고 어떤 날은 한 쪽 정도 쓸 때도 있다. 깊은 묵상을 할 때도 있고 마음에 다가오는 한두 마디 말씀을 중심으로 간단하게 할 때도 있다.

그럼에도 큐티노트를 내놓는 이유는 아직도 큐티노트를 어떻게 쓰는지 막연한 분들에게 조금이나마 도움이 될까 해서다. 누구나 할 수 있다는 자신감을 드리기 위해 보통 수준의 큐티노트를 내놓았다. 구약에서는 큐티하기 어려운 성막을 다룬 출애굽기와 이야기가 있는 사사기에서, 신약에서는 복음서와 서신서에서 각각 하나씩 뽑아 보았다.

본문: 출애굽기 26장 1-14절

제목: 이렇게 만들라

내용: 지성소와 성소를 덮는 4종류의 앙장, 곧 성막 덮개를 소개하고 그
　　　 만드는 법을 설명함

묵상과 적용:

　　1절: "너는 성막을 만들되 앙장 열 폭을 가늘게 꼰 베실과 청색 자색 홍
　　　　 색 실로 그룹을 공교히 수놓아 만들지니"

　　성막을 덮는 네 겹의 앙장(덮는 휘장) 중 가장 안쪽에 덮여지는 제1앙장을
어떻게 만들 것인가를 지시하시는 말씀이다. 제1앙장은 성막의 천장에 치
는 첫 번째 휘장이기 때문에 성막 밖에서는 볼 수 없고 내부에서만 볼 수
있으며 하나님께 더 가까이 있는 앙장이다. 첫 번째 앙장은 귀하고 좋은 천
으로 여러 색실로 공교하게 수놓아 만들게 하신다. '공교히 수놓는다'는
의미는 '전문성 있게 최선과 정성을 다해'라는 뜻이다. 그런데 그 위에 덮
는 것은 염소 털이고, 그 위에 덮는 앙장은 수양의 가죽, 그다음은 해달의
가죽이다. 점점 밖으로 갈수록 값어치 없고 볼품없는 가죽이다. 맨 위에 덮
이는 해달의 가죽은 사람들이 보게 된다. 그러니까 사람들에게 보이는 외
부보다는 하나님께 가까운 내부를 더 좋은 것으로 더 아름답고 공교하게
만들게 하시는 것을 알 수 있다.

　　그것은 하나님이 어떤 분임을 말해 주는가? 사람들에게 보이는 겉모습

보다 하나님께서 보시는 내면을 더 좋은 것으로 아름답고 공교하게 하기를 원하시는 하나님이다. 하나님은 외모를 보지 않고 중심을 보시는 분이다. "나의 보는 것은 사람과 같지 아니하니 사람은 외모를 보거니와 나 여호와는 중심을 보느니라"(사무엘상 16:7).

성소는 하나님이 거하시는 곳이다. 나도 하나님이 거하시는 성전이다. "너희가 하나님의 성전인 것과 하나님의 성령이 너희 안에 거하시는 것을 알지 못하느뇨"(고린도전서 3:16). 따라서 사람들이 보는 겉모습보다 하나님이 임재하시는 나의 내면을 더 아름답게 가꿔야 한다.

그런데 과연 나는 어떤가? 나는 아직도 하나님보다 사람들을 더 많이 의식하는 것 같다. '안'보다 '밖'에 더 신경을 쓴다. 하나님 앞에서 큐티하고 기도할 때는 화장을 안 해도, 밖에 나갈 때는 화장도 하고 옷도 신경 쓴다. 그런가 하면, 요즘 밖의 사역에 집중하느라고 가족들의 식사 준비를 소홀하게 했던 것이 찔린다. 내가 바깥일보다 집안일에 소홀히 한 것을 주님이 기뻐하지 않으신다. 밖에서 하는 큐티 사역이 영혼들을 말씀으로 세우며 성막을 짓는 귀한 일이지만, 집안에서 주님이 주신 가족들을 잘 섬기는 것은 더 중요한 일이라고 깨우쳐 주신다.

"주님, 잘못했습니다. 오늘 저녁은 음식을 맛있게 만들어 가족을 공교히 섬기겠습니다. 남편과 아들이 좋아하는 반찬을 정성껏 마련하겠습니다. 저의 겉모습보다 성전인 저의 내면을 더 아름답게 가꾸기 위해 날마다 더 큰 즐거움으로 말씀묵상을 하며 주님을 만나겠습니다. 그런데 암송… 제가 요즘 좀 게을렀죠? 공교하게 수놓는다는 것은 최선을 다해 정성을 다해 전문적으로 하는 것인데 최선을 다하지 못한 것 회개합니다. 이번 달 암송 구절을 다시 복습해 보겠습니다. 나의 내면을 하나님의 완전하신 말씀으로 채워 나가겠습니다."

사역을 할 때에도 사람들보다는 하나님을 의식하고 맡은 일을 공교하게(전문성 있게 최선과 정성을 다해) 잘하라고 일러 주신다. 이번주에 인도하기로 약속된 큐티 세미나를 생각나게 하신다. 작은 교회의 세미나이지만 사람들의 숫자를 의식하지 말고 최선을 다해 공교히 준비하라는 주님의 음성이 들린다. 작은 규모의 세미나라고 자칫 소홀하게 대할까 봐 미리 최선으로 준비시켜 주시니 얼마나 감사한지…. 기도 가운데 공교하게 섬기도록 준비해야겠다. 내게 맡겨 주신 일을 전문가답게 잘 감당해야겠다.

3절: 서로 연하며, 서로 연하고
6절: 양장을 연합하여 한 성막을 이룰지며
9절: 서로 연하며, 서로 연하고
11절: 연합하여 한 막이 되게 하고

"서로"와 "연하고", "연합하여"라는 말이 여러 번 반복되며 내게 의미 있는 말씀으로 다가온다. '연한다'는 것은 잇는다는 뜻이다. 성막을 한 폭으로 만드는 것이 아니라 한 폭 한 폭을 이어 한 장을 만들고 한 장과 한 장을 이어 한 성막을 만들게 된다. 서로 잇기 위해서는 '고(loops)'를 만들고 '갈고리(clasps)'도 만들라고 하신다.

성막은 다른 많은 지체와 연하고 연합해서 함께 지어져 간다. '고'와 '갈고리'가 서로 맞물려서 이어지는 것처럼, 서로 다른 점은 갈등의 요인이 아니라 이어지는데 필수이다. 성격이 다르고 기질이 다른 것이 성막을 짓기 위한 '고'요 '갈고리'와 같다는 것을 알게 하신다. 나의 약점을 남편에게는 강점으로, 나의 강점을 남편에게는 약점으로 갖게 하신 것도 고와 갈고리의 섭리다. 남편의 약점을 들춰내지 말고 내가 감당하도록 하자.

나와 너무 다른 성격과 생각을 가진 지체가 떠오른다. 서로 다른 것은 문제가 아니고 더 발전하기 위한 축복임을 깨달았으니 그분과 함께 일하는 것을 감사드리자. 나와 다른 점을 좀 더 용납하고 오히려 격려하자. 서로 다른 점 때문에 서로 더 잘 화합하도록 하자. 큐티 모임에도 서로 다른 기질과 신앙의 색깔을 가진 자매들이 모여 있다. 그래서 더 아름답다. 서로 다르기에 연결해서 주 안에서 아름다운 성전이 지어진다. 우리 모두는 함께 지어져 가는 지체들임을 다시 인식시켜 주시니 감사하다.

에베소서 2장 21-22절 말씀을 기억하게 하신다. "그의 안에서 건물마다 서로 연결하여 주 안에서 성전이 되어 가고 너희도 성령 안에서 하나님의 거하실 처소가 되기 위하여 예수 안에서 함께 지어져 가느니라" 아멘.

오늘 내내 기억하고 사용할 말씀: "공교히 수놓아 만들지니… 서로 연하며… 연합하여"(출애굽기 26:1-6).

본문: 사사기 1장 1-8절

제목: 지명하시는 하나님, 순종하는 유다

내용: 여호수아가 죽은 후에, 이스라엘 자손은 가나안 정복의 과제를 안
고 하나님의 인도하심을 구한다. 하나님은 유다 지파를 지명하고
전쟁의 승리를 약속하신다. 유다 지파는 형제 시므온과 함께 나가
서 싸울 때 하나님 말씀의 성취를 경험한다.

묵상과 적용:

1절: "여호수아가 죽은 후에 이스라엘 자손이 여호와께 묻자와 가로되
우리 중 누가 먼저 올라가서 가나안 사람과 싸우리이까"

최근에 한 교우의 아버님 입관예배에 다녀와서인지 '죽은 후에' 라는
말씀이 먼저 다가온다. 그때 슬픔에 잠겨 있던 유가족들의 얼굴과 침울했
던 분위기가 생각난다.

그럼, 여호수아의 죽음은 이스라엘 사람들에게 어떤 영향을 끼쳤을까?
그들의 심정은 어땠을까? 그들은 어떻게 반응하고 있나? 여호수아가 죽은
후에 후계자가 없는 상황이라 우왕좌왕하기 쉬웠을 것이다. 앞으로의 일
들이 막막했을 것이다. 그런데 그들은 그런 상황에서도 크게 흔들리지 않
는 것 같다. 그 땅을 정복하는 일을 포기하지 않고 있다. 가나안 사람과 싸
우려고 한다.

그러나 자신들 스스로 결정하거나 스스로 움직이지 않는다. 여호와를

찾는다. 누가 먼저 가나안 사람과 싸워야 하는지를 여호와께 묻는다. 그들은 어떻게 곧바로 여호와를 찾아갔을까? 그들이 여호와를 찾아왔을 때 여호와 하나님은 어떤 마음이셨을까? 비록 눈에 보이는 지도자 여호수아는 죽고 없지만 그들은 알고 있었다. 여호수아보다 더 크신 지도자, 하나님이 그들에게 계시다는 것을…. 하나님은 그들이 얼마나 측은하셨을까? 한편 얼마나 기뻤을까? 하나님을 잊지 않고 찾아왔으니…. 하나님은 나에게 말씀하신다. 그들을 배우라고….

그러면 나에게 여호수아 같은 사람은 누구인가? 영적으로는? 육신적으로는? 그 사람이 없을 때 나는 어떻게 할 것인가? 당장 남편이 없다면 어떻게 할 것인가?

"주님, 저도 제가 의지하던 사람이 떠날 때 낙심하거나 요동하지 않고 오직 하나님께 더 가까이 나아가기 원합니다. 평소에 사람에게 너무 기대지 않고 하나님만 바라보는 것을 더 훈련하고 배우겠습니다. 저의 자녀도 부모보다 하나님을 더 의지하는 삶을 살도록 도와주시기 원합니다. 그 애가 요즈음 부모를 떠나 먼 곳에 가 있는데, 하나님과 더욱 친밀한 교제를 나누는 귀한 기회가 되게 해 주세요. 어려운 일이 있을 때마다 하나님께 나아가 묻고 인도함 받게 해 주세요. 하나님께서 가장 큰 지도자이심을 잊지 않게 해 주세요."

2절: "여호와께서 가라사대 유다가 올라갈지니라 보라 내가 이 땅을 그 손에 붙였노라"

4절: "유다가 올라가매 여호와께서 가나안 사람과 브리스 사람을 그들의 손에 붙이신지라"

여호와는 누구에게 올라가라고 하시나? 그들에게 어떤 말씀을 하시나? 어떻게 행하시나? 많은 지파들 가운데 유다를 지명해서 싸우게 하시는 하나님이시다. 왜 하필 유다인지는 말씀하지 않으신다. 싸우라고 명령만 하시는 것이 아니라 유다의 승리를 약속하고 성취하는 하나님이시다.

하나님은 그 땅을 '그 손에 붙일 것이다.'라고 미래형으로 말씀하지 않으시고 이미 붙였다고 말씀하신다. 아직 전쟁을 시작한 것도 아닌데 왜 그렇게 말씀하셨을까? 그것은 무엇을 의미하는가? 하나님께서는 이미 이루신 일이나 마찬가지로 승리가 확실하다는 의미다. 하나님은 그들이 믿음의 눈으로 하나님께서 하신 일을 보라고 하시는 것이다.

그런데 하나님은 언제 실제적으로 가나안 사람과 브리스 사람을 그들의 손에 붙이셨나? "유다가 올라가매"라고 되어 있다. 그러면 하나님은 어떤 분인가? 유다가 하나님의 말씀을 믿고 순종해서 올라갈 때, 그때 말씀대로 성취해 주는 분이시다.

며칠 전, 자마의 큐티 사역 디렉터를 맡게 되었다. 큐티 사역은 늘 해 오던 것이지만 이번 일은 자마 안에서 하는 사역이라 또 다른 무게가 느껴졌다. 그런데 오늘 "유다가 올라갈지니라" 하고 유다를 지명하시는 하나님을 대하니, 그 하나님이 마치 "은애가 올라갈지니라" 하며 나를 지명하시는 음성으로 들려온다.

그러고 보니 어떤 한 사람이나 단체가 내게 그 일을 맡긴 것이 아니라 바로 주님께서 나를 선택하셨다는 확신을 주신다. 유다를 지명한 하나님께서 나를 지명하셨다는 확신을 갖게 하시는 것이다.

주님께서 부족하고 연약한 나를 지명해 뽑아 주셨다는 것을 생각하니 눈물이 난다. 감사하다. 더구나 주님 그분이 이미 다 이루어 놓으셨다고 승리의 결과까지 약속해 주시니 나를 붙잡고 있던 부정적 생각들이 사라진다. 현실적으로는 아직 시작도 안 된 일이다. 그러나 믿음의 눈으로 주님께서 이루실 것을 바라보니 내 마음이 소망으로 가득 차는 것을 느낄 수 있다. 나는 부족하지만 주님께서 역사하심을 굳게 믿고, 최선을 다해 보리라 결단한다. 순종의 발걸음을 내디딜 때 힘도 들고 어려움도 있겠지만, 믿음으로 발걸음을 떼면 주님은 약속하신 대로 일을 이루게 하실 것이다.

3절: "유다가 그 형제 시므온에게 이르되 나의 제비 뽑아 얻은 땅에 나와 함께 올라가서 가나안 사람과 싸우자 그리하면 나도 너의 제비 뽑아 얻은 땅에 함께 가리라 이에 시므온이 그와 함께 가니라"

유다는 왜 시므온의 도움을 구했을까? 그가 하나님 말씀에 순종은 하지만 믿음이 부족하고 자신이 없었기 때문일까? 자신이 없을 때 함께 일할 동역자를 구하는 것은 지혜다. 동역한다는 것은 축복이다. 사실 내가 지금까지 여러 가지 사역을 감당해 온 것도 함께 일한 동역자들이 있었기 때문이 아닌가. 이번에 맡은 일에도 많은 동역의 힘이 필요하다. 동역자들과 함께 아름다운 주님의 일을 이룰 수 있도록 기도로 준비해야겠다. 전도서 4장 12절을 다시 새겨 본다. "한 사람이면 패하겠거니와 두 사람이면 능히 당하나니 삼겹 줄은 쉽게 끊어지지 아니하느니라."

또한 유다의 요청대로 함께 싸워 좋은 동역자가 되어 준 시므온을 통해 주님의 음성을 듣는다. 나도 다른 사람에게 귀한 동역자가 되어 주라는….

북한 선교를 가시는 K 목사님의 기도 편지가 떠오른다. 적지만 선교 헌금과 함께 중보기도로 동참해야겠다. C 장로님이 동역을 요청하신 선교 프로젝트를 위해서도 준비해야겠다.

"주님, 큐티 사역의 확장을 위해 저를 지명해 주신 것을 감사함으로 받겠습니다. 주님께서 이루실 것을 신뢰하고 최선을 다하겠습니다. 주님께서 동역자들의 마음을 움직여 주셔서 저와 함께 일할 수 있도록 도와주소서. 그리고 저도 다른 사역에 좋은 동역자로 섬길 수 있도록 여건을 허락해 주소서

오늘 기억하고 사용할 말씀: "보라 내가 이 땅을 그(네) 손에 붙였노라" (사사기 1:2).

본문: 마가복음 6장 45-52절

제목: 큰 기적을 베푸신 후에

내용: 예수님은 오병이어 기적 후에 제자들을 배에 태워 벳새다로 가게
하시고 무리를 흩으신다. 그리고 홀로 기도하러 산으로 가신다.

묵상과 적용:

45절: 무리와 제자들을 즉시 떠나게 하시는 예수님

오병이어의 기적으로 무리들을 배부르게 먹이신 후, 예수님은 제자들
을 재촉해서 건너편 벳새다로 보내신다. 무리도 흩어 보내신다. "즉시"나
"재촉해서"라는 단어를 통해서 급히 장소를 옮기시려는 것을 알 수 있다.
오병이어의 기적으로 배불리 먹은 무리들은 어떤 반응을 보였을까? 그때
의 분위기는 어떠했을까? 예수님은 왜 그렇게 서둘러 무리와 제자들을 보
내셨을까?

요한복음 6장 15절 말씀을 보면 "그러므로 예수께서 저희가 와서 자기
를 억지로 잡아 임금 삼으려는 줄을 아시고 다시 혼자 산으로 떠나가시니
라"고 되어 있다. 군중들은 기적을 일으켜 자신들의 배를 채워 준 예수님
을 임금 삼으려 했다. 그들의 잘못된 메시아관 때문에 그랬다. 예수님은 그
들이 그런 위험한 시도를 할까 봐 급히 피하시는 것이다. 이 땅에 오신 목
적을 잠시도 잊지 않으시고, 그 목적을 방해하는 유혹을 단호히 거절하고
피하시는 예수님이시다.

내가 예수님과 같은 입장이라면 그때 어떻게 했을까? 사람들의 지지를 받으며 자신을 환호하는 분위기를 더 누리고 싶었을 것 같다. 더 머무르고 싶었을 것 같다. 그런 나에게 주님의 음성이 들리는 듯하다.

"은애야, 사람들의 환호와 인기보다 하나님이 원하시는 것이 무엇인지를 알고 그 뜻을 겸손하게 따르는 것이 더 중요하단다. 사람들이 칭찬하고 알아주고 높여 줄 때가 영적으로 더 큰 위기라는 것도 알고 있지? 너도 거절하고 피해야 할 것은 없는지 네 마음을 살펴보려무나."

몇 년 전부터 큐티 운동의 물결이 일어나서인지 큐티 세미나와 말씀을 전해 달라는 요청이 더 끊이지 않는다. 그러다 보니 세미나를 통해 은혜를 경험하는 분들이 나를 높여 주고 칭찬하는 경우가 많아졌다. 그럴 때, 나는 주님이 역사하신 것을 잊고 은근히 기분 좋아하며 내가 뭔가 된 듯 착각에 빠질 때가 있지 않은가.

오늘 주님은 그런 나의 모습을 지적하고 들춰내신다. 그리고 그때가 교만해지기 쉬운 영적 위기인 것을 경고하신다. 내 속마음을 주님께 들켜 부끄럽지만 나를 교만하게 만드는 것들을 떨쳐버리게 하시니 참으로 감사하다. 내가 큐티 사역을 하는 목적을 잊으면 안 된다. 사람들의 칭찬이 시험인 것을 잊으면 낭패를 당한다. "도가니로 은을, 풀무로 금을, 칭찬으로 사람을 시련하느니라"(잠언 27:21). 이 말씀을 다시 마음에 새기고 겸손으로 허리를 동이자. 나를 향한 주님의 뜻을 온전히 이뤄 드릴 수 있도록 겸손히 주님께 엎드리자.

46절: 큰 기적을 이루신 후에 홀로 기도하시는 예수님

예수님은 제자들과 무리들을 보내신 후 홀로 기도하러 산으로 가신다. 제자들과 같이 가지 않고 왜 혼자 가셨을까? 홀로 어떤 기도를 하셨을까? 예수님은 오병이어 기적을 베푸시기 전에, 사역에서 돌아온 제자들로부터 사역을 보고받으셨다(30절). 그 예수님은 자신도 큰 사역(기적) 이후에 하나님 앞에서 사역을 낱낱이 보고하셨으리라. 오병이어의 기적에 대해 감사를 드리고 영광을 하나님께로 돌리셨을 것이다. 무엇보다 자신을 향한 하나님의 뜻을 다시 새기셨을 것이다. 그 사명을 감당하기 위한 영적 힘을 충전 받으셨으리라. 큰일을 하기 전뿐만 아니라 후에도 홀로 아버지 앞에 나아가 기도하시는 예수님이 깊은 감동을 주신다.

나는 어떤 일을 하기 전뿐만 아니라 일이 끝난 후에도 이렇게 하나님께 기도하고 있는가? 모든 일을 보고하고 영광을 하나님께 돌리며 감사하고 있는가? 그리고 나를 향하신 하나님의 뜻을 이뤄 드리기 위해 끊임없이 나를 쳐서 복종시키고 있는가? 스스로에게 질문해 본다.

지난번 집회를 다녀온 후 좀 해이해진 나 자신을 발견하게 된다. 가기 전에는 집회를 위해 기도에 힘쓰고 중보기도 부탁도 많이 했는데 다녀온 후에는 새벽기도 가는 횟수도 줄었다. 매일 큐티를 하고 기도도 했지만 형식적일 때가 많은 것 같다. 오늘 당장 오전 시간을 내어 주님 앞에 엎드리자. 돌아온 지 며칠 지나기는 했지만 그때의 사역을 주님께 자세히 고하고 그곳에서 크게 역사해 주신 하나님께 다시 감사하자. 내가 한 일이 아니라 하나님께서 하신 일임을 고백하자. 앞으로 할 일을 겸손히 준비하자. 앞으로는 주님의 일을 한 후에 즉시 주님께 나아가서 보고를 드리자. 일을 하기

전에나 성취한 후에나 기도하는 데 더욱 힘쓰기로 다짐을 한다. 큰 기적을 베푸신 후에 기도하러 산으로 가신 주님을 기억하며….

48절: 거스리는 바람에 괴로이 노 젓는 제자들을 보시는 예수님
49절: 바다 위로 걸어오시는 예수님
50절: 안심하라 내니 두려워 말라고 안심시켜 주시는 예수님
51절: 배에 올라 바람을 그치게 하시는 예수님

제자들은 예수님의 말씀을 따라 벳새다로 가는 배를 탔다. 그런데 바람이 거슬러서 불어왔기 때문에 바다 한가운데서 노를 젓느라 애를 쓰고 있었다. 이 모습을 통해, 주님의 말씀을 좇아가는 제자들의 길에(45절)도 거스리는 바람이 있다는 것을 깨닫게 된다. 주님의 말씀을 따라가면 순풍만 불 것 같은데 그렇지 않을 때가 있다. 말씀을 따라가는 나의 길에도 거스리는 바람이 있어 힘겨울 때가 있다. 순종하며 가는 길에 거스리는 바람이 있는 것은 이상한 일이 아니라 당연한 일이라고 여기니 위로가 된다.

또한 예수님께서 괴로이 노 젓는 제자들을 '보셨다'고 하니 더 큰 위로와 격려를 받는다. 멀리 산에서, 더구나 저물어 어두운 때에 육신의 눈으로는 잘 볼 수 없는 상황에서도 제자들이 어려움을 당하고 있는 것을 보신 예수님이다. 제자들이 어디서 무엇을 하든지 예수님은 다 보고 아신다. 그 주님은 나도 보고 계실 것이다. 그렇다. 내가 무엇 때문에 힘들어 하는지 말씀드리기 전에 이미 나를 보고 계실 것이다. 그런 확신이 강해지니 거스리는 바람이 두렵지 않고 마음에 평강이 가득해진다.

바다 위를 걸어가시는 주님을 상상해 보니, 물위라도 걸어 가서 제자들

을 구하시려는 주님의 안타까운 심정이 느껴진다. 그 주님은 내가 풍랑에 휩싸일 때도 물위를 달려서 오실 것 같다. 거스리는 바람에 힘겨워 하는 나보다 주님은 더 급한 마음으로 오실 것 같다.

예수님께서 제자들이 타고 있는 배에 타시니 바람이 그쳤다. 그 주님이 지금 내 안에 계시고 나와 함께하시는데 내가 무엇을 두려워하겠는가! 바다 위를 걸으시는 주님, 바람도 그치게 하실 수 있는 주님이 언제나 나와 함께 계심을 다시 인식하니 모든 두려움이 사라진다. 더구나, "안심하라 내니 두려워 말라"는 주님의 음성이 이 시간 조용하지만 분명하게 내게 임하므로 마음 가득 평안이 밀려온다. 주님, 감사합니다.

오늘 기억하고 사용할 말씀: "안심하라 내니 두려워 말라"(마가복음 6:50).

본문: 고린도후서 5장 11-21절

제목: 그리스도의 사랑에 붙잡힌바 되어

내용: 바울은 그리스도의 사랑에 강권된 자로서의 열정을 드러낸다. 복음을 위해 그렇게 전적으로 헌신하는 이유를 그리스도의 죽음과 부활 때문이요 그 사랑 때문이라고 말한다. 또한 우리는 새로운 피조물이 되었고 다른 사람을 하나님과 화목케 하는 직책을 부여받았다고 가르친다.

묵상과 적용:

13-15절: 우리를 강권하는 그리스도의 사랑

바울은 "우리가 만일 미쳤어도 하나님을 위한 것이요 만일 정신이 온전하여도 너희를 위한 것이니"라고 당당하게 말하고 있다. '하나님을 위한 것이요'와 '너희를 위한 것'이라는 말씀이 눈에 크게 들어온다. 위하는 존재가 자기가 아니고 오직 '하나님'과 '너희'다. 자신의 모든 행위와 동기가 오로지 '하나님'과 '너희'를 위해 집중되어 있다는 뜻일 것이다. 자신을 위한 것이 아니다. 오직 하나님을 향한 열정이요 그들을 위한 배려다.

바울은 어떻게 그렇게 자신 있고 당당하게 말할 수 있었을까? 어떻게 자기 인생의 존재 이유를 오직 '하나님'과 '성도'들에게 둘 수 있었을까? 그는 자신을 위해 살지 않고 오직 하나님과 그들을 위해 살게 된 이유를 14절에서 말하고 있다. "그리스도의 사랑이 우리를 강권하시는도다(Christ's love compels us)"

그렇다. 그리스도의 사랑에 사로잡힌 사람들은 더 이상 자신만을 위해 살 수 없다. 주님과 복음을 위해 자기 인생을 드리지 않고는 견딜 수 없게 된다. 2천 년 전 바울을 사로잡았던 그 그리스도의 사랑은 지금도 많은 사람들을 강권하신다. 복음을 위해 자기 생명까지도 기쁨으로 내놓게 하신다.

선교대회로 미국에 오셨다가 오늘 우리 교회에서 새벽기도회 말씀을 전해 주신 선교사님도 분명 그런 분이었다. 결혼도 하지 않은 채 말레이시아에서 10년 가까이 헌신하고 있다고 했다. 가냘프게 보이는 여자 분이지만 음성은 힘이 있고 아무도 거부할 수 없는 강한 확신이 담겨 있었다.

그분의 가슴에는 복음을 전하고자 하는 열망이 강렬하게 불타고 있었다. 자기 개인의 인생은 이미 주님께 드려졌음이 분명했다. 신변의 위험으로 1년에 몇 번씩 거주지를 옮겨야 하고 외부와 연락이 두절될 때도 있다고 했다. 병을 얻어 죽음의 문턱까지 갔다 오기도 했단다.

그렇지만 그런 상황에서도 포기하지 않고 회교도들에게 복음을 전하고 복음의 일꾼을 키워 내고 있다고 했다. 그분의 이야기를 들으며 나는 느낄 수 있었다. 그리스도의 사랑이 그 선교사님을 강권하셨다는 것을… 사랑은 죽음같이 강하다는 것을(아가 8:6).

그러면 나는 과연 그리스도의 사랑에 강권된 삶을 살고 있는가? 큐티를 통해 주님의 사랑을 가슴 깊이 경험한 후 내 인생의 방향이 바뀌어졌다. 예수님에 미친 중환자로 취급받을 정도로 예수님께 붙잡혀 왔다. 주님께서 맡겨 주신 영혼들과 사역을 위해 밤낮 없이 달려온 이유는 바로 주님의 사랑에 붙잡혔기 때문이다.

그런데 오늘 새벽에 만난 그 선교사님과 지금 말씀으로 찾아온 바울 앞에서, 나는 자꾸 부끄러워진다. 왜 그럴까? 나 중심적 삶을 떠나 주님과 다른 영혼들을 위해 산다고 했지만 이분들에 비하면 나는 너무 편하고 좋은 것을 누리고 있기 때문이다. 아직도 다 포기하지 못하고 있기 때문이다. 내 안 저 깊숙한 곳에 숨겨진 내가 불쑥불쑥 나타나기 때문이다. 힘에 겨운 일들 앞에서는 여전히 겁을 내기도 하기 때문이다.

사실 나는 어제만 해도 빡빡하게 일정이 잡힌 밴쿠버 사역을 앞두고 약한 생각을 하고 있었다. 과연 일주일 동안 계속 잘 감당할 수 있을까? 그러다가 피곤해서 병이 나지는 않을까? 그렇지만 이 시간, 다시 주님의 십자가를 바라본다. 그리스도의 십자가 사랑이 내 가슴에 다시 밀려온다. 그 사랑이 나를 사로잡는다. 그리고 주님께서 원하는 일을 위해 나를 담대하게 내어놓을 수 있는 힘을 얻는다. 주님의 사랑은 이번 집회에서도 내 약한 체력을 극복하게 해 주실 것이다. 집회 시간마다 기름 부어 주심으로 생명력 있는 말씀을 나누게 하실 것이다.

하나님을 위해 그리고 하나님의 사람들을 위해 사는 인생이 되기를 소원한다. 내 남은 육체의 때를 온전히 그리스도의 사랑에 강권되어 살기를 다시금 소원해 본다. 주님, 사랑합니다.

17절: 그리스도 안에 있는 새로운 피조물

"그런즉 누구든지 그리스도 안에 있으면 새로운 피조물이라 이전 것은 지나갔으나 보라 새것이 되었도다"라는 말씀에 '누구든지'라는 단어가 있어서 얼마나 고마운지 모르겠다. 그 어떤 사람도 예수님만 그리스도로 믿으면 새로운 피조물이 될 수 있으니 말이다. 나같이 어리석고 부족한 사람도 그래서 새것이 될 수 있었으니 얼마나 감사한가! 나를 새로운 피조물로 빚어 주시기 위해 자기 몸을 내어 주신 주님, 감사합니다.

'이전 것은 지나갔어! 새것이 된 거야!' 하는 음성이 내가 어떤 존재인지를 다시 일깨워 준다. '이전 것이 지나갈 것이다.' '앞으로 새것이 될 것이다.'라고 미래형으로 말하지 않고 '지나갔다.' '새것이 되었도다.' 라고 완료형을 쓰고 있다. 지난 것에 더 이상 머물러 있지 말고 예수님 안에서 새로워진 내 모습을 믿음의 눈으로 보라 하신다. 그렇다. 나는 더 이상 죄의 종 노릇 하던 옛사람이 아니다. 이제 새사람이다. 새 질서를 따라 새 양식을 먹고 사는 새로운 존재다. 주님은 그래서 오늘 나에게 이제는 더 새것답게 살라고 말씀하신다. 새 마음, 새 감동, 새 결단으로 새로운 피조물답게 살자.

오늘 내가 '새로운 존재'로서 무엇을 하기 원하시는지 주님께 여쭈어 본다. 서로의 입장과 추구하는 것이 달라지면서 오랫동안 연락 없이 소원하게 지냈던 친구를 생각나게 하신다. 주님께서 나를 받으시고 새로운 피조물이라고 하시니 나도 누구든지 받으라고 하신다. 그 친구에게 내가 먼저 전화를 하고 먼저 손을 내밀라고 하신다. 또한 나는 아직도 다른 사람을 대할 때 종종 그 사람의 변화되기 이전의 모습만 생각하고 판단할 때가 있는데, 그 태도를 고치라 하신다.

"주님, 알겠습니다. 오늘 그 친구에게 전화를 하겠습니다. 그리고 사람들을 대할 때도, 그들이 변화되기 이전의 모습을 떠올리지 않겠습니다."

그렇다. 아무리 어그러진 삶을 살았다 해도 누구든지 현재 예수 안에서 새것이 되었다면 더 이상 이전 것을 기억하지 말아야 한다. L 자매에게서 가끔씩 옛 기질이 보여도 실망하지 말자. 나 자신에게도 아직 벗지 못한 구습이 있지만 실망하지 말자. 옛 습관이 남아 있다고 해도 분명 새로운 존재다. 그리스도 안에 있는 모든 사람들을 새로운 모습으로 보아 주자. 오늘 말씀을 통해 나 자신과 다른 사람들을 '새것'으로 볼 수 있는 안경을 다시 만들어 주신 주님께 감사! 감사!

오늘 기억하고 사용할 말씀: "그리스도의 사랑이 우리를 강권하시는도다" (고린도후서 5:14). "누구든지 그리스도 안에 있으면 새로운 피조물이라 이전 것은 지나갔으니 보라 새것이 되었도다" (고린도후서 5:17).

참/고/도/서

《묵상》짐 다우닝

《묵상하는 삶》켄 가이어, 두란노

《예수님을 경험하는 영성 훈련》알리스터 맥그래스, 두란노

《이 책을 먹으라》유진 피터슨

《Quiet Time으로의 초대》진 플레밍

《묵상하는 그리스도인》오대원

《뿌리 깊은 영성》강준민, 두란노

《묵상과 영적 성숙》강준민, 두란노

《묵상, 하나님을 알아가는 시작입니다》서승동

《QT의 이론과 실제》두란노 출판부 편집

《성경묵상 훈련교재》성서유니온선교회 출판부

《영성이 깊어지는 큐티》송원준, 두란노

《골방에서 만나는 하나님》앤드류 머레이

《금방 까먹을 것은 읽지도 마라》장경철